近代天皇制と伝統文化

近代天皇制と伝統文化

その再構築と創造

高木博志

Hiroshi Takagi

岩波書店

目　次

目次

序　論

I

『近代天皇制と伝統文化』と題する本書においては、近代国民国家とともに成立した近代天皇制（天皇をいただく国家の制度）が、同時に、前近代以来の文化を再構築し創造した「伝統文化」を不可欠としたことを論じる。

ここで言う「伝統文化」とは、前近代に起原しながらも、近代において欧米／中国・朝鮮との関係性のなかで形成されてきたものである。具体的には、明治維新後における「万世一系」の天皇系譜の形成と不可分な伝統文化を、歴史意識や文化財とともに考えたい。さらに二〇世紀初期に地方城下町では藩主に帰依した地方の郷土愛が天皇を重んじる愛国心に包摂され、それがその後の社会の大きな基盤となったこと、第一次世界大戦後に先進国において少数となった君主制のなかで近代天皇制が存続できたのは、伝統文化が大きな要因であったこと、そして天皇制における伝統文化が極めて現代的な政治課題であること、を論じる。

序論

二〇一九年の「平成」から「令和」への代替わりを通じて、皇室（天皇家）は国民に身近に「寄り添う」ものであるとの発信を、我々は過剰に体験した。しかし二〇二〇年の年明けとともにはじまる新型コロナウイルスのパンデミックに際しては、たとえば同年五月二〇日に赤十字社社長の進講に対して、徳仁《なるひと》天皇が「心を一つにして力を合わせ、困難な状況を乗り越えていくことが大切」と答えたが、存在感があまり感じられなかった。ここ三年余の経験からは、象徴天皇制（一九四六年の日本国憲法で成立する国家の制度）が政治や社会のどの部分に影響を与え、いかなる役割を果たすのか、またどのようなときに有効に機能する制度なのかを、改めて考えさせられた。国民・市民の貧富にかかわらず、ある意味で「平等」にウイルスに感染するパンデミックの恐怖に対しては、象徴天皇制は無力なのである。天孫の生まれ変わりという神話的身体やその神話や物語がもつ力、あるいはセレブな貴種性は、現代社会のパンデミックには、なんら説得力をもった解決をもたらさない。歴史的に培われてきた日本社会における国民・市民の生活とは遊離したものではないかとの違和感が残った。

近代に創り出される、「万世一系」の神話的系譜や国家神道下の皇霊や天孫としての天皇の身体については、天皇や皇室自身も心性の部分において齟齬《そご》をきたす部分もあった。たとえば第2章で明らかにするように、一八九五年（明治二八）に明宮《はるのみや》（のちの大正天皇）が、病気で危篤となったとき、明治天皇がすがったのは、平安時代以来の密教の平癒祈禱であり、泉涌寺《せんにゆうじ》における焔魔天供《えんまてんく》であった。明治天皇自身、私的な人間の心性は仏教徒であり、生死の間際に自身の墓所となる桃山御陵を平安京の創始者・桓武天皇陵に隣接して造営したように、帝都東京に住みながら京都御所や京都に片足を置くような、ゆらぎをもった天皇であった。もちろん象徴天皇制下の皇室自身がすがるのは、密教的な祈禱や仏教信仰ではないだろうが、近代に再構築され創造された国家神道や神話的な世界も、パンデミックの恐怖には何ら役に立たなかったであろう。

そう考えると、近代天皇制にまつわる公の伝統文化とは、皇室や天皇の私的な近世以来の文化とは交差しつつも、政治的社会的に近現代に創り出された部分が大きいと考える。歴史的に培われてきた日本社会に、新たに再構築され創造された伝統文化の外皮が覆われるイメージである。それは近代に聖地化する伊勢・奈良・京都をめぐる修学旅行や、内地のみならず「帝国」の版図に広がるソメイヨシノの桜、中国の古物と差異化しつつ欧米の美術史・文化財行政を受容しつつ成立する「文化財」についても言える。近世以来の地域社会や在来文化と葛藤しつつも、圧倒的に二〇世紀に構築されてゆくものである(第Ⅱ部、第Ⅲ部)。

さて天皇制とは、現代の身分制であると私は考える。生まれながらの貴種であり、天皇位を「世襲」する身分制である。明仁天皇と徳仁天皇は、グローバル化のなかで、現代の環境問題や社会福祉にも関心を寄せ、日本国憲法の第一条の象徴天皇と第九条の平和理念をセットで守ろうとする柔軟性を見せている。しかしその一方で、明仁天皇の退位や徳仁天皇の即位に際しては、伊勢神宮内宮《ないくう》の皇祖天照大神、神武天皇陵の初代神武天皇に報告する、記紀神話にもとづく非合理な祭祀を執り行った。私は、現代社会において人権とは、誰もが平等とされる民主主義を旨としており、非合理な天皇制とは相容れないものと考える。現代社会において「世襲」の身分制である非合理な天皇制は、非合理な神話を必要とするのである。

ここで「平成」から「令和」への代替わりを振り返りたい。そもそも大嘗祭《だいじょうさい》は、大嘗宮《だいじょうきゅう》の神座《しんざ》において新天皇が天孫、すなわち天照大神の孫＝瓊瓊杵尊《ににぎのみこと》として生まれ変わるものと、一八世紀の本居宣長から意味づけされてきたが、その後、六七二年の壬申の乱を契機として、天皇位を確立する天武天皇以降に形成されたとされている。またその際、大海人皇子《おおあまのおうじ》(のちの天武天皇)が勝利のために神武陵へ馬と武器を奉納したとの記載があり、始祖陵としての神武陵も壬申の乱からそう遡らない時期に造営されていたと推測される。その後、七一二年の『古事記』、七二〇年の『日本書紀』の編纂も本格化してゆく。要するに、古代天皇制成立の画期と、「世襲」を原理とする天皇号の成立や、「世襲」を正統化する正史(『古事記』『日本書紀』)編纂事業、それを視覚化する始祖陵としての神武天皇陵の創出は、七世紀後半に構造的に生み出されたのである(補論)。

二〇一九年五月二日の『毎日新聞』世論調査では、「現在の象徴天皇制でよい」と答えた人が七四%と多数にのぼった。二一世紀は、天皇制を国民が広く知り高い支持率をもつという意味で、日本史上、おそらく戦前昭和期に並ぶ特異な時代であると言えよう。

二一世紀の象徴天皇制を考える上で、二〇一六年八月八日の「象徴としてのお務めについての天皇陛下のおことば」は重要である(傍線、引用者)。

> 天皇の高齢化に伴う対処の仕方が、国事行為や、その象徴としての行為を限りなく縮小していくことには、無理があろうと思われます。また、天皇が未成年であったり、重病などによりその機

能を果たし得なくなった場合には、天皇の行為を代行する摂政を置くことも考えられます。しかし、この場合も、天皇が十分にその立場に求められる務めを果たせぬまま、生涯の終わりに至るまで天皇であり続けることに変わりはありません。

ここでは、摂政を置かないことが天皇の意志として明言された。

「平成」の時代においては、明仁天皇の「象徴としての務め」(公的行為)が、強調・頻発されてきた。「象徴としての行為」の融通無碍な肥大化とも言える。原武史は、「平成流」における、天皇皇后の宮中祭祀や「祈り」の重視を指摘する(原武史『平成の終焉——退位と天皇・皇后』岩波新書、二〇一九年)。

この「象徴としてのお務めについての天皇陛下のおことば」の重要性は、「象徴としての行為」が摂政を置いても代われない、天皇にしか担えないと明言したことにある。そしてそれこそが皇室祭祀なのである(河内祥輔氏の教示)。

しかしながら祈りに重きを置く「平成」の象徴天皇制も、新型コロナウイルスのパンデミックには無力であった。その渦中における「令和」の始まりの経験に、新たな試行が求められる状況と考えられる。

戦後の皇室祭祀は、天皇と内廷の掌典《しょうてん》により執り行われる私的祭祀とされてきているが、一貫して神話性や天皇神格化といった天皇制を護る神学により維持されている。二一世紀には、皇室祭祀の公的行為化への危険性が生じている。ここに皇室祭祀の最重事とされる「令和」の大嘗祭に孕む問題がある。

II

本書では、まず伝統文化が近代天皇制とともに形成される、明治維新から日露戦争までの国家の制度形成の時代を考える。

法隆寺の飛鳥文化を「文明」の始まりとする議論は、岡倉天心が東京美術学校(現・東京藝術大学)で行った「日本美術史」講義(一八九〇～九一年)をもって嚆矢《こうし》とする。アーネスト・フェノロサや、伊東忠太とともに、アレキサンダー大王の東征、ガンダーラ・インド・中国をへて、ギリシャ文明そのものが法隆寺に流れ込むという物語を説いた。それは一九世紀のレオポルト・フォン・ランケによる、ギリシャ・ローマより文明が始まるという世界史の潮流の文法に沿っている。また法隆寺／飛鳥文化は、日本における文明の起原という意味で、日本のギリシャと譬えられる。かくして法隆寺／飛鳥文化という「伝統文化」は、欧米における世界史の文法のなかに位置づく。

正倉院御物《ぎょぶつ》も、前近代の価値の頂点におかれた。明治一〇年行幸で明治天皇が剪《き》りとったのは、南方由来の香木の王様である蘭奢待《らんじゃたい》である。一八七七年(明治一〇)二月九日、東大寺東南院の行在所《あんざいしょ》は、富岡鉄斎による盆石・鼎《かなえ》・蘭・煎茶道具など中国の文物世界のしつらえのなかで、文物の王者・蘭奢待の香りが部屋をみたした(高木博志「富岡鉄斎が顕彰する国史——名教の精神を芸術に寓す」『史林』一〇一巻一号、二〇一八年)。その後、岡倉天心・フェノロサが紹介した欧米の美術理論をぐって、鳥毛立女屏風・漆胡瓶《しっこへい》・西域のガラス工芸などが天平文化の「標準作」として飛躍するに至った。ここに近現代の国体を体現する伝統文化が生み出されていく。

また古都京都での即位式・大嘗祭の施行を眼目とする一八八三年(明治一六)の岩倉具視建議においては、三大勅祭の賀茂祭(葵祭)・石清水放生会《いわしみずほうじょうえ》・春日祭は平安時代の貴族文化の復興であるとされた(『岩倉公実記 下』)。しかし大嘗祭同様に、賀茂祭・石清水放生会・春日祭はともに応仁の乱後、二百数十年間中絶し、古代的な祭儀は途絶えていた[1](大嘗祭は七世紀後半の天武朝起原、賀茂祭・石清水放生会・春日祭は平安朝起原)。

たとえば前近代の賀茂祭は、四月中酉日《なかのとりのひ》に勅使である近衛使《このえづかい》が、東遊《あずまあそび》や白馬《あおうま》などの賀茂社への贈り物の発遣を行った宮中年中行事と、上下賀茂社の年中行事に組み込まれた路頭の儀、社頭の祭とが連動したものであり、両者は不可分であった。それが宮中年中行事と三大勅祭との関係であった。しかし岩倉建議後に復興し今日まで続く賀茂祭においては、天皇が関わる東京の皇居の年中行事の祭儀はない。

明治元年(一八六八)の即位式では、中国皇帝の即位儀式であるとされた龍などの意匠の旛《ばん》や中国式の礼服、袞冕《こんべん》を廃して、神式の大真榊が立てられた。また東京遷都を政治的に成就させるために、明治四年には、七世紀以来はじめて畿外の首都東京で大嘗祭が行われた。岩倉建議による京都御所で即位・大嘗祭を施行するヴィジョンは、皇室典範をへて一九一五年の大正大礼、一九二八年の昭和大礼となって実現する。ここには様々なベクトルが錯綜する伝統文化が再構築し創出された。天皇の米作りは、中国皇帝が農耕の営みを視る「四季耕作図」にあるような中国起原の政治文化であることを隠して、大嘗祭に集大成される日本古来の農耕儀礼の独自性のみで語られる。養蚕も本家、中国王朝の由来は不問とされ、ナポレオン妃ジョゼフィーヌの起原譚と古代日本の皇后の営みとの和洋折衷の伝統として説明される。そして即位式・大嘗祭が京都御所で行われることは、中絶しつつも平安京以来の伝統であるが、それを岩倉建議では、ロシア皇帝の戴冠式が、西欧に開かれた首都サンクト・ペテルブルグではなくロシア正教の中心でモスクワ公国以来の古都モスクワで挙行されたことにモデルを求め、正統性を持たせた。

本書第2章でとりあげる皇室の仏教信仰も然りである。一八八二年(明治一五)に泉涌寺が霊明殿《れいめいでん》をはじめとする多くの伽藍《がらん》を焼失したときに、政府は国家神道にとって異物である泉涌寺を廃絶して、宮中に継続していた仏教信仰を禁じることも可能であった。この頃、前年の祭神論争を経て、非宗教、「国家の宗祀《そうし》」としての神道が、建前として宗教ではないとされ、天照大神を宮中に祀り、神社体系の頂点としての伊勢内宮の天照大神と連動することになっていった。

したがって一八八四年に宮内省が泉涌寺を復興した理由は、公的には皇霊祭祀という国家神道による慰霊、私的には皇族の仏教信仰を許すという、皇室への二重構造をもった柔らかい政策にあった。それと同時に、京都周辺に散らばる平安朝以来の天皇陵とは別に、泉涌寺は天智天皇と桓武天皇以降「百四十余霊」を守護する「皇室の御寺《みてら》」との理念的な意味づけがなされた。今日につながる「皇室の御寺」泉涌寺の起原である。そしてこれは、東寺の後七日御修法《ごしちにちのみしほ》や門跡寺院号の復興など、平安朝以来の畿内権門寺院が明治初年の仏教政策を通じて骨抜きにされる過程で立ち上がる流れに位置づけられる(第Ⅰ部)。

これらが立憲制形成期の岩倉具視建議にあらわれる伝統文化の復興である。世界の「一等国」になるために、ヨーロッパの国民国家が独自の文化を求め「伝統」を創造する動向との普遍(親和)性がみられると同時に、「万世一系」の「国体」を荘厳化するために、日本に固有な近代天皇制形成の性格をもあわせもっていた。

以上述べてきたように、古都奈良・京都における飛鳥・天平・国風などの古代文化、岩倉建議にみられる京都御所や葵祭など京都復興策、そして正倉院御物や陵墓などの奈良・畿内に集中する皇室財産系文化財の整備、そして近世の京都御所周辺に生まれ育った「明治大帝」世代の皇族・公家たちの仏教信仰や権門社寺への帰依、あるいは後述する畿内の名所への心情などには、共通した特色が指摘できる。そこには、古都奈良・京都の伝統文化という文化資本の力が大きく作用した。それも前近代の文化がそのまま継続するのではなく、明治維新以降、再構築されてきたものだが、その過程を丁寧にみてゆきたい。

Ⅲ

そもそも「天皇制」は、コミンテルンの(一九)三二年テーゼとともに創り出された概念である。しかし、明治維新以降、大日本帝国憲法下の天皇制は、封建制の国家形態の最後に現れる「絶対主義的天皇制」とは見なせないことは、一九九〇年代以降に実証が進んだ近現代史の成果からも明らかであろう（安丸良夫『近代天皇像の形成』岩波書店、一九九二年など）。さらに君主制の「存廃」が共産主義の課題であり、共和政の課題に位置づいてこなかった日本の特殊性を、最近の欧州君主制史の研究は教えてくれる（中澤達哉編『王のいる共和政――ジャコバン再考』岩波書店、二〇二二年）。

近代天皇制は、前近代の朝廷の天皇・朝廷の機能を再構築しつつ、一九世紀に創り出された世界史における「君主制」の一つの日本的顕現と言えよう。そして国民主権となった象徴天皇制においても、「万世一系」や「世襲」という、民主主義の理念とは矛盾する、いわば明治維新後に創り出された「近代の身分制」である「血統」を荘厳化する特質は、連続している。

もっとも二〇〇四年の日本共産党の綱領改正においては、戦前期の天皇制は「絶対主義的天皇制」であったといまだ見なしているが旧綱領の「君主制の廃止」については、戦後の「天皇の制度は憲法上の制度」であり、今日の国民主権と象徴天皇制とは共存しうるとみる立場へと、大きく舵を切った。しかし戦前の「絶対主義的天皇制」という概念そのものが、経済や政治への還元論であり、「万世一系」や「世襲」といったメカニズムの解明については、講座派以来、一貫して弱い。そのためには天皇制の文化や思想やイデオロギーといった側面からの分析がこれからも必要だろう（補論）。かくして政治から自律した、「世襲」の象徴天皇と国民主権との矛盾を歴史的に解明しようとする学問の営為が、将来に天皇制の「存廃」を考える国民・市民の歴史意識を育《はぐく》むために必要と考える。

私は「国体」とは、戦前の天皇をいただく国柄から戦後はアメリカをいただく国柄に入れ代わったわけではなく、戦前・戦後を通じて、「万世一系」や「世襲」を核とするその本質は現代においても継続していると考える（白井聡『国体論——菊と星条旗』集英社新書、二〇一八年、とは捉え方が違う）。だからこそ、二〇一九年九月の百舌鳥《もず》・古市《ふるいち》古墳群の世界遺産登録に際し、『古事記』『日本書紀』に対する史料批判をしないままに「仁徳天皇陵古墳」の呼称が採用されるような学問の逆行や、同年一一月に天照大神の孫であるニニギノミコトとして生まれ変わる神学をもつ大嘗祭が、グローバル化した情報社会の現代においても行われたのである。

第4章「「郷土愛」と「愛国心」をつなぐもの」における問題意識は、三二年テーゼの時期の「天皇制」イメージを、明治期に投影してはいけない、ということにある。

ここで幕末・維新を経験し、江戸幕府や京都の朝廷・地方城下町の藩政を知っている「明治」に生きた「世代」が共有する文化・思想・記憶について、「世代」論は重要である。幕末・維新を経験した世代がいなくなる「明治」の終わりは大きく社会が変わる節目であったのと同様に、戦争を体験した世代がいなくなる二一世紀に「戦後民主主義」の喪失を、私は感じるからだ。

日清・日露戦間期までに、国家をめぐる憲法・地方自治・官僚制・軍事・教育などの諸制度がつくられたときに、天皇制においても皇室典範、教育勅語、国家神道の政教関係、皇居・離宮群、陵墓や御物の皇室財産系文化財といった制度が形成されてきた。しかし、その社会への浸透は、日露戦争後から第一次世界大戦後にかけてのことであった。このことについては、一八九〇年代の教育勅語や御真影の制度設計が、一九二〇年代になって初めて小学校の現場や社会に受容・浸透していったという籠谷次郎による先駆的な教育史の研究がある(籠谷次郎『近代日本における教育と国家の思想』阿吽社、一九九四年)。文学史や美術史でも同様に制度や作品論ではなく、社会での受容や実態が問題とされ、研究は深化している(前田愛『近代読者の成立』有精堂、一九七三年など)。

戊辰戦争(一八六八〜六九年)時、天皇を擁した新政府軍に刃向かった奥羽越諸藩の「賊軍」としての汚名は、建前としては一八八九年(明治二二)の大日本帝国憲法発布にともなう「大赦」により許された。明治維新期のトラウマは、さらに日清・日露戦争を通じて、臣民が国民軍として国のために戦い死んでゆくことを画期として、ナショナリズムと「お国自慢」を生み出すローカリズムとがつながってゆくことにより解消していった。

すなわち一八八九年の「大赦」を契機に、徳川家や東北諸藩が許され、明治維新と旧幕時代の記憶が自由に語られ、地域の歴史顕彰が進んでゆく。たとえば明治一〇年代までは伊達政宗の顕彰やお国自慢が許されなかった東北仙台では、日清・日露戦争をへて、「郷土愛」が「愛国心」に包摂されるようになっていった。同様に全国のあらゆる地方で、それぞれが一貫して歴史的に皇室に対して勤王であったとの歴史意識が醸成されてゆき、「明治」の終わりには、江戸時代を経験した世代は、いっせいに集団としていなくなってゆく。乱暴に言えば、「明治」の終焉までは、地方城下町においては、士族を中心とした江戸時代経験者による旧藩主への崇敬が大きかったが、日露戦後から大正期にかけて新しい世代の商工業者が地方政治の担い手となり、彼らの天皇や皇室への崇敬が、社会改良(村や町の統合、画一化)の時代から第一次世界大戦後の大衆社会状況のなかで、地域社会において高まってゆく。

飛鳥井雅道は、日清・日露戦争で弘前城にソメイヨシノが植樹され市民公園となることを論じた拙稿「桜とナショナリズム――日清戦争以後のソメイヨシノの植樹」(西川長夫・渡辺公三編『世紀転換期の国際秩序と国民文化の形成』柏書房、一九九九年)に対する私信の中で、「近代日本の問題は、津軽伯爵家への帰依と天皇への帰依が、戦勝によって重ねられるところにあるのではないでしょうか。日本の近代イデオロギーに影を落としてくる幕藩時代の絆の形を借りた、非合理の呪縛、士族にしかあり得なかった旧藩主への追慕が、農民層にまで拡大されて定着させられること。あなたが軽くふれたこの問題がわたしには極めて大きい問題だと思われます」(高木博志「飛鳥井雅道先生と天皇制研究」『日本歴史』八〇〇号、二〇一五年)と述べた。要するに近世には武士のものであった藩祖津軽為信《ためのぶ》も弘前城も、日清・日露戦争を通じて津軽・青森県の農民・商工業者にとってのローカル・アイデンティティ、「お国自慢」になるというものである。そして桜は京都においては枝垂《しだ》れ桜・山桜など伝統種が重んじられ、一方、植民地朝鮮ではソメイヨシノが倭城・公園・学校・軍隊に植樹され、日本の伝統文化として桜前線の春が朝鮮半島を北上する(第4章、第5章)。

それは皇室においても然りである。「明治大帝」の時代は、天皇も皇后・皇族も、京都御所で生まれ自己形成をしてきた世代であった。明治期の東京の皇室・皇族においては、畿内に片足を置いた仏教信仰が私的世界で継続し、京都には旧屋敷地・別邸、そして泉涌寺・二尊院などの皇族や公家の菩提寺が残されており、皇族たちは平安朝以来の嵐山《あらしやま》や宇治の名所とは離れられない心性を持ち続けていた（第Ⅰ部）。葉山や那須の自然に恵まれた東京周辺の御用邸・別邸で、欧州貴族のように過ごして満足する皇族たちは、明治維新後の帝都東京で生まれた新世代である。かくして英照皇太后・昭憲皇后のように仏教信仰をあらわにすることができなかった「明治大帝」をしても自らの陵《みささぎ》は、政治家・近臣の政治的意向に逆らって、平安京の祖である桓武天皇陵に隣接し、巨椋池《おぐらいけ》、古都奈良を望む、風光明媚な京都の桃山に造営する意思を示したのである。

「明治」の終焉とともに、一九一〇年代、第一次世界大戦後の国家神道は、祖先崇拝や家族国家観を旨とする国民道徳を普及させ、国家神道とは国民道徳であると徳目化されてゆく。一九一九年（大正八）の史蹟名勝天然紀念物保存法に深く関わった黒板勝美《くろいたかつみ》は、歴史学の国家政策を介した社会での実践を展開した（第Ⅲ部）。科学的な史蹟名勝保存や現地保存主義を実践する一方で、史実より国民道徳を重んじる「名教的歴史学」にもとづく「名教的史蹟」（高木のネーミング）を顕彰してゆく。それは、天皇制の崇敬につながる聖徳太子顕彰、桜井駅阯などの南朝史蹟、明治天皇聖蹟、神武聖蹟などの指定、陵墓の不可侵論、自然と融和する日本文化論などとしてあらわれる。かくして国民道徳に意味づけられた社寺・史蹟を、小学校から奈良女子高等師範学校までの修学旅行で、体験してゆくこととなる（第3章）。

そして伝統文化は、日清・日露戦争、「明治」の終焉をへて、一九二〇年代の大衆社会状況に、近代天皇制とともに社会に受容されるようになってゆく。

さて戦後歴史学の課題は、「史実と神話」の峻別《しゅんべつ》にあった。大正期の津田左右吉《そうきち》が、『古事記』『日本書紀』の記述は、五〜七世紀の政治思想を反映したものにすぎないとした史料批判の方法が、戦後の歴史学や社会科の改革を経て、アカデミズムや学校教育の現場において市民権を得るようになった。国定教科書『尋常小学国史』（一九三五年）におけるかまどの煙に民の生活を想う仁徳天皇の国見の挿図（図18参照）は、記紀にもとづく物語であり史実ではないものとして戦後は放逐《ほうちく》された。しかし今、大《だい》山《せん》（大仙）古墳は「仁徳天皇陵古墳」という呼称をもって世界遺産に登録された（図19参照）。そしてまた大嘗祭において天孫として生まれ変わった「令和」の天皇が登場した。今日、戦前の歴史意識そのままに、島本町の国指定の「史蹟桜井駅阯」は存続するし、日本遺産では、二〇一八年に宮崎市から橿原《かしはら》市までが「神武東遷」の聖蹟をたどった紀元二千六百年（一九四〇年）紀念事業そのままに、登録しようとする試みもなされた（補論）。

再度まとめると、二一世紀の象徴天皇制においても、天皇位の世襲を旨とする非合理な「身分制」は存続している。非合理な天皇制を存続させるためには、非合理な物語や神話が不可欠であり、それを担保する歴史叙述を必要とする。「万世一系」の「国体」の幻想はいまだに存続するのである。「万世一系」の「国体」概念を荘厳化する伝統文化は、明治維新以降に再構築され創り出されてきた。その内実と形成過程を論じるために、まずはそうした問題意識からはじめたい。

本書における元号の表記は、明治五年一二月三日を一八七三年正月元日とした太陽暦採用をもって画期とした。

それ以前は元号を、それ以降は西暦を主体として用いる。また漢字は原則として常用漢字に、合字は通行の表記に、句読点は適宜補った。なお時事も含め敬称は略した。

第I部　天皇制

「〔昭和〕即位礼紫宸殿儀の図」(『大阪朝日新聞』1928 年 10 月 1 日付録)

1909年(明治42)に定められた登極令では，1883年(明治16)の岩倉具視建議を受けて大礼は古都京都で施行することとされた．本図は，京都御所・紫宸殿という歴史的空間で施行された昭和大礼(1928年)において，田中義一首相が寿詞を述べるシーンである．明治維新に始まる神話意匠の旛がなびくなか，欧州君主制に由来する「一夫一婦」の形で高御座・御帳台にならぶ天皇・皇后を列席者は拝する．大衆社会状況での大礼は，植民地を含む「帝国」にラジオ中継された．

第1章　伝統文化の再構築と創造

はじめに

文化庁は二〇一〇年六月に、五世紀前半の大山《だいせん》（大仙）古墳（宮内庁は仁徳天皇陵に治定《じじょう》（決定））をはじめとする天皇陵一二基を含む「百舌鳥《もず》・古市《ふるいち》古墳群」の世界遺産国内暫定リストへの記載を決めた。宮内省（宮内庁）による陵墓の管理が明治初年より今日に至るまで不変であるため、五世紀前後の倭国王墓の被葬者のみならず古墳の形状の真正性も不明である。

文久年間から大日本帝国憲法の発布された一八八九年（明治二二）までに大枠として天皇陵の被葬者が決められるとともに皇霊祭祀が創出され、同時に陵墓の形状も整えられてきた。その間、天皇陵は、『古事記』『日本書紀』や『延喜式』などの文献の無批判な考証と、口碑流伝の採集といった、一九世紀の学知により治定され、当時の土木技術で整備され「凍結」されてきた。一二〇代を超える天皇陵をはじめとする陵墓は、いわば幕末以来の「近代化遺産」とも言えよう。陵墓が京都・奈良・大阪などの畿内に偏在することは、古代から明治二年（一八六九）の東京「奠都《てんと》」まで存在した王権の畿内への地域的基盤の来歴に由来するものであるが、　陵墓のありようはまさに近代に創り出された伝統文化であり、古都の性格の一端を規定する。

森浩一は天皇陵を大山古墳など地名で呼ぶことを提唱したが(1)、被葬者がはっきりしない古代の天皇陵の陵名を、そして幕末以来の修陵による墳丘の形態を古代の天皇陵のものであると、アプリオリに信じること、これこそが近代天皇制の本質に幻惑されていることのあらわれだろう。

本稿では、明治維新から主に立憲制の形成期に創り出された伝統文化を、天皇制との関わりで論じたい(2)。第一に「万世一系」を視覚化する陵墓の創出過程を考えるが、陵墓の問題は同時に天皇・皇后・皇族の死後の皇霊の創出とも一体であった。第二には伝統文化に関わる御物《ぎょぶつ》の創出過程を跡づける。近代日本においては、陵墓や正倉院、御所・離宮などの皇室財産系文化財と、帝室博物館に収められる国宝などの美術品や特別建造物、史蹟名勝などの国民に開かれた文化財との二つの体系が一八八〇年代から形成されていた。前者は、国民からは「秘匿された」財であった。第三に、欧州の王室儀礼との互換性と日本の伝統文化の誇示の両者をあわせもつ宮中儀礼の創出、なかでも即位式・大嘗祭のあり方を考えたい。第四は京都御苑の整備と皇居造営の問題であるが、これは帝国憲法発布後の古都と帝都の機能を考えてゆくことになる。エピローグとして、東京の皇居において、近世以来の京都とつながる仏教信仰や生活文化を持ち続けた、京都生まれの皇族が生きた、明治の「世代」論を考えたい。

慶応三年（一八六七）一二月の王政復古の大号令、明治二年（一八六九）三月の東京「奠都」をへて、京都を中心とする畿内近国と密接な関係を持っていた皇室は畿内との関係を断ち切り、江戸城を皇城として新たな全国的基盤のもとに出発した。この時期に文明開化がはじまり、慶応四年春の神仏判然令から明治四年の皇室の神仏分離にいたる過程をみても明らかなように、仏教を中心とする伝統文化は否定され破棄された。

明治初年の開化／文明が、歴史／伝統と齟齬をきたす状況に大きな転換が訪れるのは、西南戦争が起きた一八七七年(明治一〇)に約半年にわたり京都に天皇が滞在する行幸が契機であった。一八八〇年代には、新たな戦略として、立憲制形成のなかで、世界の「一等国」には歴史や伝統文化が不可欠とのコンセプトが政府の政策として登場した。でははたして明治維新と立憲制形成期の文明開化状況から、明治二〇年代には逆の国粋・伝統回帰へ、そして再び大正デモクラシー期には逆に欧米化・開化へと、単純に波線状に時代思潮が交互に入れ替わりうるのだろうか。[3] 一八八〇年代以降、アジアで最初の立憲制の形成期には、国際社会の中で「一等国」になるには、開化／文明と歴史／伝統との両者が戦略として構造的に必要との認識が政府に生まれ、一八九〇年代以降、立憲制が軌道に乗るとともに社会にも広がってゆくと考えたい。

一八七七年の京都行幸を契機に荒廃した京都御苑の整備が始まり、一八八三年(明治一六)一月の岩倉具視の「京都皇宮保存ニ関シ意見書」[4]により、京都御苑は宮内省管轄となり、京都御所の保存と即位式・大嘗祭の京都での施行を核とする京都復興策が提起された。一方、一八七三年(明治六)の火災により焼け落ちた皇居は、西南戦争後の財政難で再建が長期化するが、当初の西欧風石造りの構想から一八八三年以降には和洋折衷の木造建築の明治宮殿へと方針転換した。一八八〇年代は、日本の皇室が列強の王室に伍してゆくために、国際化を目ざし、近代化と歴史や伝統誇示との、両者あいまった戦略が試行錯誤のもとに生み出されてゆく。

一八八九年（明治二二）の大日本帝国憲法発布は、近代国家形成の重要な画期となる。赤坂仮皇居から明治天皇は造営なった明治宮殿に移り、宮中三殿（賢所《かしこどころ》・皇霊殿・神殿）も落成し、明治天皇と伊藤博文らが賢所において「皇祖皇宗」と「誓約《うけい》」したのち、アジアで最初の憲法が発布された。そのあと欧米列強の公使らを迎える大宴会が、明治宮殿において文明国のありようとして演出された。一八八八年六月一八日に枢密院で伊藤博文は、キリスト教が支柱にない日本においては「機軸とすべきは独り皇室あるのみ」(5)と論じたが、「万世一系」を背負う天皇主権の帝国憲法と皇室典範はセットで翌年に制定された。

一　陵墓――「万世一系」の視覚化

明治維新を通じて行われた陵墓の整備は、「万世一系」の皇統神話を目に見える形で創り出し、皇統系譜を作成した。公武合体運動のなかで文久二年（一八六二）一〇月、宇都宮藩家老の戸田忠至らが中心となって文久の山陵修補が開始され、山城国三四基、大和国二四基の天皇陵をはじめ一〇九カ所が、慶応元年（一八六五）五月までに修陵された。文久の修陵を通じて、白砂敷きの方形拝所、拝所の正面には鳥居と内側に一対の灯籠という、墳丘を聖域化し拝礼する近代の景観が登場する。その中で神武天皇陵は、一万五〇六二両余という破格の経費をかけて完成された。

近世の天皇の系譜意識は、平安京に生きた天智系の天皇たちで完結しており、それ以前にさかのぼることはなかった。宮中には天皇の護持僧が出入りし、泉涌寺《せんにゆうじ》に関わりがあったり墓所に埋葬されたりした天皇・皇后・皇族に対しては、個別の命日に法要が営まれた。(6) 天皇個人と亡父や亡祖父との関係は、一対一であった。しかし慶応三年一二月の王政復古の大号令で、「神武創業」が登場すると、この世もあの世も京都盆地のなかで完結していた天皇家に、神武天皇以来の古代奈良の天皇たちが公的に認められた祖先となり、「万世一系」の「皇祖皇宗」集団としてたちあらわれた。

慶応四年(一八六八)三月の神仏判然令のあと、同年閏四月七日の山陵御穢の審議では、天皇は現人神《あらひとがみ》であり、山陵は仏教的な穢処ではなく、「天祖之神宮ニ被為擬《ぎせられ》、潔清ニ御尊崇」されるべき、との意見がとられた。(7) ここに「御霊が宿る聖域」との今日の政府見解につながる見方が形成された。この年一二月二五日には孝明天皇の三回忌が神祭として執り行われ、明治二年(一八六九)九月一七日には、神祇官内に諸陵寮が設置された。明治三年閏《うるう》一〇月二四日には、宮内省に御系図取調掛が設置された。明治四年夏には皇室の神仏分離により、泉涌寺改革をはじめとして宮中の仏教的要素が表向きは一掃された。そして一八七三年(明治六)までには、歴代山陵と宮中における命日と式年の皇霊祭祀がほぼできあがった。

一八七三年九月一八日には、誕生と同時に死去した明治天皇第一皇子が稚瑞照彦尊《わかみつてるひこのみこと》と諡号された。

東照宮が祀られていた東京の権現山は古代律令制にもとづく豊島岡《としまがおか》と改称されて東京の皇族墓地となった。[8] 一八七八年(明治一一)には民間の彼岸にあわせて春秋二季皇霊祭が執り行われ、皇祖天照大神を祀る賢所、天神地祇を祀る神殿、そして歴代の天皇の神霊が祀られる皇霊殿の宮中三殿が確立していった。

先取りして述べれば、一八八〇年代に成立する国家神道は、宗教ではなく「国家の宗祀《そうし》」との建前がとられ、神道は現世における儀礼や道徳と見なされ、歴史的に段階性をもって展開した。初詣や神前結婚式などの二〇世紀に普及する国民的な神道儀礼は、非宗教とされた国家神道に照応することとなる。[9] そして全国約二〇万社(二〇世紀には半減する)の神社のピラミッドの頂点に、皇祖天照大神を祀る伊勢神宮内宮《ないくう》が位置づけられる。この国家神道の下では、天皇から国民にいたるまで死後の世界は曖昧《あいまい》なものとなった。この矛盾のあらわれが、皇霊では救われない皇室の私的な世界における仏教信仰の継続や、戦死者の葬儀には関われない国家神道が戦死者を慰霊する靖国神社や招魂社の役割であり、問題は二一世紀まで尾を引くこととなる。

さて文久の修陵事業で未治定であった陵墓の多くは、一八七四年から一八八三年にかけてまず決定された。[10] 一八七四年五月には、未治定の陵墓について「口碑流伝ノ場所ハ勿論《もちろん》其他古墳ト相見ヘ候《そうろう》地」はみだりに発掘せず、発見があれば絵図面を副《そ》えて教部省に伺い出ることが、太政官から管轄する府県に達せられた。またこの年八月三日には、山陵を守ってきた従来の衛士《えじ》・守戸などを廃して、地方官の管轄下に陵掌・墓掌・陵丁・墓丁を設置する。同年七月一〇日には神代三陵(瓊瓊杵尊《ににぎのみこと》・彦火《ひこほ》火出見尊《ほでみのみこと》・鸕鷀草葺不合尊《うがやふきあえずのみこと》）がいずれも薩摩国に治定されるが、この背景には藩閥の政治力学が推測される。その際、瓊瓊杵尊の陵に比定された可愛之《えの》山陵では、現地調査をうけて、陵の山上にある新田八幡宮の存在が、「尊骸御埋葬被為在候《あらせられそうろう》御陵ノ山上え諸人昇降雑沓候義は実以恐入」として、問題になった。[11]

一八七六年（明治九）四月に遺失物取扱規則が公布され埋蔵物の規程が定められた。[12]　一八七八年二月二八日には内務省から宮内省に陵墓事務が移管されたが、このとき宮内少書記官となった足立正声《あだちまさな》は同時に御系譜掛・御陵墓掛となった。[13]「陵墓」と「系譜」の制定が連動していたことをものがたる。近世には田畑や祠があり多くが民有地であった陵墓が、最終的に皇室の財産となる契機が、この移管である。他にも、一八八三年に京都御苑・修学院《しゅがくいん》離宮・桂離宮が宮内省支庁の保管となり、一八八四～八五年に二条離宮が御料地となり、一八八四年には正倉院が宮内省移管となり、それらが一八九〇年には世伝御料《せでんごりょう》へと編入された。これは立憲制に向けた、一連の皇室財産形成のなかで位置づけることができる。皇后陵は一八七五～七七年に基本的な治定は終了し、その他の皇子・皇女など皇族の墓は一八七四～八〇年に多くが決められた。皇霊概念の成立とともに、一八七四年から一八八九年までに皇后陵を含む歴代天皇以外の陵は五一陵、墓は七一基が新たに治定された。[14]　一八七五年一二月二五日には皇后の墓も陵と称することに決まるが、皇后や皇子らの皇霊とともに、一八七八年までに制度的に整ってくる。また従来、宮家の墓地はまちまちであり、伏見宮であれば相国寺、有栖川宮《ありすがわのみや》であれば熾仁《たるひと》親王が維新後も帰京のたびに訪れる大徳寺龍光院が菩提寺であった。一八七八年三月には、新

図1　泉涌寺空撮(泉涌寺提供).本坊の東奥に月輪陵・後月輪陵が林立する.

たに「在西京皇族墓地」が泉涌寺に隣接した今熊野村に設置された[15]。ここに桂宮、山階宮《やましなのみや》、久邇宮《くにのみや》などの西の皇族墓地が形成されることとなった。

　一八八一年一〇月三日に死去した桂宮淑子《すみこ》の御霊を「御霊代ノ御辛櫃《からびつ》柳筥《やないばこ》等」に移す「遷霊祭」が、同月一三日に桂宮邸において神式で行われ、二〇日は喪主小倉《おぐら》輔季《すけすえ》・斎主田中頼庸《たなかよりつね》らが儀仗兵に護られ、三三名の八瀬村駕輿丁《かよちょう》が奉仕するなか、御所から寺町通、五条通、伏見街道、泉涌寺の皇族墓地へと葬列が進み、そして葬送・埋棺と続く。葬列には先代霊像や尊牌を有する相国寺や、御廟や尊牌を有する慈照院ほか園城寺（三井寺《みいでら》）・清浄華院・上御霊《かみごりょう》社などの住職・祠官が願い出により「列外奉送」として加わった[16]。

　一八七七年(明治一〇)の京都行幸の前後に、明治初年の神仏分離以来等閑視されていた皇室関係寺院や泉涌寺への保護がはじまる。また京都周辺の由緒寺院から泉涌寺に尊牌・尊像が集められた(図1)。一八七七年以前は天皇については神式になっていたが、いまだ皇妃や皇親たちは仏式で泉涌寺において供養されており、そのことが泉涌寺が廃仏にあわなかった一つの理由であった[17]。神式の祭式の整備は同時に、皇族の私的な仏教信仰を許す、柔らかい構造を生み出した。一八七七年一月三日に、明治天皇の行幸にあわせて、歴代皇妃・皇親の神式の祭式と皇霊への合祭がなされ、すべての皇族の奉祭は、建前は神式と定められた。それと同時に、皇族の「泉山ニ於テ御法事御供養」および「御位牌殿参拝・焼香・色花《いろはな》献備等」は個人の分際（「一分《いちぶん》」の限り）であることが定められた。[18] また宮内卿徳大寺実則《さねつね》より泉涌寺へ「是迄《これまで》御由緒之輩、中元御陵墓前江灯燈献備之義ハ自今《じこん》御神燈之訳ニ付、従前之通ニテ可然候《しかるべくそうろう》事」として、お盆の灯籠の献納も建前は神燈とみなして許されることとなった。[19] この年には従来通り各尼寺が歴代仏式の供養を行いたい旨、比丘尼《びくに》御所が京都府に願書を出している。[20] 一八七八年六月五日、春分・秋分の民間の暦にあわせて多くの天皇や后・皇親の式年祭・正辰《せいしん》祭が合祭され、春秋二季皇霊祭が制定された。[21]

一八八二年八月四日には、明治四年（一八七一）九月に断絶していた後七日御修法《ごしちにちのみしほ》が真言宗管長権大教正三条西乗禅《さんじょうにしじょうぜん》をはじめ釈雲照《しゃくうんしょう》や佐伯旭雅《きょくが》らの助力により再興されたが、「玉体加持を停め、御衣《ぎょい》を下付すべき」もので、「寺門」の限りにおいて許すとの意義づけであった。国家仏教であった前近代とは違い、近代の新しい真言宗の「寺門」（泉涌寺も明治四年以降に真言宗となった）の私的な皇室関連の仏教儀礼という伝統文化に衣替えされた。[22] 泉涌寺は同年一〇月一四日の火災で、霊明殿《れいめいでん》・宸影殿《しんえいでん》・法華堂など、そのほとんどを消失した。この時に皇室における仏教的な要素である泉涌寺を廃することも考えられたが、そうとはならずに近代における新たな位置づけをもって再生することとなった。

存続の理由は、第一に一八七七年以降の皇室の私的な領域における仏教信仰が、神式の皇霊制度が確立するなかで、柔らかい構造として許容されたことである。第二は、一八八三年三月一日に太政大臣三条実美《さねとみ》宛に徳大寺実則宮内卿が上申したように、近世の泉涌寺は鎌倉時代の四条天皇や近世の後《ご》水尾《みずのお》天皇以下の天皇や后・皇親の墓を有する者たちに限られた菩提寺であったのが、「天智天皇以降百四十余霊ヲ奉安守護」すると、再建の理由づけがなされたことによる。近代になって、天智系の光仁・桓武天皇以下の平安京に生きた歴代天皇・皇后・皇親の菩提寺として新たに位置づけられたのである。[23] そして泉涌寺の再興はまさに先にふれた一八八三年一月の岩倉具視建議後の、京都の「旧慣」保存の一環でもあった。

かくして同年五月一一日、京都御所の里御殿《さとごてん》の古材が下賜されて、泉涌寺再建が許可された。一八七六年の本願寺宛大師号宣下にはじまり、一八八三年(明治一六)六月二六日、泉涌寺開山俊芿《しゅんじょう》国師にも大師号宣下となった。[24] 内務省の基準では、一宗の開祖には大師号、派祖等には国師号ないし禅師号を宣下することになっていたが、焼失の危機のなか、「歴朝崇信ノ聖謨《せいぼ》ニ依遵《いじゅん》シテ、国師ニ累《かさ》ヌルニ大師ノ嘉号ヲ以テシ、兆民帰嚮《ききょう》ノ標幟《ひょうし》ヲ樹立」せんとの泉涌寺の運動が実ったものであった。[25]

ここで陵墓の治定に話を戻す。一八七七年六月に弘文天皇陵、一八七八年二月に綏靖《すいぜい》天皇陵、一八八〇年二月桓武天皇陵が治定され、一八八一年二月に文武天皇陵が改定された。[26] このうちの弘文天皇は、明治三年(一八七〇)七月二三日、淡路廃帝(淳仁天皇、一八七四年八月陵治定)・九条廃帝(仲恭天皇、一八八九年二月陵治定)とともに諡号がおくられた大友皇子であった。一八七七年六月になって、籠手田《こてだ》安定《やすさだ》滋賀県知事の主導により発見された三井寺寺域の亀丘の古墳に陵が治定され、翌一八七八年一〇月の天皇巡幸により権威づけられた。[27]

興味深いのは、最後の天皇陵の治定替えとなる一八八一年(明治一四)二月一日に治定された天武・

持統天皇合葬陵である。高山寺における鎌倉時代の盗掘記録「阿不幾乃《あおきの》山陵記」が前年に発見されたことにより、高市郡五条野村（見瀬《みせ》丸山《まるやま》古墳）から野口村（野口王墓）へと治定替えとなる。その理由について宮内省官吏は「御陵の大御霊に、ねぎまつりつる御ちはひ〔幸ひ〕[28]」、すなわち加護してきた天武天皇の霊の力が、真の陵を指し示したと解釈した。

一八八六年二月四日には宮内省内に諸陵寮が復活する。明治二年に復興した古代の諸陵寮は明治四年八月四日には廃されて神祇省や教部省内で諸陵事務を執り行ってきたが、一八八三年一月に御陵墓掛の足立正声が、「諸陵寮被為復度《ふくせられたき》儀ニ付建言」を提出し、神武天皇陵や近陵四代以外には陵墓への奉幣や巡見はなく、「平常地方ノ軽輩《けいはい》」に看守を委任する現状を嘆いた[29]。また足立は同年一月一九日に設置された御陵墓課長と御系譜課長の両者を兼任することとなった。ここでも「系譜」と「陵墓」の整備・制定が連動している。

一八八三年一月の岩倉具視建議では、京都御苑を核とする京都復興策が出されるが、九月二二日にはこの建議にもとづく宮内省支庁が京都に設置され、京都・大阪・兵庫・滋賀の府県の陵墓事務を取り扱うこととなった。

伊藤博文は、一八八九年の立憲制の出発にあわせ以下のように演説する。条約改正を達成し、「一等国」になるために、欧米に無比な「万世一系の皇統を奉戴」する日本において、所在の分からない山陵があるのは、「外交上信を列国に失ふ[30]」。そして未治定の光孝、村上、冷泉、三条、二条、順徳、仲恭、光明、後一条、顕宗《けんぞう》、武烈、崇峻《すしゅん》、安徳天皇の一三陵が、『古事記』『日本書紀』『延喜式』などの考証と現地調査の上、一八八九年六月から七月に一括して決定された。たとえばその過程で中世の火葬墓は治定不可能なものが多いなかで、一二世紀の二条天皇陵については、古墳らしきものがないため京都市松原村の茶畑の一画を「見立」てる、といった作為がなされた。結局、治定されなかったが、神武天皇皇后陵に至っては、困ってしまい「築陵ノ思食《おぼしめし》ニ而《て》決」する他ないとされた。(31)

大日本帝国憲法発布の時期までに、長慶天皇陵を除く、すべての天皇陵と多数の皇后陵・皇族墓が決定済みとなり、その後、陵墓の可能性がある「陵墓参考地」が一九三一年(昭和六)までに今日と同じ数の四〇カ所が決定された。一八九一年には皇統譜が裁可された。一九二六年に制定された皇室陵墓令では、今後造られる陵形は上円下方または円丘と規定された。南朝の長慶天皇は、同年に正式に第九八代の皇位が認められ、一九四四年に嵯峨東陵に最後の治定となり未完のピースがおさまった。(32)

天皇陵の地域社会とのつながりや陵墓がもつ霊力への地域社会の信仰は明治期を通じて持続した。近世のありようとしては、たとえば舒明天皇陵(段ノ塚古墳)では、元治元年(一八六四)頃までは旧二月二八日(前節句)に墳丘下段の広庭に登り酒宴が開かれるなど、神経・脳病者の信仰が絶えなかった。(33)一八八八年の後白河天皇七百年忌には諸陵寮京都出張所や京都府の伺いに宮内省は答えて、後白河天皇陵(法住寺陵)を「頭痛病平癒ノ霊験利生《れいげんりしょう》」のため、多数の参詣者に開放した。また文久の修陵時に植樹された崇神《すじん》天皇陵(行燈山古墳《あんどんやま》)外堤の桜並木は、一八九二年には「不敬の恐れ」があると見なされつつも花見では掛茶屋がでるなど雑沓した。

幕末には名所図会の世界において、社寺と陵墓は横並び、同格の名所であったが、二〇世紀の世紀転換期には陵墓の景観整備がなされ秘匿された荘厳さが演出されていった。一八九九年七月八日付『大阪朝日新聞』では、従来陵墓には「梅桜等の花樹」が植え付けられたが、花樹は総て取り払って常磐木《ときわぎ》が植えられるべきとされた。第一次世界大戦後、一九二〇年代の明治神宮の内苑・外苑整備の時代になると、陵墓の墳丘の景観ともども、内務省の造園に携わる上原敬二・本多静六等の技師・学者によって、本来の日本の天然林である、樫・椎・楠など常緑広葉樹こそがふさわしいとの日本文化論にいたる。官幣社から村社までの鎮守の森や神苑、そして京都御苑や離宮、陵墓群などの皇室をめぐる聖域について、景観を荘厳化するマニュアルができあがってくる。[34]

二　御物と文化財——秘匿性と公開性

慶応四年（一八六八）三月の神仏判然令をうけて、寺院を中心に廃仏毀釈が行われる。畿内でいえば、たとえば石清水八幡宮では、「八幡大菩薩」号が「八幡大神」に読み替えられ、神宮寺である護国寺や豊蔵坊《ほうぞうぼう》などの諸坊も廃された。奈良の石上《いそのかみ》神宮の神宮寺である内山永久寺も廃されて、ボストン美術館に「四天王図」（鎌倉時代）などが流出し寺宝が失われた。[35]そこでは宗教的な信仰の対象としての仏像や絵画が破壊されたが、流出先の欧米では美術品として受け入れられた。

明治四年（一八七一）四月二五日に「大学」は太政官弁官への建言で、開化に急で「経歳累世ノ古器旧物敗壊致候モ不顧《かえりみず》、既ニ毀滅ニ及候」と現状を批判した。[36]この献言にもとづき同年五月二三日に古器旧物保存の布告が出された。この布告では、「古器旧物ノ類ハ古今時勢之変遷制度風俗ノ沿革ヲ考証」の「裨益」が少なくないとされ、「祭器」「古玉宝石」「銅器」「古瓦」「古書画」「古書籍並古経文」「扁額」「楽器」「古仏像並仏具」など、松平定信の『集古十種』とも共通する三一の分類がとられた。ここでは信仰の対象ではなく、近世以来の好古家たちの「古器物」の世界に古経文・古仏像・仏具が位置づけられた。府県管下における「古器旧物」の所在を把握する積極的意義があった(37)。

文部省の町田久成・内田正雄・蜷川式胤《にながわのりたね》らによる、明治五年五月から五カ月に及ぶ宝物調査は、翌年のウィーン万国博覧会にむけての予算措置で、「大和国東大寺倉庫始社寺宝物検査」として正院より許された(壬申検査)。九日間の正倉院調査をはじめ東寺、高山寺、仁和寺、近衛《このえ》家、手向《たむけ》神社、春日大社、法隆寺、興福寺などの社寺・旧公家の宝物調査が行われた。それと同時に、正倉院のみならず、因幡堂、金蓮寺、長講堂、山科十禅寺、延暦寺などにある近世の勅封宝物の実態調査も重要な目的であった(38)。

壬申の宝物調査においては、古器物として仏像を位置づける認識が寺院の側にも、蜷川ら調査団の側にも稀薄であった(39)。たとえば唐招提寺や興福寺や中宮寺の調査記録には仏像の記述はない。法隆寺では仏像に関しては「金銅仏　四十八体」「金仏　十五体」といった記述であり、重要とされていたのは近世的価値の「衲袈裟《のうげさ》」「梵網経《ぼんもうきょう》」など七種霊宝であり、のちに献納御物となる「四巻〔法華《ほっけ》〕義疏《ぎしょ》　皇太子御自筆」「阿佐太子之御影」なども書き上げられた。

宮内庁に残された書類の『什宝録《じゅうほうろく》』(一八七三〜一九一一年)(40)からは、御物の形成期の重要な課題が浮かびあがる。壬申宝物調査の翌年の明治六年に式部寮から宮内省に引き渡された「勅封」には「嘉永以来改元」「山陵一条、慶応四年」「院中番衆日記」など一一件が書き上げられた。明治五年七月から九月にかけて因幡堂の薬師像、東寺の仏舎利、泉涌寺の仏牙舎利《ぶつげしゃり》、理性院《りしょういん》の太元明王曼荼羅などについて、一四カ所の勅封検査で由緒を確かめた。しかしながら一八七五年（明治八）二月に「勅封箇所調」の対象となったのは、大覚寺の嵯峨天皇・後光厳天皇など六点の宸翰《しんかん》、長講堂の後白河法皇宸翰、比叡山止観堂院の桓武天皇御影、東大寺正倉院に収蔵された聖武天皇御物数種であり、全体として近世以来の「勅封」什宝が少なかったことが見てとれる。

近世以来、東大寺の管理の下、勅使立会のうえで六度の開封が行われた正倉院は、一八七五年三月一〇日に東大寺から内務省へと移管になった[41]。本来、皇室関係の品は北倉のみであり古代には勅封の管理がなされたが、大多数の正倉院宝物は東大寺の寺宝であり、中近世の朝廷の衰微にもかかわり、朝廷の管理も形骸化していた[42]。宮内省移管の理由は、太政大臣三条実美に宛てた、宮内卿徳大寺実則の上申によると、従来、東大寺が「保護」してきたが、寺院制度の変革のなかで、「永世保護之義甚無覚束《おぼつかなく》」なったからとする（『什宝録』）。

一八七五年七月一四日に町田久成が提出した「勅封宝物ノ内古器物類永世保存之方法見込之儀伺[43]」では、奈良や京都の社寺の勅封宝物は、保護されずに社寺から流出したものも多く、「外国人競而《きそいて》採集巨金ヲ投シ候景況」であり、勅封の正倉院など各社寺の境内に堅固の倉庫を新築し邏卒《らそつ》を置き保護すべきことを建議した。具体的に泉涌寺や般舟三昧院《はんじゅざんまいいん》では、宝物を「僧徒之私有物」と見なしてみだりに売却する弊害が生じたとみる。ここでは勅封宝物にかかわって、正倉院と泉涌寺の二つが大きな問題であった。片や、御物で天平美術の価値をあらわす正倉院と、皇室の菩提寺として皇室の祖先を祀る泉涌寺、両者の権威失墜を町田は憂えている。

内務省移管された正倉院宝物は、すぐさま同年四月の奈良博覧会において、大仏殿回廊に置かれた一般の宝物とは別に、大仏殿内に差異化されて展示された(44)。しかし一八七五年、七六年、七八年と奈良博覧会社の要請により出品された正倉院御物も、一八八〇年を最後に出品されなくなった。博覧会場に陳列して人々に拝観させることにより「工匠ノ模範ヲ之ニ取リ、百工ノ進歩」をはかってきたが、御物の損傷が激しいために、一八七九年に宝庫内に「硝子《ガラス》障子」の棚架を設置し拝観することになった(『什宝録』)。これ以降、正倉院御物は、一般の文化財とは異なり閉じた形で権威づけられてゆくこととなる。

皇室の伝統文化の保存を考える上で、大和国および京都行幸の意味は大きい。天皇は一八七七年一月二四日に皇居を発ったが、二月の西南戦争勃発により、七月三〇日まで東京への還幸が延期された。明治天皇はこの行幸で孝明天皇の後月輪東山陵《のちのつきのわのひがしやまのみささぎ》で十年式年祭の親祭を行い、大阪・神戸・京都で鉄道開業式典に臨席し、二月一一日に神武天皇陵で紀元節の親祭を行った。この行幸に向けて、太政大臣三条実美から京都府に出された一八七六年一二月一八日の「心得書」では、休泊の場所や供奉官員の宿割りなどに加えて「古器物・書画、並産物類其他珍奇之品々」を取り集め置くことが指示された(45)。

一八七七年二月九日、明治天皇は春日神社で神鹿の出現という奇瑞《きずい》にあい古伝の神楽を聴いたあと、奈良博覧会の東大寺・法隆寺などの宝物や、四聖坊《ししょうぼう》に陳列された正倉院御物を天覧した。かつて足利義政・織田信長といった権力者が切り取った蘭奢待《らんじゃたい》（黄熟香）から、明治天皇自らが長さ二寸（約六センチ）・重さ二銭三分八厘の一片を切り取って灯すと「薫烟芳芬《くんえんほうふん》」として行宮《あんぐう》（東南院）を満たした。(46) 蘭奢待という最高の香木を珍重するのは、前近代における古物の価値観からであり、権力者の振る舞いであった。

この一八七七年の大和行幸時に法隆寺より宝物献上の願いが出されたことが、皇室に外部から大量の御物が集積する起点となった。昭和初期の宮内省において、このときが近代御物のはじまりであると認識された。したがって一九三四年から一九三五年に宮内省で審議された御物保存令に関わった宮内省参事官岡本愛祐《あいすけ》の『御物関係』簿冊(47)の「御物取扱沿革略」の年表のはじまりは、法隆寺の献納宝物となっている。一八七八年二月一六日に聖徳太子創建の伽藍《がらん》維持のために、「聖徳太子像」「法華義疏」など聖徳太子ゆかりの宝物を含む三二二点の「献納宝物」と引き替えに一万円の下賜金があり、内務省が博物館で収蔵管理することとなった。そして天皇や侍臣らが「賢聖瓢《けんしょうのひさご》等十点」を皇居で拝観した。(48)「御物」は前近代の足利義政の東山御物《ごもつ》、江戸幕府の柳営御物《ごもつ》といった武家の茶道具などの宝物もあらわす語意であったのが、この頃から御物《ぎょぶつ》は天皇の私的な宝物に限定された近代固有の意味として使われてゆく。

「御物取扱沿革略」によると、一八七八年七月一九日に古器物保存掛が設置され、八月一五日に御物保存取扱方が決済された。御物保存取扱方では、宸翰・書画・器物類を納めるための檜辛櫃《ひのきからびつ》や桐長持を用意して、各課から保存掛へ御物を集中し目録を作成し出納簿を整えること、七、八月には風入れをして除虫薬を入れ替えること、図絵・写真を附して詳細な伝来を記した御物図録を作製することが決められた。

この古器物保存掛が作製した『御物目録[49]』六冊が宮内公文書館に残されている。その内の最初の一冊に二二〇〇点を超える御物が書き上げられている。この冊子の記入事項は、「番号」「品目」「模様」「製造・産地・名称」「附属品」「献上人名」「御在来・買上年月日」「受取年月日」「外函員数」である。

いくつかひろってみると、一八七六年(明治九)八月一二日に桂宮から献上された「硯箱《すずりばこ》並文台《ぶんだい》、蔦《つた》ノ細道」にはじまり、「天神縁起巻物、六軸」、「春日縁起、御在来四巻合二十巻目録一巻、明治十七年博物局差出」、「御歴代御画像、一帖、明治十一年勝安房(海舟)献上」、滋賀県下坂本村の笠川集之助からの「宇多天皇御影」「楠正成画像」「児嶋高徳画像」など、大和行幸の折に献上された「古銅印内池、二」「天平瓮《かめ》、六」など、一八八二年六月に桂宮より預けられた長棹《ながさお》入り品目の「三部抄御相伝、明治十四年七月」「万葉集残欠、貫之筆」「三筆・道風佐理行成」など一三点、一八七八年法隆寺献納宝物の「聖徳太子像、百済阿佐太子筆、一幅」「聖徳太子義疏、経巻四軸」などがある。さらに壬申調査の折、世古延世《せこのぶよ》が開封し、京都府から宮内省に納付された泉涌寺の「仏舎利」の勅符、一八八〇年七月一六日の泉涌寺行幸の折、妙法院から献上された豊臣秀吉ゆかりの「軍配扇、黄金真珠唐花」、「王羲之《おうぎし》、尺牘《せきとく》〔喪乱帖《そうらんじょう》〕、一幅」「王穉登《おうちとう》、一幅」など、といった品目が並ぶ。妙法院は、江戸幕府が天台教団を支配するための宮門跡寺院であり、豊臣氏滅亡のあと、秀吉が造った方広寺の寺域を蓮華王院（三十三間堂）・新日吉《いまひえ》神社とともに摂取し管理していた。[50] 宮内省文学御用掛の池原香穉《いけはらかわか》の詳覧のうえ、王羲之の真蹟に近い「喪乱帖」の写し、および王穉登の真蹟など六点を京都御所で天覧に付し、御物として召し上げた。[51]

また一八七九年二月二七日、天皇は帝室伝来の書籍・記録・調度類を中山忠能《ただやす》・近衛忠熙《ただひろ》・嵯峨実《さね》愛《なる》・久我建通《こがたてみち》に整理させ、三条西公允《さんじょうにしきんあえ》ら六名に御書籍御道具取調掛を命じ、年内に京都秘庫に残った御物や宸翰類の調査がなされた。[52]

一方、一八七八年に内務省は社寺の「創立再興復旧」を認めるが、著しく社寺の数が増えたために一八八二年に四〇〇年前を指標にした古社寺に限定した建造物の保護策がとられ、「大和国四百年前古社寺調」、京都府「四百年前社寺建物取調書」などの最初の建造物調査が奈良・京都で行われた。これは一八九七年の古社寺保存法の前史と位置づけられるだろう。[53] また一八八〇年の社寺保存内規では、「四百年以前創立之社寺」、「史乗」に掲載された社寺の「名区古跡」、「境内風致秀麗ニシテ国郡ノ美観勝地ト称スヘキ社寺」、皇室や武門にかかわる社寺、碑石塔龕《とうがん》や神仏に由縁のある古物、陵墓などを有する社寺、皇族や賢相・名将など発願の儀礼や年中行事のある社寺、が保存対象となっており、総合的な古社寺保存構想であった。[54]

さらに大隈重信は一八七八年の天皇行幸に従って比叡山の荒廃に接し、国史上の「国光ノ美」と位置づけ、一八七九年四月に延暦寺の「旧観」の保存を訴えた。その附議として延暦寺法華会再興をはじめ、教王護国寺御修法《みしほ》、園城寺灌頂会《かんじようえ》、仁王会などの復興を建議した寺社局長の桜井能監は、「開明究理」が急激であることが「人民ノ信念ヲ薄クシ教義ヲ法度ノ外」におく弊害をもたらしたと論じた。このように古社寺や仏教儀礼の再興を論じる内務省や太政官の動向があった(55)。

宮内省の管理によって秘匿化されてゆく正倉院御物であるが、同時にその伝統性が国際社会に向けて発信された。それはたとえば一八七九年四月二五日に、得能良介《とくのうりようすけ》大蔵大書記官が、紙幣の意匠を「泰西模倣」ではなく日本において「一種発明」するために、正倉院御物の勅封を解いたことにも示された(徳大寺実則宛大隈重信書翰『什宝録』所収)。また一八八二年六月宮内卿徳大寺実則ほかが太政大臣三条実美に宛てた「正倉院宝庫風入之儀ニ付伺」では、正倉院宝庫は「千有余年前ノ建設ニシテ世界無比ノ珍宝」で海外にもその名声が響いており、年に一度風入れの時にのみ「外国王侯貴紳」に拝観させるよう提言した(56)。秋期曝涼中に「官省院庁府県勅任官、各国公使其他貴客等」で、宮内卿へ願い出た者のみに拝観が特権化されてゆく(57)。

実際この時期に、一八七九年八月には英国香港知事ヘンネッシー、同年ドイツ皇孫ハインリッヒ、一八八一年一一月イギリス皇孫ヴィクトル、ジョージ(のちのジョージ五世)などの外賓が正倉院を拝観し、いわば宝物外交とも呼ぶべき役割を果たした(58)。

一八八〇年九月一九日には古器物保存掛に、調査科・物品科・文書科の分科が定められた。その後、博物館の所管が内務省から農商務省に移り、一八八四年七月一八日には正倉院御物・法隆寺献納宝物が宮内省に返還されて、一〇月には図書寮に依嘱された。このときに「法隆寺献納御物」の言葉がみえ、正倉院・法隆寺献納御物を宮内省が主管する体制が成立した。(59)そして同年一一月一二日、宮内省図書寮古器物保存掛において、宮内省の卿輔や書記官の裁可なしには御物の出蔵が許されない体制となった。

また伊藤博文が初代総理大臣兼宮内大臣時代の一八八六年三月に、正倉院御物の宮内省移管と連動して、博物館は農商務省から宮内省へと移管された。

ここに常設の帝国博物館に展示されたり社寺で拝観されたりする国民に開かれた文化財と、正倉院御物をはじめとする秘匿された皇室財産系御物との、近現代日本の文化財の二つのありようが成立してゆくことになる。すでにみたように同じ古墳でありながら宮内省により管理され秘匿される陵墓と、史蹟などの一般の古墳という分岐も一八八〇年代に生じた。そして一八八九年五月には帝国博物館・帝国京都博物館・帝国奈良博物館が設置され、正倉院はいったんは帝国奈良博物館に属したが、一八九〇年六月には帝室宝器主管が設置され博物館から切り離された。かくして同年一一月二七日の宮内省告示で、正倉院宝庫は赤坂離宮・桂離宮などとともに皇室財産の世伝御料となった。

三　皇室儀礼――互換性(普遍性)と固有性

慶応三年(一八六七)一二月八日、「神武創業」の理念を掲げる王政復古の大号令、慶応四年三月の神仏判然令のあと、同年八月一二日に御即位新式取調御用に亀井茲監《これみ》、福羽美静《ふくばよししず》が任じられた。(60)福羽は、大嘗祭の不変性に対し、即位式は時代に応じて整えるものとした。同年八月二七日に京都御所で行われた即位式では、第一に儀式の特色として、中国式の礼服である衮冕《こんべん》や陰陽道に基づく大旌《だいせい》あるいは火炉への香木進献も唐制ゆえに廃止され、庭に立てられる旗が、八咫烏《やたがらす》などの神武神話の意匠にかわった。即位灌頂も神仏分離を受けて廃絶した。実際には雨儀のために中止となったが、南庭におかれた大地球儀の日本の所に天皇が三度、沓《くつ》をあてるシナリオであったことは、国際社会に対する新政府の姿勢として注目される。第二に政治史的には、即位後に神武天皇陵に奉告がなされ、即位式が一世一元制と連動して行われ、直後の九月二〇日の東幸とも連動した。

さて明治二年(一八六九)三月の東京「奠都」後の大嘗祭を京都と東京のどちらで挙行するかは、維新政府の政治構想を左右する問題であった。神祇行政を主導する福羽美静らは、京都への還幸論をとなえ古代の大嘗祭の忠実な復元をめざす矢野玄道・角田忠行などの平田派国学者を明治四年(一八七一)春に処断し、維新政府は廃藩置県を七月に断行した。

かくして明治四年一一月の大嘗祭は東京で行われる。『大嘗会記』[61]でその特色を考えると、第一に前近代の京都を中心とする畿内の地域的基盤を断ち切り、全国からの庭積机代物《にわつみのつくえしろもの》を創始し、全国土の穢悪《えお》を祓う大祓《おおはらい》を再興し、天皇制を全国的なものへと編制替えをしたことがある。全国を対象に占われた悠紀《ゆき》国は甲斐国巨摩《こま》郡、主基《すき》国は安房国長狭郡であった。第二に虚礼を廃し、また近世には三日あった節会を豊明節会《とよのあかりのせちえ》として一日で盛大に行った。芝離宮の延遼館で行われた、豊明節会外国人賜饗のとき、外務卿の副島種臣《そえじまたねおみ》は、数千年を経た君主の「統系」が変わらないのは外国でも珍しいとして、武家の政治が終焉して「全国一主ノ統御《とうぎょ》」に帰したと宣言した。オランダ公使はフランス、ナポレオンの一族の専制を非難し、開化の基礎は「衆民ニ自主ノ権義」を与え、「人民教導化育」することにあるとの祝辞を述べた。第三に大嘗会告諭で「新帝更ニ斯国ヲ所知食シ《しろしめせ》天祖（天照大神）ノ封《ほう》ヲ受《うけ》玉《たま》フ所以《ゆえん》」とされるが、これは、本居宣長にはじまる復古神道の神学が公的に採用されたことを意味する。天照大神以来の皇祖皇宗観念が成立するとともにすべての天皇は皇祖天照大神の御子《みこ》となる、すなわち大嘗祭を通じて天皇は神になるという近代の大嘗祭解釈の登場である。(62)

明治四年の大嘗祭は東京で行われ、廃仏毀釈や文明開化状況のなかで前近代の伝統が軽視された。それに対して、一八七七年一月から七月までの大和・京都行幸を契機とし、伝統文化を保存しようとする動きが、一八八〇年代に起こってくる。一八七七年二月一一日に堺県（大和国）今井町の称念寺の行在所《あんざいしょ》に、今井町行幸掛の命により、応神朝から天武朝まで大嘗祭で奉仕したとの由緒をもつ、服属儀礼としての国栖舞《くずまい》を、吉野郡国栖村の山本甚五郎ほか一一名が「腹赤魚《はらあかのさかな》、根芹、栗、醴酒《あまざけ》等」を供えて奏した。供奉していた宮内卿徳大寺実則は「みよしのゝはらかの御贄捧けつるむかしの手ふり見るそうれしき」と詠じた。こうして七〇〇年ぶりに復活したとされる国栖奏の「伝統」は、一九一五年（大正四）の大礼では、大礼使が国栖の古風を二度奏すなど、在地からの奉仕はないが宮中の儀式として再興された。その一方で、宮中行事とは無関係に、同年四月三日の神武祭から毎年、橿原《かしはら》神宮において、国栖村の国栖奏が慣例となった。(63)

宮内庁書陵部や国立公文書館や国立国会図書館憲政資料室には、ロシア（ロマノフ家）の「露国帝室礼式報告書」(一八八二年)をはじめイギリス(ハノーヴァー家)・オーストリア(ハプスブルク家)・プロイセン(ホーエンツォレルン家)などの、戴冠式や王室儀礼の報告書が多く存在する。

イギリスの立憲君主制においては、当時の文明からすれば「怪奇抱腹」に堪えないが、あえて「在来ノ旧観ヲ将来ニ保守スルハ英国一般ノ国情ナルヲ以テ国事ニ関スル諸礼式ノ如キハ最モ其古キモノヲ貴」ぶと、一八八一年(明治一四)に末松謙澄《けんちょう》は宮内卿徳大寺実則に宛ててレポートした。[64]

ロシア兼スウェーデン公使であった滞在した柳原前光《やなぎわらさきみつ》は、一八八二年の「帝室儀式ノ議」[65]において、座礼から立礼へ、衣冠から洋装へと移る欧州の事例が参照され、儀式が改変されるなかで、「今帝室ノ儀式ヲ制スルニ当リ、成ルヘク故例ヲ保存シ帝室ノ旧《ふる》キト相伴ナ」うことを表すべきとした。オーストリアではすでにウィーンの道路にガス灯がともっているのに、わざわざ戴冠式では松明を灯し、新帝が馬に乗って高い丘で号令をかけ、教会に王が貧民を集め足を洗い王妃が布で拭くといった慈恵性のデモンストレーションがなされるという独自の儀式の実態を伝えた。またロシアでは政治的首都サンクト・ペテルブルグではなく、戴冠式では伝統ある宗教都市のモスクワにわざわざ移動して、女官の「国風」の大礼服を用いる様を伝えた。さらにオーストリア皇帝の「歴世仁沢」「君民親愛ノ轍」に学び、「礼式ハ我国有ノ例ヲ原トシ各国ノ例ヲ斟酌《しんしゃく》シ、古礼ノ素アルハ帝室ノ旧キニ伴ヒ外例ヲ採ルハ時俗ト外交ニ便ナシケル所以ニシテ即チ保守ヲ本トシテ改革ヲ交フルノ精神」によるべきとして、日本の皇室儀礼における旧慣保存の教訓としている。[66]ヨーロッパという一つの文化があるのではなく、オーストリアはオーストリアなりの、ロシアはロシアなりの独自の文化を有することが、「一等国」

たるに不可欠との論である。また一八八一年のロシア皇帝の死去の際には欧州の例に倣い初めて二〇日間の喪をあらわしたのに、桂宮淑子の死去の際には国内で服喪しなかったのは遺憾と述べた。このとき外務大輔上野景範《かげのり》もロシアでは空位を防ぐために「崩殂《ほうそ》ノ即日践祚《せんそ》」が行われたことを伝えて、王権が時間をも支配する、欧州王室の観念を伝えた(67)。

内容から推論して、同じ一八八二年頃に作成され三条実美・岩倉具視に宛てた柳原前光の「帝領ノ議(68)」では、ロシアとオーストリアの制度を紹介した後、日本でも「帝室ニ因縁アル地」を帝領にすべきで、「東西京ハ勿論、奈良ハ旧都ナリ、伊勢ハ宗廟ノ在ル処、五畿内ハ旧王畿ニシテ、豆相総野甲ハ新王畿ト称スヘシ、其他日向ハ太祖神武創業ノ地、滋賀ハ中宗天智ノ故都、又歴代陵墓ニ近キ地ナドハ帝室ニ因縁アリ」と論じた。ここでは関東の豆・相・総・野・甲州の地域に対し皇室由縁の新しい価値づけをしようとする。さらに、「冬暖夏冷」や温泉の地、あるいは「好風景」の地に、皇族の「摂生」や外賓接遇のための離宮を建設することも建議する。また山県有朋は「西京ハ歴代ノ畿甸《きでん》〔王城付近の地〕ニシテ中興皇猷《こうゆう》ノ基スル所、史典ノ遺蹟歴歴トシテ目ニ在リ、四方ノ民西京ニ至リ光ヲ観ル者皆古ヲ懐《おも》ヒ感動シテ愛国敬慕ノ心ヲ起サ、ル者ナシ(69)」と京都と皇室との歴史的由縁を述べ、京都での即位・大嘗祭の施行を訴えた。

かくして一八八三年一月の岩倉具視「京都皇宮保存ニ関シ意見書(70)」で、即位式・大嘗祭を京都御苑で行うことを核とし、賀茂祭・石清水放生会《いわしみずほうじょうえ》・春日祭の三大「勅祭」の「旧儀」を復興し、桓武天皇奉祀の神社を創建し、宮内省支庁を設置するなどの総合的な古都京都の「旧慣」保存策が登場する。

岩倉は、ロシアのサンクト・ペテルブルグとモスクワという二都制を、東京と京都に応用しようとする。この建議が、一八八九年二月に制定された皇室典範第一一条の「即位ノ礼及大嘗祭ハ京都ニ於テ之ヲ行フ」との規程につながった。

しかし岩倉の皇宮保存策は、その後の京都御苑のありようとは違う一八八〇年代特有の構想であった。すなわち東京から御苑内に桓武帝の霊を遷し平安神宮を創建し、功臣・和気《わけ》清麻呂の銅像を御苑内に建て護王神社を創建する京都御苑の「風致」構想であり、京都に離宮として「海外各国人モ之ヲ称揚」する二条城・桂離宮を配するものであった[71]。そして岩倉具視や尾崎三良《さぶろう》・桜井能監らは、明治一〇年代以降、平安社、産業誘導社、平安義黌《ぎこう》、宮内省支庁、保勝会などを通じて、京都在住華族・官家士族の伝統勢力を保護してきた[72]。また政治的には立憲制の形成に際し、自由民権運動への対抗のなかで皇室を中心とした伝統文化を重視する「国体」構想があった。

そして復興された賀茂祭や石清水放生会は、東京遷都前の近世のありよう（宮中の儀・路頭の儀・社頭の儀の流れ）とは大きく違った。賀茂祭でいえば、明治三年（一八七〇）より勅使（近衛使《このえづかい》）・内蔵使《くらづかい》・山城使が廃止され、宮中の儀がなくなり、勅祭としての賀茂祭はなくなるが、その本質は一八八四年の「賀茂祭御再興取調書」でも変わらない[73]。この年の勅使（近世とは性格の変わった）は侍従経験者の油小路《あぶらのこうじ》隆董《たかなお》がつとめ、その後も京都在住華族らが勅使になり官家士族らが行列に加わるが、「禁中次第」の禁中とは京都御所をさし、東京の皇居にいる天皇とは無関係であった。すなわち平安時代から東京遷都まで、宮中の年中行事に組み込まれていた賀茂祭は形骸化し、京都の新たな伝統文化としての「神社の祭」となった。[74] 同様に近世の天皇・将軍のため「御世久しく天下安全に、御よはひ〔齢〕をたもたせ給ふ」べく行われていた魚鳥の放生会は、慶応三年八月一五日から一転して魚鳥を殺して神饌《しんせん》とされた。その後、一八八四年に復興した石清水祭においても、東京の年中行事からは切り離された。[75]

一八八三年四月七日には、宮内省において福羽美静を中心とする『大政紀要』の編纂がはじまるが、岩倉具視は「皇国ノ典制ヲ以テ尽ク欧洲ノ法度ニ模倣ス可《べか》ラス」とし、「天皇親臨」や「農ヲ以テ国ヲ立テ及祖先ノ祭ヲ重ンスルノ類」を日本の独自性として明示する必要を説いた。また足利尊氏や戦国期の毛利・織田・豊臣・徳川のいずれもが「表面帝室ヲ推尊セサレハ国民ヲ服セシムルコト能ハサルカ如キ」事情を明らかにすることも重要だった。[76] 八瀬《やせ》童子《どうじ》が天皇の大喪や大礼に輿丁奉仕するのも近代からであり、皇霊と神式の葬儀が創出されて初めて可能となった。一八八一年の桂宮の葬儀に続き、一八八四年一月には岩倉の意を受けた宮内少輔香川敬三により、皇室に輿丁奉仕するかわりに租税免除と特別積立会が制度化された。[77]

同様に、一八七七年の京都行幸の天覧を契機に、一八八四年七月には飛鳥井雅望《まさもち》や藤枝《ふじえ》雅之が発起人となり、山階宮晃《あきら》親王・久邇宮朝彦親王や公家たち三二人による蹴鞠会が設立された。[78] 趣意書では、社寺の保護、名勝景地の維持とともに、「祭典国風《くにぶり》ハ専ラ古式ノ宜シキニ循《したが》」うことを旨とした。

ポイントとしてこうした伝統文化を重視する「旧慣」保存は、国際社会においてアジアの新興国が欧米諸国に伍し「一等国」になるための文化・外交戦略であったことである。一八八〇年一一月一八日に創始される観菊会《かんぎくかい》、翌年四月二六日よりはじまる観桜会《かんおうかい》は、欧米の外交の季節にあわせた日本の新しい年中行事であった。

一八八五年一一月六日に井上馨外務卿に伊藤博文が宛てた「内外国人交際会食饗宴意見」[79]では、欧州では冬春の間は会食や饗宴などの「交際季節」であるとしており、「毎年観菊ノ御宴ヲ以季節ノ始トシ観桜ノ御宴ヲ以其終リ」とすべきとした。『現行宮中年中行事調査部報告』の観菊会の記述は、前近代の重陽《ちょうよう》の節句にその起原を求め、観桜会に関しては古代中世の宮廷の花宴にその起原を求めた[80]。同報告は近世では宮廷の公事《くじ》としての花見は内々に行われたのに対し、庶民の花見は盛んになったと理解しており、近代の「観桜会」の儀式としての新しさが際だつ。井上馨外務卿は、イギリス王室における謁見式に続く宮中の「音楽会舞踏会等ヲ催サレ内外人相混ジ」て楽しむ社交の文化（イギリス風のガーデン・パーティ）を、外交上、重要と考えた。そこで「古来ヨリ公事《くじ》」としての歴史をもつ、「我国ニ於ケル優美ナル行事トシテ外人ニ示スニ足ル観桜・観菊」を採用したという。条約改正のために、井上外務卿は、イギリス公使館に在勤していた山内勝明《やまうちかつあき》・長崎省吾を宮内省に送って、宮内省御用掛兼式部寮御用掛とし、「外交団接待関係ノ取調」に従事させた[81]。また一八九一年に宮内省御料局管轄の新宿植物御苑を設け、蔬菜《そさい》や果実の供御品ならびに宮中装飾用の花卉《かき》を栽培するために拡張していったのは、一八八九年の憲法発布式の際にドイツ商人から高価な饗宴卓上花を買い入れた苦い教訓によるもので、イギリス・ドイツ・ロシアなどの王室園芸場の実態が研究された。あわせて日本の伝統文化として、菊花培養や桜の植樹も重要な事業であった[82]。

四　京都御苑と皇居――古都と帝都

江戸時代の京都御所は観光スポットであり、九門内の出入りは自由で、とりわけ公卿門（宜秋門《ぎしゅうもん》）前には酒肴を供する檜垣《ひがき》茶屋もあり、参内する公家を見物する京都内外からの人々で賑わった。明治二年（一八六九）三月の東京「奠都」にともない、九門内は留守官の管轄となり、曲折を経て、明治四年には九門内の管理が留守官から京都府へとかわる。[83]　一八七三年（明治六）には第二回京都博覧会が、京都御所の中の建物や仙洞《せんとう》御所、いまだ残っていた公家屋敷を利用して行われた。この年の博覧会への入場者は三月一三日から六月一〇日までの間に七〇万六〇五七人にのぼった。「明治六年三月大博覧会略絵図」（西京洛北高野川原新田、板元・下岡源助）で描かれたように、旧九条邸や近衛邸などの公家屋敷がパビリオンになり、料理屋・茶屋・西洋風景めがね・焔魔堂《えんまどう》狂言・浄瑠璃などが催され、仙洞御所の禽獣会にはラクダやロバなどが飼われた。

一八七三年の京都博覧会に際し上下京総区長等から、桓武天皇から孝明天皇までの歴代の神霊を御所内に祀る建議がだされたが、一八七七年以降には、京都では泉涌寺がその役割を担ってゆくこととなる。また一八七八年にはのちの護王神社の宮司となる半井真澄《なからいますみ》が和気清麻呂像を九門内に建設する建議を内務卿大久保利通に提出するが、この計画は頓挫し、京都御所をトポスとして歴史上の忠臣たちが囲繞《いにょう》する創建神社群――建勲《たけいさお》神社（織田信長・一八八〇年）、豊国《とよくに》神社（豊臣秀吉・一八八〇年）、梨木《なしのき》神社（三条実万《さねつむ》・実美・一八八五年）、護王神社（和気清麻呂・一八八六年）が建設されてゆく。[84]

一八七五年二月に京都府から博物館告諭がだされ、さらに同年五月に「人知之開闡《かいせん》、世態之沿革」を知り、堅固な宝庫を有した「学文上及ビ工芸物産之隆替」を促す博物館をつくるべきであるとし、一八七七年一月には仮京都博物館が大宮《おおみや》御所に設置された(85)。御所周辺は開化の場であった。

一八七七年の京都行幸が京都御所保存の契機となった。京都御所・九門内の「荒蕪」を嘆く明治天皇の沙汰書を契機に、京都府による大内《おおうち》保存事業が開始し、一八八八年まで一一年間にわたって毎年四〇〇〇円の内帑《ないど》金《きん》が下賜された。京都府は一八七八年一二月一二日には閉鎖的な「禁苑」ではなく「御苑《ミソノ》」と名づけ、一八七八〜八〇年の槙村正直京都府知事時代に御苑の基本的な整備作業がなされた。京都御苑内の華士族平民の土地を買い上げ、丸太町・烏丸・今出川・寺町の四周の通りに石垣土塁を築き、九門を土塁沿いに移設し、御苑には松・桜・楓などが植栽され、禁裏御所南門から真南へ幅約一一メートル長さ約三六〇メートルの、近現代のペイジェントの中心となる建礼門前通が新たに造営されて、京都御苑の骨格が定まった。

宮内省の五辻安仲《いつつじやすなか》の関わりからは、京都御苑の整備が本格化する契機として、対外的な外賓接待の問題が大きかったことがわかる。一八七九年一一月一六日、建礼門前に、季節はずれの祇園祭山鉾《やまぼこ》二七基が、ドイツ皇孫ハインリッヒへの上覧のため勢揃いした(86)。コレラ流行で延引された山鉾曳行《えいこう》を、御苑内にて行うことが「大内御保存之御祝」になり同時に「外客御厚遇之一端」になる、との八坂産《うぶ》土《すな》祭担当人や氏子当番組の戸長の願いでもあった(「京都御所保存関係書類」)。かくして前述した、ロシアのサンクト・ペテルブルグに対する旧都モスクワの役割に学んだ、柳原前光から岩倉具視への情報をもとにした京都皇宮保存の建議にいたる。

東京に目を転じて、立憲制形成期の皇居造営の動向を考えたい。

明治二年三月の東京「奠都」ののち、一八七三年(明治六)五月五日に東京の西ノ丸皇居は女官の不始末で焼失するが、同年五月一五日に皇城炎上への献金が非常時として特別に許された。東京遷都後に皇室への献納・献金が禁止されたが、それには近世以来の地域的な基盤を断ち切る意図があった。明治二年の東京遷都後、「山城国村々年頭八朔《はっさく》並時節献上物廃止」との京都府への太政官布達以降、近世以来の在地からの献納は断ち切られ、明治五年正月には全国的に「金穀献納」は禁止されていた[87]。しかし一八八二年一二月九日、岩倉具視は東京で地方長次官に「新嘗祭供饌ノ新穀献納」の内諭を出して、新嘗祭への献米復活を説いている。これは一八九二年四月に、各府県有志者より米一升粟五合の献納を認める東京府知事富田鉄之助らの請願を経て、新嘗祭献穀という形で、明治憲法体制下の臣民と天皇とが新たな社会的関係を結ぶこととなった[88]。一八八三年二月一二日には皇居造営費献納者褒賞手続きが定められたが、柳原前光は、皇居造営費献納者への褒賞の必要性を、オーストリアのハプスブルク家の「歴代仁君」のもつ「慈恵性」をもって説明した[89]。

さて皇居の造営については、一八七四年に皇居再建の布告が出るが、一八七七年の西南戦争による物価高騰や政費節減などで延期され、一八七九年に皇居造営が再開された。表宮殿の構造や意匠について、石造りの洋風か木造の和風かをめぐり、構想に紆余曲折があったが、一八八三年七月に「木製仮皇居」の建築計画に決定した。一八八三、八四年頃の伊藤博文の書翰(草稿)には、「皇居御造営地、過日天覧之後（中略）愚見ニ而《て》ハ是迄追々取調幾度とナリ、已ニ変更之後ニ而西洋造ハ御止メニ相成《あいなり》、紫宸殿と略《ほぼ》定相成」とあり、近世の紫宸殿が皇居造営に際しイメージされている。[90] 吉井友実も皇居の「日本造り」構想のため「紫宸殿等ノ絵図」を取り調べたとする。[91] 一八八四年四月に皇居造営の地鎮祭が行われ、同年五月の皇居御造営事務章程の制定以降、伊藤博文が宮内卿として表宮殿での宮中夜会を想定した和洋折衷・大空間の建造を主導し、ドイツの洋風家具を導入し壁面や天井が装飾的な洋風意匠となった。[92]

その一方で、博物局長の山高信離《のぶあきら》が一八八五年六月に皇居御造営事務局へ出仕してから、正倉院宝物の御物と「国風文化」（のちの評価）として日本美術史上の至高の価値をもつ「平家納経」を、明治宮殿の意匠に採用した。[93] 山高は「極力国粋保存主義を力説し、正倉院の御物や、京都奈良の代表的古美術の粋を取り、之を新しき様式に搗《つ》きかへて、襖から額（格）天井、各室各間の揮毫に当った[94]」。とりわけ表宮殿の「中段」や奥宮殿の常御《つねご》殿剣璽《てんけんじ》の間に「正倉院鴨毛屛風」などの意匠が採用されたのは、宮内卿伊藤博文が正倉院御物や博物館を宮内省に移管した時期と重なる。宮中と府中が分離して内閣制が成立し、その分離された宮中を荘厳化した。明治宮殿の「和風」の古代意匠は新たに創造されたデザインであった。憲法発布式以降の宮中夜会など外交儀礼が行われる洋風の表宮殿のなかに古代意匠が息づき、それが一八八〇年代の「旧慣」保存の典型ともなった。

皇居では二重橋から明治宮殿の御車寄《おくるまよせ》に至る。明治宮殿の全体構造は、宮殿の東側から、宮中儀礼のための謁見所（正殿）・饗宴所などの公的な表御殿、あいだの「中段」の日常の政務を行う御学問所・内謁見所など、そして西側の天皇・皇后の私的な生活空間である奥宮殿へと至るゾーニングがなされた。中段の内謁見所（鳳凰の間）では、新年の御講書始や歌御会始、節折《よおり》などの近世以来の宮中儀礼が執り行われ、京都御所の小御所《こごしょ》の機能が引き継がれたという[95]。また天皇・皇后の常御殿を別棟とする配置は、近世内裏の常御殿の位置と同様であった。皇后常御殿の御寝《ぎょしん》の間・呉服の間・御化粧の間が畳敷きであったのは、一八八七年の皇后・女官の服制改革以前に、皇后は小袿《こうちぎ》・長袴《ながばかま》であったゆえである。天皇常御殿の剣璽の間も畳敷きであった。このように公的な表宮殿は洋風、私的な奥宮殿において和風の要素が強くなる構造は、公的な洋装と私的な和装という服制のありようとも連動した し、明治期の皇族邸や行在所における公私を使い分けた構造も同様であった[96]。

さて和洋の連動は、国際社会にむけて立憲国家として船出する憲法発布式にその思想があらわれた。大日本帝国憲法と皇室典範は、一八八九年二月一一日午前九時、臣下である総理大臣黒田清隆・枢密院議長伊藤博文らを連れた明治天皇が、新築なった宮中三殿、賢所・皇霊殿・神殿において、皇祖皇宗に「皇宗ノ遺訓ヲ明徴ニシ典憲ヲ成立シ条章ヲ明示」すると告げ「誓約《うけい》」する形で発布された[97]。神聖不可侵な「皇祖皇宗」を一人で背負う近代天皇の誕生でもあった。そのあと午前一〇時より正殿で内閣総理大臣・枢密院議長・勅任官・奏任官・府県知事や各国公使官員・御雇い外国人などが見守るなか憲法発布式が挙行された。憲法発布および皇室典範制定の奉告のために、伊勢神宮・神武天皇陵・孝明天皇陵・靖国神社・各府県官国幣社に、そして岩倉具視・大久保利通・山内豊信・鍋島直正・島津久光・毛利敬親・木戸孝允ら功臣の墓前にも勅使が遣わされた。皇太神宮の神饌料八円をはじめ官国幣社にいたるまで合計一五三〇円の神饌・幣帛《へいはく》料が下賜された。その後、陸海軍への天皇の観兵式をへて、午後七時から表宮殿の豊明殿《ほうめいでん》で天皇・皇后臨席の一一九名の大宴会が行われ、さらに身分に応じて、明治宮殿の別室・南溜《みなみたまり》の間（名代晃親王・八六名）、北溜の間（名代能久《よしひさ》親王・七五名）、内閣（名代威仁《たけひと》親王・七七名）でも大宴会がもたれ、その他の人々には同日午後五時に浜離宮の延遼館で、能久親王を名代として酒饌を供した。ついで、紆余曲折の論議の後、欧風の舞踏会案が却下されて、大和歌の久米舞、太平楽・春庭花《しゅんでいか》など唐楽の舞楽が正殿で行われた。(98) この背景には男女が舞踏することへの忌避の感情とともに、前近代の宮中芸能の伝統文化を国際社会に示す戦略があった。久米舞を舞った芝葛鎮《しばふじつね》をはじめとする式部寮雅楽課の伶人たちは明治一〇年代以来、雅楽と西洋音楽に通じた国内でもっとも先進的な音楽家集団であった。(99)

むすびにかえて　――京都生まれの明治皇室の世代論

帝国憲法の起草作業のなかで井上毅らにより、天皇の人格をも含み込んだ用語として「万世一系」の語が成立してくる。(100) 一八八九年（明治二二）二月一一日発布された大日本帝国憲法で、男系の「万世一系」の天皇は、神聖不可侵な存在となった。そして明治天皇で一二二代になる全ての天皇陵は、実際には治定の誤りを含みながらも、憲法発布にあわせて決定された。

飯盛山の白虎隊の墓が整備され、青山墓地の片隅に竹橋事件の「旧鎮台砲兵之墓」がつくられ、西郷隆盛の生家趾に碑が建つのも一八八九年憲法発布にともなう「大赦」によってであった。戊辰戦争から、佐賀の乱・西南戦争と大規模な士族反乱が起きたが、こうした国内における諸集団の維新以来の不協和や、トラウマを収斂《しゅうれん》するものとして、天皇主権の大日本帝国憲法が発布され、新たな「臣民」の理念のもとに、旧「賊軍」も薩長藩閥も天皇の前では平等とされた。

落成した新皇居での明治憲法発布式と奉祝祭典、同年の上野公園での東京開府三百年祭を通じて東京が帝都であるとの意識は、社会に定着してゆく(101)。国土のなかで、古都奈良・京都の古代文化のローカリティ、地方城下町の前田利家・伊達政宗などの藩祖のお国自慢が成立し、郷土愛と愛国心が二〇世紀につながってゆくことの起原は、帝国憲法発布にあった(102)。

古都奈良、古都京都が過去の伝統文化を担う場となったのに対し、帝都東京は政治・文明を担う都市になるが、近世京都で生まれた天皇・皇后をはじめ「明治」に生きた世代は、東京における私的な世界においては、近世の生活様式や文化や宗教を持ち続けた(103)。たとえば宮中の奥の私的な生活文化について、京都御所で歴代天皇は能楽を好んだが、東京でも「時々独吟あらせられ、又女官等を召して玉音高らかに之れを教へ」たり、前田伯爵家に能楽観覧に行幸した(104)。また東京での明治天皇は離宮や御用邸での避暑・避寒はしなかったが、皇太后・皇后そして天皇の皇子・皇女は、帝都周辺の離宮・御用邸を利用した。女官の山川三千子は、表向きの行事である、観桜・観菊の会や内外人の拝謁などはすべて洋式であるが、「一度お内儀に入ると古代そのままで、始終そのうちでのみ暮す女官は、習慣、風俗ともに昔のものを守る」と述懐した。また御所の人は京都生まれのせいか、関東では食べない「西瓜好き」であり、明治天皇は「久世のお豆〔さやえんどう〕はまだ持って来ないか」と所望した。大正になって電灯、スチームが導入されるまで奥の生活は蠟燭であったという。[105]

さらに近世からの生活文化の連続として、明治一〇～二〇年代に山階宮晃親王は、京都の高野新田・別邸内の稲荷祠の初午《はつうま》と一一月の火焚き（鞴《ふいご》祭）において、近在の商人や子供たちに菓子・果物などの供物を振る舞う無礼講をもよおした。[106]また昭憲皇后は、東京に移ってからも沼津御用邸（一八九三年設置）において、近世京都の記憶のままに、邸内のお稲荷さんの初午の祭で、地元の桃源村から赤飯や蕎麦の献上を受け入れ、地元と交流した。[107]

また近世の天皇は火事など以外には禁裏御所から出ることができず、孝明天皇の遺品で泉涌寺に残る「大堰《おおい》川《がわ》遊覧・子《ね》の日桜狩屏風」（浮田一蕙《いっけい》筆）などの調度や襖には、見ることのかなわなかった嵐山をはじめ近郊の風物が描かれたが、近代における侍従たちの遠乗・復命も近世から続く規範を思わせる。一八九〇年四月一一日、琵琶湖疏水《そすい》工事竣工式に臨席した天皇は、「侍従子爵西四辻公業《にしよつつじきんなり》・侍従試補廣幡忠朝を遠乗として京都府下嵐山に差遣」わした。勅使が嵐山の景観を見ることは、すなわち天皇が嵐山の景観を眺めることと同じであった。[108]明治の東京でも天皇は年に二、三回は側近の者に遠乗りさせて、小金井、柴又帝釈天、市川の鴻の台、鎌倉、谷中の朝顔、団子坂の菊人形、四ツ目の牡丹園などについての復命を楽しんだ。[109]

皇室の人々の心性の連続として、仏教の年中行事、お盆の灯籠献上があった。近世には七月一二日もしくは一三日、人形で情景を描いたり草花で飾った箱形の灯籠が宮中内外から献上され、諸大夫間に陳列し、一四日または一五日の夜には、天皇が点火した灯籠を見た[110]。この灯籠献上については明治以降も東京の宮中で行われ、御座所の椽《たるき》に盆提灯がかけられ、坊城俊良《ぼうじようとしなが》によれば「この三日間は、毎晩、お上が御寝《やすみ》になるまで灯を絶やさず、その夜の灯ともし役が奉仕した」[111]。例年、有栖川宮熾仁は、内儀に岐阜灯籠を献上した[112]。さらに「東宮御所御奥明治四十一年の日誌」には、七月一三日、一四日の中元《ちゆうげん》は明治以来廃止されたとするが、「此の日の御行事ハ所謂《いわゆる》「盆」に付御互様に御慰め御取替せ、御機嫌伺を遊ばさる」と、天皇・皇后と皇太子・妃らとの提灯や鯉などのやりとりを伝えた[113]。

さらに宮中の仏教信仰の継続について述べたい。「御常御殿にある上段の間、すなわち剣璽の間のつぎに、唐櫃《からびつ》があり、古くよりの皇親の御霊位がお納め」してあり、年に二、三回、天皇の「熱心な御拝」があったが、大正に代替わりして取りやめとなり「御霊位は賢所にお納め」になった。これは近世以来の仏教的な回向《えこう》とかかわる可能性があろう[114]。エリザ・R・シドモアは、役人はまったく口を閉ざすとしながらも、奥宮殿の礼拝堂（神道の霊廟）には「天皇家先祖の埋葬板碑が祭られ、簡素な位牌や松の板切れには統治者の死後の名前（贈名《おくりな》）が書かれています」との伝聞を記した[115]。

一八七七年以降、表向きは神式の皇霊祭祀でありながら、私的には皇族の仏教信仰が宮内省により許された。とりわけ英照皇太后・昭憲皇后は泉涌寺に帰依し、宮中では念持仏の信仰が続いた。動かぬ証拠は、一八九〇年一二月三一日に皇后宮大夫香川敬三が泉涌寺に宛てた書翰である[116]。「光格天皇勅作阿弥陀尊壱体、右皇后陛下御用ニ付速ニ差出、陛下御手許へ差上候処、御満足被思召候事」との、泉涌寺に預けていた阿弥陀仏を東京の昭憲皇后がうけとったお礼である。また一八九五年夏に皇太子明宮《はるのみや》は脾臓の硬化が悪化し、ベルツの診察もむなしく危篤となるが、明治天皇とその生母中山慶子の直接の願いにより、明宮の御衣祈禱や泉涌寺での焰魔《えんま》天供《てんく》が執り行われた。ここからは、病気退散の加持祈禱を希求する平安期以来の宮中の心性が読み取れる。(117)

一九〇三年第五回内国勧業博覧会開会式に臨んだ明治天皇は、「暫《しばら》く蹕《ひつ》を京都御所に駐めたまふ、一夕皇后と饌を倶にし、旧都の今昔を語りたまふの次《ついで》、卒然として宣《のたま》はく、朕が百年の後は必ず陵を桃山に営むべし」、そして「桃山は所謂伏見山にして眺望絶佳の地」という。(118) 一九一一年には「わしは京都で生れたから、あの静かさが好きだ」「今は何でも外国使臣が出て来るが、東京の式だけは仕方がないとしても、それが済んだら後は日本人ばかり、ことにわしの事をよく考えてくれた人を主として、京都で昔風の葬儀をするのだ」、「京都へゆっくり行って見たい」との想いを述べた。(119)

かくして一九一二年には明治天皇の強い遺志により、京都の巨椋《おぐら》池を南に見渡す桃林の名所であった桃山に御陵が造営されることとなった。そこは泉涌寺・深草法華堂(十二帝陵)といった室町・江戸期の父祖の墓所がある東山の山系につらなり、平安京の始祖、桓武天皇陵に隣接する場でもあった。一九二九年の皇室陵墓令により大正天皇以降の陵は東京府周辺に造営されることとなり、古都奈良・京都は祖先祭祀の歴史的なノスタルジーの場となった。

皇室における明治の東京で生まれた世代は古都とは距離を置き、東京周辺の鎌倉・葉山・箱根・日光などに新しいモダンな離宮・御用邸の文化をつくりだし、それらの場で政財界人から中間層までの別荘文化が展開した。そうした意味では「明治大帝」の死を以て、京都の朝廷を記憶する世代も消えてゆくと言えよう。そして日清・日露戦争をへて、戊辰戦争の体験者が少なくなり、士族に代わって商工業者が市政の担い手となるとともに、地方城下町においても旧藩主に代わり天皇の権威が地域社会を覆ってゆく。

第2章　近代皇室の仏教信仰

はじめに

慶応四年(一八六八)三月に、神仏判然令が出された。地域によってまた担い手によって多様な形で、全国で廃仏毀釈が起こった。(1) 宮中でも明治二年三月の東京「奠都《てんと》」後、明治四年五月の宮中御黒戸《おくろど》(禁中の仏壇)の廃止にはじまり、門跡号や大元帥法《たいげんほう》・後七日御修法《ごしちにちのみしほ》の廃止、御黒戸の移管先として恭明宮《きょうめいぐう》が方広寺の南側に設置されるにいたるなど、宮中の神仏分離が起きた。そして一八七八年(明治一一)六月五日、春秋二季皇霊祭の制定以降には、神道式の祖先祭祀が完成し、皇室の信仰や日常の祖先祭祀、葬儀などに仏教が介在しない状態が、今日まで続くのが通説的なイメージである。

しかしノンフィクション作家の工藤美代子は、貞明皇后(大正天皇の皇后、節子《さだこ》)の葬儀における仏教の関与という、驚くべき事実を掘り起こした(『母宮貞明皇后とその時代――三笠宮両殿下が語る思い出』中央公論新社、二〇〇七年)。宮中における念仏や題目を唱える「神仏混交の儀式」の実態が、戦後においても残っていたことになる。

一九五一年〔昭和二六〕五月一七日、貞明皇后の死後におこなわれた「御舟入《おふないり》〔納棺〕」について、息子の三笠宮崇仁《たかひと》とその后・百合子の回顧である。

近衛甯子《やすこ》　お隠れになってから御舟入りの時に、みんなで「南無妙法蓮華経、南無阿弥陀仏」って紙に書いてお入れするのですが、そこのところだけよく覚えているんです。〔中略〕

百合子妃　そうなんです。半紙をね、こう二、三センチくらいに切って、長さはだいたい一〇センチほどかしら。

崇仁親王　私ももちろんで、全員が書いてそれをねじって入れるんです。

百合子妃　みんなで時間がちょっとでも空きますと、そこに硯が置いてあって書きました。「南無阿弥陀仏」でも「南無妙法蓮華経」でもいいということで、それをぎゅっとおひねりして。それをいっぱい書きためますとひとつのクッションみたいになりますでしょ。それをお柩《ひつぎ》にお詰めするわけですね。

その他にも、明治天皇の付きの女官、柳原愛子や園祥子の法華宗の信仰や、昭憲皇太后が日蓮宗に関わる可能性も指摘されている〔片野真佐子「昭憲皇太后」「柳原愛子」原武史ほか編『天皇・皇室辞典』岩波書店、二〇〇五年〕。

一九一二年〔明治四五〕の明治天皇の死は、京都という前近代の仏教的環境で育った〔明治天皇は明治元年で一六歳〕世代交代の象徴であった。しかし、東京の皇居のなかには、仏教の信仰がその後も生き続けていたことの意味をどう考えればよいのか。

皇室の神仏分離については、阪本健一・羽賀祥二らの基礎的な研究がある。明治維新を通じた皇霊祭祀を基軸にした宮中祭祀の形成を論じた武田秀章や、明治四年の皇室の神仏分離から一八七八年(明治一一)の春秋二季皇霊祭成立までを包括的に論じた阪本是丸の研究も、皇室の「神仏分離」は皇霊祭をもって到達されたとの見方であろう(2)。

本稿では第一に、寺内に陵墓があるなど関わりのある天皇・皇族のみの法要を行っていた近世の泉涌寺が、近代になってはじめて平安京に眠る歴代天皇や皇族すべての菩提寺と位置づけられたことを論証する。そのことにより、近代の皇室と古都京都との新たな位置づけを考えたい。第二に一八七七年(明治一〇)以降も、皇室の私的領域では仏教信仰が許容されていた問題を考える。皇室の大規模な神道式葬儀の嚆矢《こうし》であり、明治天皇の大喪のモデルになったとされる一八九七年(明治三〇)英照皇太后(明治天皇の嫡母)の葬儀(大喪使の創始)や、翌一八九八年(明治三一)山階宮晃《あきら》親王の葬儀の実態を見ることで、皇室の神仏分離のありようを再考したい。

一　近世の泉涌寺

泉涌寺は、皇室の香華院《こうげいん》(菩提寺)である「御寺《みてら》」と称される(『泉涌寺史』本文編、法蔵館、一九八四年)。泉涌寺は九世紀に藤原緒嗣《おつぐ》の建立した天台宗の仙遊寺を、建保六年(一二一八)に宋から帰朝した俊芿《しゅんじょう》が寄進を受け、四宗兼学の道場として伽藍《がらん》を再興したものである。その後、泉涌寺は後鳥羽・順徳・

後高倉といった院の帰依をうけ、朝野の信仰を集めた。

泉涌寺境内の月輪陵《つきのわのみささぎ》への天皇の埋葬は一二四二年の四条天皇にはじまるが、その後、後光厳（一四世紀）・後円融（一四世紀）・後小松天皇（一五世紀）などは泉涌寺で火葬されたのち、南にある深草法華堂（北陵）に遺骨が合葬された。

近世幕藩制の成立とともに、月輪陵には後水尾（一六八〇年）・明正《めいしょう》（一六九六年）・後光明（一六五四年）・後西《ごさい》・霊元・東山・中御門・桜町・桃園・後桜町・後桃園の諸天皇が火葬の擬態のあと土葬で葬られ、後月輪陵《のちのつきのわのみささぎ》には光格・仁孝天皇が埋葬された。天皇陵は、九重石塔で、最小は四条天皇の一四尺三寸五分（約四・三メートル）で、最大は仁孝天皇の一九尺三寸（約五・八メートル）、多くは一八尺前後であった。

室町時代からの深草北陵への合葬から、泉涌寺の御陵所における埋葬への変化は、近世の泉涌寺の伽藍復興という全体の流れと関わった。応仁二年（一四六八）の泉涌寺炎上以降、寛文八年（一六六八）後水尾天皇の院旨をうけて四代将軍家綱により仏殿が再興された。また近世の御陵所は、泉涌寺伽藍の北域、修行の場であった十六観堂の跡地であり、四条天皇の法華堂や応仁の乱以前の葬場殿（火屋）のあった記憶の場に成立した（西谷功「近世泉涌寺の再建――伽藍復興と精神の回帰」『黄檗文化』一二九号、二〇一〇年）。

近世の泉涌寺への最初の埋葬は、後光明天皇（後水尾天皇の第四皇子、一六五四年）であるが、幕府の経済的な援助をもって葬送儀礼は従来よりも大規模に執り行われた。遺体を火葬せず土葬とし、それまでの深草法華堂ではなく、泉涌寺境内に埋葬した。三代将軍家光が後光明天皇の即位を統制し、家綱が葬儀を一貫してコントロールしたことをもって、野村玄は「幕府統制下の天皇の死」と「遺体管理」を位置づけた（『日本近世国家の確立と天皇』清文堂、二〇〇六年）。

この寛文期の泉涌寺伽藍再建と連動した近世天皇の個人墓の成立についての宗教的な意義づけを、佐藤弘夫は火葬から土葬へといった中世から近世への構造転換のなかで解き、「江戸時代においては、天皇陵はなによりも実際に遺体を納めている「墓」でなければならなかった。天皇陵に必ずしも遺体・遺骨がある必要はないという、中世以来の伝統的観念とは明確に異なる原則」が成立し、納骨信仰が終焉したとする（『死者のゆくえ』岩田書院、二〇〇八年）。

幕末には、朝廷の浮上のなかで、慶応元年（一八六五）一二月二七日に「四条帝以来御代々御陵守護之官寺、皇祖御尊敬之訳ヲ以、諸寺之上席たる」べしとされた、泉涌寺に残るこの孝明天皇の勅が、のちのちまで近代の泉涌寺にとって、地位回復の根拠となる。

慶応二年一二月二五日、孝明天皇が崩御し、明くる慶応三年正月二七日に大喪の儀が執り行われた。大喪の儀では、戸田忠至の建議（慶応元年一二月）に基づき、後光明天皇以降残存する茶毘《だび》式などの火葬の形式を廃止し、山陵に土葬する古制がとられた。円丘の後月輪東山陵は、山陵が寺門（泉涌寺）と分離され、山陵御用掛と諸陵寮官人が神祇式祭典をもって埋葬する儀式が、陵所からの僧侶の排除をもって修された（武田秀章『維新期天皇祭祀の研究』大明堂、一九九六年）。

二　明治前期の泉涌寺

近代の神式の祖先祭祀がはじまったのは、慶応四年（一八六八）一二月二五日、先帝（孝明天皇）三年祭である。臨時帝室編集局編修『明治天皇紀』第一（吉川弘文館、一九六八年）の記述によると、紫宸殿に設けられた神座にて天皇が拝礼し、神祇官知事が幣物を供進、祭文《さいもん》奏上、昇神の儀を修するなどの神祭が行われた。表向きの仏会はなかったとされた。また同年一二月二四日、二五日、公式には玉串を献じるなど孝明天皇陵参拝の神式の儀式が執り行われた。しかし泉涌寺においては、近世と変わらず同年一二月二三日、お逮夜《たいや》（忌日前夜）では真言の理趣三昧《りしゅざんまい》が、一二月二四日の忌日には天台の法華懺《ほっけせん》法《ぼう》が修された（『泉涌寺史』本文編、法蔵館、一九八四年、以下参照）。

すでに公式行事では神式となり、泉涌寺での仏教儀式は私的な領域において存続していた。具体的には、明治二年三月の東京「奠都」の後に、泉涌寺の「日並記《ひなみき》」（泉涌寺文書F-M-60）明治三年一月二三日条では、

口達之写
来ル廿六日、仁孝天皇様二十五年御祭儀於御塔前被為行候ニ付、泉涌寺僧徒一切不携候様可申
達候事
正月廿三日　　御留守官役所
付紙

神祇式ヲ以御祭典被為行候ニ付、御法事不被仰付、寺門心得ニ而御回向《えこう》申上候儀者可為勝手候事

とある。「仁孝天皇様二十五年御祭儀」を、いまだ空間的にも寺門と未分離な後月輪陵で、泉涌寺の僧侶が携わらないまま「神祇式」で執り行うようにと、京都の留守官から達せられた。その一方で、「寺門心得」の私的な領域においては、従来通り「回向」することが許された。

明治四年四月六日には明治天皇の京都への還幸延期と大嘗祭の東京における施行が孝明天皇陵に告げられ、そして京都御所の内廷（明治天皇の奥向き）を東京に移すことが、英照皇太后や留守女官に伝えられた。[3] この明治四年には皇室の神仏分離が、慶応四年三月の神仏判然令より三年遅れて行われた。同年五月三〇日には京都御所の御黒戸が廃止され水薬師寺に仮遷座となり、六月七日には門跡号・比丘尼御所号の廃止、六月一七日には各寺院の御所号・門跡号・院家《いんげ》・院室の名称の廃止、諸家執奏の廃止、撫物《なでもの》（穢れを除くための呪物）の廃止、祈禱巻数《かんじゅ》その他献上物の廃止、九月二日には大元帥法・後七日御修法の廃止、諸寺・諸山勅会の制の廃止、一〇月一七日には由緒ある寺院への下賜金の廃止がそれぞれ決定された。[4] もっとも泉涌寺のみには、お供米《くまい》一二〇石が従前通り、下賜されることとなった（「泉山陵墓地と泉涌寺に関する年表」宮内庁書陵部陵墓課一一二三）。

そして同年一一月一〇日には恭明宮が完成し、御黒戸に安置された神仏、位牌等が奉遷され、京都在住の「六十歳以下の隠居女房・薙髪女官等」がことごとくそこへ移り住んだ。[5] その後、彼女たちは泉涌寺の歴代天皇や皇族の例祭や法要に毎年、参拝し、会食のうえ大仏餅などをおみやげにもち帰り、

仏教への信仰に満ちた生活を送ることになる。一八七三年（明治六）三月一四日に恭明宮は廃され、霊牌は泉涌寺に遷された。

明治四年一月五日には、社寺に対する上知令がだされ、泉涌寺の寺領であった、横大路村二四四石、上羽村二九二石二斗ほか一三一〇石余が返還された。近世には境内地二三万二一〇〇坪余で、西は伏見に向かう本町通、北は妙法院に接した大仏南門、東は山科境の峰、南は稲荷山から五葉の辻子（瀧尾神社の前）までと東福寺と境を接する広大な寺域であったが、惣門内のわずか四万坪余に減少した。四四六〇坪の御陵地も上知され、陵墓は寺門から切り離され宮内省管轄となった。この上知令が、泉涌寺の財政的な困窮を招き、「東京出開扉」事件から一八七七年の泉涌寺改革に至る混乱を招くこととなった。

大阪並びに中国・西国巡幸の途次の明治五年六月二日、明治天皇は束帯姿で孝明天皇陵を参拝した（『明治天皇紀』）。同年一〇月五日には「当山儀者、元来律宗ニ而真言・天台・禅兼学御座候得共、自今真言宗之所轄可仕心得ニ御座候」とされ、従来律宗を本宗としつつ天台・真言・律・禅の四宗兼学であった泉涌寺は、真言宗の所管となってゆく。奈良の西大寺などの律宗寺院も真言宗になったが、宗門はどこか一宗の所属となる近代の政策により、結果的に、皇室の真言密教との関係という新たな「歴史」をつくることとなった。

一八七三年正月の太陽暦の採用により、「日並記」（泉涌寺文書 F–M–65）には以下のように、仏式回向である「御暦代並宮門院方御日柄」について、新旧暦の対照がなされた。

後堀河院帝	旧八月六日	九月廿七日
四条院帝	旧正月九日	二月六日
後光厳院帝	旧正月二十九日	二月廿六日
後円融院帝	旧四月二十六日	五月廿三日
称光院帝	旧七月二十日	九月十一日
後華園院帝	旧十二月二十七日	一月廿五日
後土御門院帝	旧九月二十八日	十一月十七日
後柏原院帝	旧四月七日	五月三日
後奈良院帝	旧九月五日	十月廿五日
正親町院帝	旧正月五日	二月二日
陽光院贈太上天皇	旧七月二十四日	九月十五日
後陽成院帝	旧八月二十六日	十月十七日
後水尾院帝	旧八月十九日	十月十日
後光明院帝	旧九月三十日	十一月九日
後西院帝	旧二月二十二日	三月二十日
明正院帝	旧十一月十日	十二月廿九日
東山院帝	旧十二月十七日	一月十五日

霊元院帝　　旧八月六日　　九月二十七日
中御門院帝　旧四月十一日　五月七日
桜町院帝　　旧四月二十三日　五月十九日
桃園院帝　　旧七月十二日　九月三日
後桃園院帝　旧十月二十九日　十二月十八日
新広義門院　旧七月五日　八月二十七日〔以下一一人女院省略〕
右者今般御改暦ニ付御忌日書面之通相改御回向奉申上度、此段御伺奉申上候、以上
一月
泉涌寺住持　長老舜厳
同役者　東迎院
京都府知事　長谷信篤殿

ここでは、近世に旧暦で回向されていた近世の歴代天皇と宮門院がリストアップされている。リストには後堀河・四条といった鎌倉期の泉涌寺に埋葬された天皇と、泉涌寺で火葬し深草法華堂（十二帝陵）に埋葬された後光厳・後円融天皇など九人の天皇、そして追号された陽光院（誠仁《さねひと》親王）、後水尾天皇・後光明以下の近世の天皇と、女院たちがあげられた。近世の泉涌寺においては、泉涌寺にお墓があった、あるいは葬送を行った天皇・女院・皇子たちが回向の対象であった。この点が、一八八三年（明治一六）の泉涌寺再興以降、「天智天皇以降百四十余霊」、すなわち天智とその系統である光仁・桓武以降の平安京に生きた天皇・女院・皇子たちのすべてを泉涌寺が供養の対象にするのとは、明確

に異なる点であった。

　ここで上知令以降の泉涌寺の困窮から引き起こされた、一八七四年一〇月の「東京出開扉」事件をみたい。泉涌寺塔頭《たっちゅう》の戒光寺の玉樹湛然、安楽光院中井定覚が、住職藤原陽道を動かして、「秘仏釈迦如来・仏牙舎利」など二六〇余の什宝《じゅうほう》を東京本所の回向院で展覧する出開帳《でがいちょう》がはじまったが、勧進元で「総担当人」山北幸吉の借財により什宝の差し押さえとなり裁判がおこった。結局、皇室由緒の什宝であることを重視し、京都府が泉涌寺への返還を働きかけることとなった。

　多額の負債を抱える泉涌寺に対して一八七七年（明治一〇）九月二二日、京都府が随心院門跡佐伯旭雅含む六門跡（真言宗・天台宗の妙法院・毘沙門堂・青蓮院・曼珠院・仁和寺・随心院）に泉涌寺改革を依頼し、長老藤原陽動ほか、塔頭の悲田院・新善光寺・観音寺などの住職九名が罷免された。そして一八七八年（明治一一）四月五日、内務省が真言宗古義派の佐伯旭雅を泉涌寺長老に任じる。近世以来の泉涌寺を主導してきたスタッフが一掃され、真言宗の佐伯旭雅が泉涌寺長老となったことで、皇室と関わりの深い真言密教と泉涌寺との深い関係のイメージができた。また明治四年に途絶した東寺の後七日御修法の、一八八二年における旭雅による復興といった新たな事態も可能となった。

　さてこの時期には、近代の皇室の香華院であると泉涌寺は位置づけられた。それは同時に、泉涌寺だけではなく、一八七六年、七七年の皇室関係寺院への保存金や京都御所保存資金の支給などにあらわれる、明治初期とは逆の、畿内の皇室の文化的・宗教的「伝統」を顕彰する「旧慣」保存策の一環でもあった（高木博志『近代天皇制の文化史的研究――天皇就任儀礼・年中行事・文化財』校倉書房、一九九七年）。

一八七六年六月一日、泉涌寺・仁和寺・大覚寺・妙法院・聖護院・青蓮院・勧修寺など三二寺の年禄をやめて、宮内省より定額金が下賜されることになった。泉涌寺は、それまでのお供米一二〇石支給が廃されて、「尊牌・尊像奉護料トシテ年々金千二百円」が下賜されることとなった。そして同時に、般舟三昧院をはじめ「京都府下各寺院之尊牌・尊像悉皆其寺へ合併」することが達せられた。京都の寺院(以下、丸括弧内)から泉涌寺に合併された「歴代天皇の尊牌」は、天智天皇(法安寺から山内塔頭に伝来)、元明天皇(元明院)、光仁天皇(楽音寺)、桓武天皇(安楽光院から来迎院に伝来)、嵯峨天皇・淳和天皇合牌(金宝寺)、文徳天皇(大善寺)、光孝天皇(聞名寺)、宇多天皇(空也堂)、醍醐天皇(空也堂)、朱雀天皇(空也堂)、白河上皇(楽音寺)、鳥羽上皇(峰定寺)、後白河天皇(白河寺)、土御門天皇(建仁寺)、後鳥羽上皇(崇恩寺)、亀山上皇(本願寺)、後宇多上皇(法観寺)、後伏見上皇(金蓮寺)、花園天皇(延福寺)、後醍醐天皇(等持院)、後村上天皇(龍翔寺)、光厳上皇(地蔵院)、光明天皇(地蔵院)、崇光天皇(地蔵院)、後花園天皇(大応寺)、などであった。市中では、蛸薬師油小路の空也堂、四条京極の金蓮寺、四条坊門の延福寺、八坂の塔の法観寺、建仁寺、本願寺、等持院など、洛外では、亀岡の元明院・楽音寺、花脊の峰定寺など、由来はさまざまであった。

もっとも復遷の請願がやまず、泉涌寺に尊牌・霊像を遷して一、二年で「永久奉護の力ある寺院」については元の寺院に戻すことを許した。[6] 一八九七年(明治三〇)一月には妙法院宸殿を霊殿とした般舟三昧院へ尊牌・霊像を復遷した。しかしここで重要なのは、基本的に、天智と光仁・桓武以降の平安京に生きた天皇たちゆかりの尊牌・尊像を、一八七六年から泉涌寺に集め、そこで供養するという近代の新たな方針である。

さて泉涌寺についての一八七六年一二月の式部寮伺では、明治三年以来、皇霊として神式の祭祀をするのは歴代の天皇のみであり、歴代皇妃・皇親については泉涌寺の仏式供養に任せてきた問題点が指摘された。未解決である歴代皇妃・皇親の皇霊合祀問題こそが、彼らを供養し続ける泉涌寺の存在意義であり、廃仏毀釈の対象にならなかった理由とされた。

> 来丑（十年）一月大和及西京行幸被仰出候ニ付而ハ、泉涌寺始遠近御陵御参拝之砌者《みぎりは》皇后以下之御陵墓ヲモ同敷御拝可レ被レ為レ在《あらせらるべく》、其節従来御仏祭之儘《まま》ニテ者、甚不都合ニ有之、然共兼《しかれどもかね》テ被レ令置候御趣意ニ基キ取調候祭式ハ急速上申之運ニモ難二相成一《あいなりがたく》候ニ付、二季祭式等之儀ハ追テ御治定之積ニテ先御合祭式耳《のみ》御発輦前御挙行ニ相成候様仕度
>
> （山口鋭之助「明治神道史の一節神祇伯再設問題に就きて（二）」『神社協会雑誌』第二七年二号、一九二八年、の引用史料）

ここでは、明くる一八七七年一月の明治天皇の大和・西京行幸における泉涌寺の陵墓への参拝までに、皇后以下の陵墓においても「仏祭」ではなく神式の祭式を行うべく調えて、皇霊に「合祭」することが促された。

そこで一八七七年一月三日に、天皇の奉祭が神式でなされていたことに加えて、すべての皇族の奉祭も、建前は神式とすること、その一方で皇族の「泉山ニ於テ御法事御供養有之候儀」および「御位牌殿参拝・焼香・色花献備等之儀」については、私的な領域において各自の意向を尊重することを宮

内省が決定した（『泉涌寺史』）。このことは近代の皇族の祖先祭祀について、公的には神式、私的な領域においては仏教の供養を認めるという宮内省の方針が打ち出された、重要な画期となった。

一八七七年一月三〇日に、明治天皇は孝明天皇陵に行幸し十年式年祭を親祭し、そのあと「泉山陵墓合祭」も執行した。明くる一八七八年一月一六日には、孝明天皇の例祭・月忌（毎月三〇日）の「御代拝」や、光格天皇・仁孝天皇とその皇妃や皇女・皇子たちの例祭にも「御代拝」が決められた。孝明天皇例祭には皇太后の「御代拝」として京都在住の旧女官たちの派遣が決められた。一八七八年一月二二日には、各陵墓へ「自今、年々一月・七月ニ榊一対並神酒・洗米料」の献備と、旧女官の年二度の参拝や、玉串料を陵掌・墓掌と泉山僧侶に配分することが定められた。また孝明天皇以下一一方の「御代拝」の献備金も、陵掌・墓掌と泉山僧侶に配分することが決められた。

「日並記」（泉涌寺文書 F–M–72）の一八七八年二月八日条は、重要なので長くなるがそのままの引用とする（傍線、引用者。以下、同じ）。

御先代天皇之外、皇妃、皇子女、是迄御仏祭之処、明治十年一月三日総テ可為御神祭被仰出、就テハ同年十一月十七日新朔平門院三十年御祭典ニ付、本省式部寮ヨリ別紙之通、京都府皇族方、京都府、督部長等へ及通達候、右ニ付御内儀並皇太后宮御内々思召之次第モ有之、尚又別紙二通之通御献備御代参御治定候、就テハ是迄京都隠居局薙（剃）髪之輩、神仏御両祭之間、彼是疑惑之廉モ有之哉ニ相聞候、自今左ノ件々之通、御治定候事

一御一般御神祭被仰出候上ハ御仏祭有之間敷ハ勿論候事

但情願ニ依テ、尚法体、尼宮、同旧局ニテ法体之輩等、一分《いちぶん》以テ泉山ニ於テ御法事御供養有之候義者、勿論之義、尚隠居局ト雖トモ従来仏道信向之故ヲ以一分ニテ内々御法事致候義者不苦候、乍併御例祭御祭御式年被為行候節、混淆致間敷候事

一御神祭一途《いっと》之事ニハ候得共内々御位牌殿参拝焼香色花献備等之義者、是又前書之通、各一分取斗候義ハ不苦候事

一御陵墓前焼香之義、御神祭御当日ハ勿論平常ト雖トモ玉串献備之筈ニ候得共、是又前書之通一分ヲ以取斗候義ハ不苦候事

　但御陵墓前へ榁献備御水向等之義者停止之事（中略）

一御神祭献物之之《ママ》義ハ総テ地方官管轄ニ候得共、御内儀並皇太后宮ヨリ御内々御陵墓前献物並宮方始旧女官各自ヨリ御陵墓前え献備物総テ御祭典済之上分配方之義、金銀物品ニ不拘、総テ之ヲ三分之一ヲ陵墓掌丁被下、二ヲ泉山僧侶被下候テ可然、其上僧侶心得ヲ以、御位牌殿ニ於テ御法事執行之義ハ別段之事

　但右被下方取斗之義ハ総テ京都府官員ニ依頼可致候事（中略）

一泉涌寺御位牌殿、是迄御黒戸、御木像御始メ般舟院以下諸寺院御位牌御合併御安置ニ付、決シテ彼是二途ニ御法事焼香等有之間敷候事

　但其内信仰之尊像御位牌等有之参拝之義ハ、其人壱人ニ限リ候事

右之通条々為心得相相《ママ》達候間其向々被通知可有之候也

明治十一年一月廿二日　　宮内卿徳大寺実則

第六部長山本実政

〔華族〕督部長従一位岩倉具視殿

右之通督部長へ御達ニ付為心得及御通知候也

ここでは、先述の一八七七年一月三日の明治天皇行幸に対応して、歴代天皇のほか皇妃・皇子・皇女の「御神祭」による祖先祭祀が制度化されたことをうけて、同年一一月一七日の新朔平門院（仁孝天皇女御）三十年祭典において留意すべきことが、式部省より京都府在住の皇族や華族を管轄する京都府や督部長に通達されている。東京宮中の奥向きや英照皇太后の内々の思し召しもあり、京都で隠居した女官や僧形のものたちが「神仏御両祭」により混乱を生じないように決定したとの但し書きがあった。

最初の傍線部は、表向きは仏祭ではなく神祭とするが、ただし情願によって、僧形、尼宮、僧形の女官などが、「一分《いちぶん》」（すなわち個人の分際）において行う法事・供養は問題ないとされた。また「隠居局」が仏道信仰で法事を行うことも許されるが、神式の例祭・式年祭と混淆しないことが確認された。さらに神祭が基本であるが、位牌殿への参拝、焼香・色花献備や、陵墓前での焼香も、個人の分際においては許された。神祭の献物については、宮中の奥向きや英照皇太后宮や旧女官からのものは、三分の一は陵墓掌丁に下し、三分の二は泉涌寺の僧侶に分配することとなった。僧侶が位牌殿で法事を行うことも許された。そして最後の傍線部では、京都府下の般舟院などの寺院から泉涌寺に集められた木像や位牌に関わって、泉涌寺以外の他寺院では法事焼香をしてはならず、また参拝者は必ず一人に限ることとされた。以上、宮内卿徳大寺実則から華族督部長岩倉具視をへて、華族第六部長の山本実政から泉涌寺に達せられた。

一八七八年六月五日には、春秋二季皇霊祭が春分の日・秋分の日にあわせて制定されるが、初代神武天皇と一八世紀後半の後桃園天皇以降の近陵をのぞく、大多数の天皇や后・皇親の式年祭・正辰祭については、皇霊祭に合祭された（阪本是丸「春秋二季皇霊祭の制定過程」『神道学』一一八号、一九八三年）。明くる一八七八年一〇月一六日には明治天皇が、孝明天皇陵を参拝し、御影殿・霊明殿・海会堂には大隈重信・井上馨参議が天皇の代参を行った。またこの時期、祠堂金積立という名目で、宮中から泉涌寺へ、一八七七年の静寛院宮からの保護料五〇〇円を基礎として、一八八〇年行幸時の「臨時御下賜金」一〇〇〇円、一八八一年「桂宮御祠堂金」二〇〇〇円、「梨本宮祠堂金」一〇〇円などの援助がなされた。

一八八〇年七月一六日には、明治天皇と美子皇后の泉涌寺への行幸がなされた。

午前十時十五分　聖上御着輦御小休息後、先山陵御拝、引続近代三帝（『明治天皇紀』によると後桃園・光格・仁孝天皇）御合祭御拝、又御小休息後、長老先導ニテ霊明殿、御影殿、御法事殿御参拝了テ、御法事殿正面ヨリ還御、三殿御拝ノ御儀ハ御維新以来始メテノ御事ニ付、仏門之光輝盛挙人々相喜ビ罷在候也（「慶応四年以降行幸記事　京都泉涌寺板書」宮内公文書館、34781）

住職佐伯旭雅が先導し、霊明殿、御影殿、御法事殿の三殿への天皇の拝礼は維新以来はじめてのことであると、泉涌寺の関係者を喜ばせた。

一八八二年八月四日には、明治四年(一八七一)九月に断絶した、「玉体加持を停め、御衣を下付すべき旨」(『明治天皇紀』)と後七日御修法が再興された。この背景には泉涌寺を真言宗に宗旨替えし再建に力を尽くした佐伯旭雅の協力があった。後七日御修法の再興に向けて真言宗統一の気運が高まり、釈雲照・佐伯旭雅・三条西乗禅が中心になって、一八八〇年から八二年にかけての政府関係者への運動が実った。ただし「御修法ノ義ハ寺門ニ於テ修行」し、地方長官の臨監が義務づけられた(小松道圓ほか監修『旭雅和上讃語』法蔵館、一九九〇年)。ここでも真言宗の後七日御修法が「寺門」限りという、国家神道下で私的な領域における執行として許可されていることが重要であろう。

この年一八八二年一〇月一四日には、失火から泉涌寺の南側の舎利殿・仏殿を除く霊明殿・宸影殿等をほとんど消失した。ただし尊像・尊牌は難を逃れ雲龍院に遷座した(「泉山陵墓地と泉涌寺に関する年表」宮内庁書陵部陵墓課一一二三)。佐伯旭雅は謹慎するが、晃親王から「御墓は自分が樒《しきみ》も水もあげてようお断りしてきたから心配するな」と励まされ、佐伯は泉涌寺再建に向けて、一〇月一八日には東上して政府関係者に歎願した(『旭雅和上讃語』)。

明くる一八八三年三月一日の三条実美宛徳大寺実則上申(「公文録　宮内省」内閣記録課蔵、明治天皇紀資料稿本所収、前掲「泉山陵墓地と泉涌寺に関する年表」)は、近代泉涌寺の位置づけの起点となる重要史料である(傍線、引用者)。

泉山御陵墓前建物並泉涌寺再建費御下附之儀ニ付上申

京都府下泉涌寺之儀ハ、客歳十月中火災ニ罹リ舎利殿仏殿等ヲ除之外、霊明殿、宸影殿、御法事殿ヲ始メ堂宇悉皆烏有《うゆう》ニ属シ、遂ニ御陵門回廊周囲ノ塀垣ニ至迄及延焼候義ニ有之候、抑該寺者後堀河天皇以降歴朝厚御崇敬相成、御陵守護ノ官寺ト被定、四条院天皇宸影ヲ始メ門院皇子女方等ノ尊牌五十余霊ヲ安置シ奉リ、維新後、御陵墓ハ本省直轄候得共、尊像尊牌ハ旧ノ如ク保護為致、夫而已《のみ》ナラス、近年寺院改革之際、曽テ諸寺院ニ安置セラレシ尊像尊牌不残該寺ニ取収メ、目今ハ天智天皇以降百四十余霊ヲ奉安守護為致候ニ付テハ速ニ再営不致候テハ不相成、仍テ不取敢官吏ヲ派シ、実地見分之上宸影殿ハ霊明殿ニ合併シ御法事殿ヲ廃シ、堂宇者大ニ建坪ヲ減却シテ里御殿等ノ古材ヲ以テ取合セ建設シ、御陵前ハ回廊ヲ省ク等大ニ節略ヲ旨トシ必要ノ建物而已積算為致候得共、該寺ハ固ヨリ檀徒モ無之、古来於幕府負担建築致来、維新後ハ年々帝室賜金ノミヲ以テ修繕維持罷在候迄ニテ、此度ノ如キ巨額ノ費途ヲ要スル建築ニ至テハ、帝室御用度多端ノ際、迚モ処弁ノ道無之、去迚前陳之通御追尊上ニモ相関候義ニ付、此儘難差置候条、別紙内訳書ノ費額、特別ノ御詮議ヲ以テ、於本年度金参万円、於十六年度金参万五千百参拾四円弐銭壱厘、合金六万五千百参拾四円弐銭壱厘帝室御用度増加トシテ別途御下附相成候様仕度候、此段上申候也

明治十六年三月一日

宮内卿徳大寺実則

太政大臣三条実美

この徳大寺の上申では、前近代の泉涌寺の性格を、「御陵守護ノ官寺ト被定、四条院天皇宸影ヲ始

メ門院皇子女方等ノ尊牌五十余霊ヲ安置」してきたと位置づけた。また明治維新後には京都の「諸寺院ニ安置セラレシ尊像尊牌不残該寺ニ取収メ目今ハ天智天皇以降百四十余霊ヲ奉安守護」する役割に転換したと明言し、霊明殿の役割を重視するとともに、里御殿などの古材を取り合わせて再建するとの方針をかかげた。また檀家がない泉涌寺への帝室による保護の必要を説き、六万五〇〇〇円余の下付を上申した。禁裏御所の東部にあった里御殿は、「先年京都府画学校へ御貸渡相成居候、御里御殿建物材料ヲ以テ右再建用材ニ使用ノ筈ニ付、早々返納」すべきことが、同年五月八日に宮内省の書記官から京都府に促された（明治一五年「泉涌寺焼失録」宮内庁、大臣官房総務課、宮内公文書館 540）。かくして、同年五月一一日には、泉涌寺再建の趣が仰せ出され、七月二日には、泉涌寺再建費として、一八八二年度二万円、一八八三年度四万四二〇〇円が宮内省に下附された（前掲「泉山陵墓地と泉涌寺に関する年表」以下同じ）。なお一八八三年六月二六日には、開山俊芿国師に大師号が宣下された。

その後の泉涌寺と皇室との関わりは、一八八六年三月二日、京都在勤諸陵寮が開設され、同年三月一三日には明治四年（一八七一）に上知された一七万七二三〇坪の泉山陵墓附属地が諸陵寮所管となり、最終的に陵墓と泉涌寺は切り離された。一八九一年二月四日には、孝明天皇御霊殿仏具料として皇太后・皇后より各二五〇円が下賜され、翌一八九二年七月七日には泉涌寺建物の修理は公私の別なくすべて宮内省にて担当することとなった。またのちに述べる英照皇太后の葬儀斎場一九九八坪は、一八九七年四月六日に陵墓附属地に編入され、一八九九年三月二五日には山階宮晃親王墓地として境内地（元楊柳《ようりゆう》寺跡）約一三二〇四坪が兆域となった。

また泉涌寺復興後の行幸啓の記録からは、明治天皇・美子皇后の近世以来の泉涌寺や仏教への信仰がうかがえる。一八八七年一月三〇日の行幸では、午前九時に京都御所を出た天皇・皇后は、午前一〇時に泉涌寺に着いたあと、天皇は乗馬で皇后は板輿にて、孝明天皇陵・三帝近陵に参拝した。その後、天皇が皇后に声をかけて率先して霊明殿へ参拝した。

聖上・皇后御同伴ニテ(御位牌殿)霊明殿御拝アリ、白金巾縁道ノ上ヲ玉歩爽カニ霊明殿荘厳担前ニ進マセラレ御拝アリ、皇后陛下コチラヘトノ御言葉ニ、皇后宮御会釈アッテ前進御拝アラセラレ給フ、長老並ニ雲龍院御先導天顔拝ニハ前長老迄ニテ被仰付還幸之節、御車寄ニテ奉送(前掲「慶応四年以降行幸記事」)

一九〇三年五月五日には、美子皇后は、孝明天皇・英照皇太后の陵、月輪陵への参拝の後、長老に先導されて霊明殿で「焼香」し、従前の下賜金のほか霊明殿に「御花料」の備えがあった。

三　一八九五年、泉涌寺における明宮皇太子の病気平癒御修法

一八八四年(明治一七)一一月二日夜から、明宮《はるのみや》皇太子が感冒で発熱し、食欲が進まず嘔吐があり、腹痛をもよおした。御匙医浅田宗伯や一等侍医池田謙斎らが診断し、明宮御養育主任で祖父の中山忠能邸で静養することになった。同月一一日、明治天皇は、大いに心配して、侍従長徳大寺実則を通じて、「当今公然の御沙汰はあらせられ難きも、忠能及び従一位中山慶子が親王の健康を神仏に祈願す

るは妨げず、敢へて渝《かえ》ることなかれ」と、中山に告げた。⑺　このときは結果的に、二週間ばかりで皇太子の病気は癒えることとなった。

時を経て、一八九五年（明治二八）五月二一日に明宮皇太子は軽い感冒に罹ったが、体温は上がり四〇度二分に達した。皇太子は三週間ばかりで快方に向かうが、一貫八〇〇目（約六・八キログラム）ほど体重を減らした。ところが皇太子は、九週間すぎても脾臓の硬化がおさまらず時々高熱を発したため、八月上旬に高輪御殿で療養することとなった。しかし移転後の一〇日に発熱し右側の肋膜炎・肺炎の兆候がでて、一八日には四〇度を超える高熱で炎症が肺全体を侵し重態となった。その後は慢性の病状をたどった。⑻

同年八月二七日には泉涌寺長老の鼎龍暁《かなえりゆうぎよう》から宮内大臣土方久元に宛てて天機伺いと東宮の見舞いとが出された。また同日、東宮大夫黒川通軌《くろかわみちのり》に宛てて、長引く明宮の病状に対し「就而ハ為冥加竊《ひそか》ニ奉懇禱御平癒候、追々御軽快被為渡候哉」と、平癒を祈っていたが病状はいかがか、との伺いも出された。⑼

東京の宮中や宮内省との交渉を行った、雲龍院住職で泉涌寺次席の釈玄猷《しやくげんゆう》本人がまとめた「皇太子殿下御悩ニ付御祈之記」を引用して、その後の経過を見たい。

尚方今悪疫流行之際ニ付、流行地ヨリ来京セシ者ハ一周間《ママ》宮内省へ出頭差控ル御制規ニ付、前記伺書両通共東京旅宿ヨリ郵便ニテ差出候事

猶又本山ニ於テ御異例御平癒御祈念トシテ不動明王秘法ヲ修行セシニ付、御札守ヲ中山二位局ヲ

経テ献上候処、大ニ御満足ニ被為在、実ハ維新来、平素御祈念及御札等ハ一向御受納無之候得共、今度ハ格別之御事ニ付、東宮職一同協議之上、御由緒寺院等ノ御守札ハ、東宮御殿内ニ安置シ一同信心スル事ニ相成候、御寺門ニ於テ御平癒ノ御祈願丹誠ヲ被抽《ぬきんぜられ》候事、御懇情之段、幾重ニモ厚ク被思召候、併シ目下ノ御容体御急症ヲ漸ク経過スレトモ何分御漫盛ニ被為渡候間、御寺門ハ外《ほか》寺院ト違ヒ格別之御由緒ニ付、自今尚続テ御平癒ノ御祈念被下度、厚ク御依頼申入ル、トノ御沙汰ニ付、釈玄猷ヨリ更ニ上伸シ、仰迄モ無之真ニ今般ノ御事ハ国家ノ大事ト奉存上候間、人民タルモノ為冥加丹誠ヲ抽テ御祈念ハ当然タリ、況ンヤ御由緒深キ泉山ニ於テハ是非共引続御祈願可奉申上候、就テハ御時節柄申上兼候得共、仏ノ誓願ハ有縁ノ衆生ヨリ度スルト有之候へハ折角我等為冥加御祈念仕候共、御上ニ於テ其御心得御祈願無之テハ修法ノ効験不速、依テハ従前何様ノ場合ニハ臨時御修法御祈念被仰出、或ハ玉体加持御衣加持等も被為在候前例モ有之、且現ニ年々東寺ニ於テ修行候御修法ニは都度〳〵御衣加持申上居候、如此次第ニ付、何処御衣御下渡シ被成下候ハヽ、速ニ護持帰山、更ニ丹誠ヲ凝《こら》シ御祈願御加持可奉申上候、何処為国家御配慮奉願上候ト言上セシニ、二位殿ニ於テモ尤ニ被思召候哉、即日東宮職ニ至リ、太夫《ママ》子爵黒川通軌、侍従長侯爵中山孝麿等ニ詳議被下候上、遂ニ九月二日夜、旅宿新高野山へ御家扶石山友誠ヲシテ御衣御下渡ニ相成候、依テ直ニ帰山調支具等準備相調へ九月七日午後初夜開白御祈記、左記ニ詳出ス、同十四日日中結願、同日午後三時発ニテ京都七条駅ヲ乗汽車、雲龍院僧正再東上御衣返上候事ここでは平癒祈念として不動明王秘法を修行して「御札守」を明宮の祖母である中山慶子(二位局)を通じて東宮御殿に献上したところ、中山慶子以下、おおいに「御満足」であったとする。実は明治維新以来、平素の祈念や御札を宮中が受けることはなかったが、今回は格別のこととして、東宮職一同が協議して、「御由緒寺院等ノ御守札ハ、東宮御殿内ニ安置シ一同信心スル事ニ相成」ことにたちいたったという。そこで釈玄猷が再び上申して、今回のことは国家の大事であるから人民が丹誠を込めて祈念するのはあたりまえであり、ましてや皇室との由緒深き泉涌寺においては引き続き祈願してゆきたいと訴えた。さらに釈は、ひとり泉涌寺の祈念だけでなく、宮中においてもそれに応じて密教の修法を信じることが、その効果には不可欠であると主張した。そして東寺の後七日御修法のように、臨時の御修法や「玉体加持御衣加持等」の許可を求めた。中山慶子はこの上申をもっともなことと思い、すぐに東宮職に働きかけて、東宮大夫黒川通軌、侍従長中山孝麿等と相談して、九月二日夜に東京日本橋の大安楽寺(新高野山)で中山慶子附の家扶石山友誠を通じて、釈玄猷に皇太子の御衣を下げ渡した。これがこの史料にあらわれる、御衣下げ渡しの経緯である。

もう一点、泉涌寺に皇太子の御衣が下げ渡された、この九月二日夜に、釈玄猷から鼎「御山主殿御侍史中」に宛てた、重要な書簡も、長いが紹介したい[10]。

拝啓

昨日申上候通、御守献上候処、是迄ハ一向ニ御受ケ無之候モ、今度ハ格別重事ニ付、黒川太夫及侍従長中山侯爵等へ二位殿御協議ノ上、泉山ヨリ献上之御守リハ公然御殿内ニ御祭リ、御付ノ一同御祈念申上ル事ニ相成候趣、何分御満盛ノミニテハ恐入候次第ニ付、満願一同大心痛ニテ、各大臣始メ高等官ハ互ニ各日供ニ御伺相成候次第、何処格別ノ御由緒ノ御寺ゆへ御平癒ノ御祈念不怠専一御依頼申上ルト、二位殿ヨリ御丁重ノ御依頼有之候、依テ小生ハ曰ク泉山ハ元ヨリ他御由緒寺院トハ格別ノ深御由緒ニ付、御病気ニ付テハ深ク恐入候間、御祈念申上居候、尚又此上御平癒ノ御祈念ハ為国家御祈念可申上精神ニ御座候、責《せめて》而ハ御衣ナクトモ御下被下候ハヽ、一層精励ニ御祈念可仕候トテ、御修法ノ玉体加持御衣加持ノ事申上候処、二位殿大満足ニテ実ニ御懇情之段、深ク感シ入候、依テハ念力ノ届限リ大夫其他表面協議シテ御衣御下ノ事ニ可致トノ事ニテ引取候、然ルニ今夕、態々石山氏ヲ使トシテ御衣ヲ為御持《おもたせ》ニ相成、昨日御申入レノ御衣加持ノ事、夫々役員共へ協議ヲ遂ケ候、御下ニ相成候、就而ハ泉山ハ格別ノ御由緒ニ付、御下ニ相成候、然レトモ是レハ表面ノ振テ、実ハ御内々ニ候得共、決シテ新誌ニ顕レ候等ノ事有之候テハ、二位殿少々御困却ノ事も出来候故、此段極々御内々御寺門限御祈念願上候、殊ニ京都ハ御由緒寺院も沢山アレハ外方ヨリ段々御衣御下等、続々願出候時ハ、是又御困難ノ事ニ可相成候、必ス〳〵世間へ知レサル様呉れも頼入トノ事ニ御座候、右御心得願上候、就而ハ御祈念開白ノ日取等御繰合被下度、尚又小生考ニハ宮内省ノ返事、若シ遅ケレハ一往帰西致シ度、其故ハ此御衣御祈念済ニハ又持参ノ為東上致サネハ不相成、左スレハ田中氏ニ願置本月末ニ更ニ東上様子決議等承ル事ニ致テハト存候、何分明三日朝、田中氏ニ面会先方ノ意承リ次第決定可致、自然一両日中ニ決議相成候事ナレハ承リ帰西、若シ未タ十日モ相係ル訳ナレハ寧ロ月末再東上ノ節ニ可致方可然ト存候、何分御衣加持ノ御都合御考宜被下度候、何分宮内省も内蔵頭ハ理屈ヲ言テ困入候、昨夕小生白根ノ宅へ参リ面会候処、例ノ理屈沢山言ヒ、併シ末ニハ理屈計ニも不参候間、書面拝見何分ノ協議可致云々ト申居候間、何分歟可相成候、先ハ匆々如此、草々頓首

九月二日夜　　釈玄猷

御山主殿　御侍史中

ここでは皇太子の病気平癒祈願の守札が公然と皇居の東宮御殿に祭られて、東宮のお付きの人びとのみならず、高位高官も日供に訪れる様が伝えられた。さらに「御修法ノ玉体加持御衣加持」の提案に中山慶子は「大満足」であるが、今回は由緒ある泉涌寺への内々の依頼であるので、特別の例である、決して新聞などのメディアに洩れて他の寺院からの申し出が続出することがないようにしてほしいと、念を押された。さらに釈が、田中光顕宮内次官や白根専一内蔵頭への宮内省への工作をして御衣加持祈禱の許可を引き出した苦心が、吐露されている。

かくして釈は直ちに帰山し準備を整えて、九月七日から一四日の結願まで「不動供」「焔魔供」を修することとなった。

「不動御修法」は「東宮殿下御悩平癒宝寿延算御願円満」のために、九月七日から七日間、一〇口（人）の僧侶で修された。「衆僧交名」には、大壇阿闍梨《おおだんあじゃり》・鼎龍暁（山主方丈長老）、護摩壇阿闍梨・釈玄猷（雲龍院）、焔魔供師・秋篠義鳳（悲田院）ほかが、書き上げられた。

舎利殿では、向かって中央奥の不動明王の前に皇太子の御衣を据え、前方左右に十二天屛風（左に

焔魔天像を配置）を置いた。正面に大壇を、左方に焔魔天曼荼羅を、右方に護摩壇を配し、修法をおこなった。大壇不動供を期間中に二一箇度、護摩壇供を二一箇度、神供《じんく》を舎利殿の外で三箇度、焔魔天供を七箇度、供した。仏眼《ぶつげん》真言・大日真言・本尊火界呪《かかいじゅ》・本尊慈救呪《じくじゅ》・降三世《ごうざんぜ》真言・軍荼利《ぐんだり》真言・大威徳真言・金剛夜叉真言・焔魔真言・一字金輪真言については、何千回、何万回と密教の秘法を尽くして繰り返し念じた。

そのなかで九月七日の「焔魔天供祭文」[11]では、「東宮太子遇々歳之厄運ニ罹リ玉ヒ、病魔猖獗《しょうけつ》シテ四肢悩乱シ玉フ、医薬術ヲ凝シ針呪巧ヲ尽スモ、未タ奇功ヲ奏セズ、四大（身体）軽安セズ、是ヲ以聖皇（明治天皇）憂慮シ玉ヒ、衆庶肝ヲ爛《ただ》レ天ニ祈リ地ニ叫テ、晨夕《しんせき》ニ哀禱ス、祈救之算《はかりごと》殆ト将ニ尽ト」する（図2）。

図2　焔魔天（泉涌寺蔵）

このように明治天皇をはじめ人々の心痛にもかかわらず、皇太子の病気に医術や祈禱の効き目がなかった経緯が述べられている。そして焔魔法王は、「内覚位《かくい》於中道ニ秘シ、外冥官之上首為リ、有情運命之修短ヲ宰リ、衆生罪福之軽重ヲ決シ、以テ三有《さんぬ》受苦之罪根ヲ抜キ玉フ」ものとする。すなわち仏の位は中道であり、かつ冥界をつかさどり、人々の運命や罪福の軽重を決する焔魔法王に、明宮の病気平癒を「弘誓慈願」せんとした。宗徒は「厳ニ道場ヲ飾リ、謹テ香花六種之珍羞《ちんしゆう》ヲ備へ、本尊ノ霊像ニ向ヒ、東宮太子御悩平癒ノ奉為《おんため》ニ、一七《ひとなぬ》ヶ日座之供糧ヲ懇修ス」と、供物をそなえ明宮の病気平癒の七日間の御修法をおこなったのである。

かくして一四日の午後三時に京都駅から祈禱を終えた御衣を持って、再び釈は東上することとなった。

この間の宮中側の経緯を示すものとして、九月一一日午後一時に、東京市青山南町第一御料地、石山友誠から、釈玄猷に宛てられた書簡を紹介したい。(12)

〔前略〕彼ノ御祈禱七日より御開白十四日御結願ニ付過日之御守御祭リ申候、若初穂供シ候事、何も申入候処、彼ノ御殿御安置之御場所ニ右御供シ方至テ御面倒ナレハ、二位御局方ニテ、自ラ御供シ御信心被成候、御結願日午後二時十五分京都発車ニテ新橋停車場へ直行列車ニテ御着之旨、御報知拝承御書面之趣ハ逐一、二位御局へ申入候、目下御方ハ総体ニ御平穏克御順良之方ニ被為在難有御事ニ奉存候、将来之御結果御佳良ニ被為成候様奉念願候、昨今爰許《ここもと》朝夕涼風ヲ覚候、暑気之時分尚御上京御苦労之義奉存候、折角御愛護有之度奉存候、取束拝復申置候条、御海容有之書余拝唔ニ譲、草々拝具

九月十一日　　石山友誠

釈玄猷殿

宮中では、結願なった御衣が新橋に着く汽車の時刻をも把握して、待ち受けていた様が伝わってくる。

その後、一連の泉涌寺の御守札や御衣祈禱のあとに、明宮皇太子の病気は回復した。同年一一月二七日には、中山慶子の家扶石山友誠から鼎龍暁に対して礼状がもたらされた[13]。

時下愈御清祥奉賀候、然者、皇太子殿下久々御違例之処御順快、本月廿五日相尋葉山村へ行啓転地御療養被為在候段、国家万民之歓喜不過之幸福之至リ奉恭賀候、二位御局ニハ御本病御全快将来之御健康御延寿無御油断御祈念御座候、先般御祈禱之御守御符二位御局へ被差向今般之御快気ニ付、不動尊へ二位御局御礼之御初穂金弐千疋御供被成候間、可然御取計御依頼可申旨被申付候条、此段得御意候也

〔明治二十八年〕十一月二十七日　　二位局〔中山慶子〕附石山友誠

泉涌寺鼎龍暁殿

皇太子の病気平癒を受けて、中山慶子から泉涌寺の不動尊へお礼として金二千疋が捧げられた。

この一件からは、東京の宮中では明治天皇や皇后や女官たちの間においても近世からの仏教信仰が続いていたことがわかる。同時に一八七七年の宮内省の方針を契機とする皇室における仏教信仰は、大日本帝国憲法発布後に公的な国家神道との関係において、私的な領域における「信仰の自由」として定置された。

四　英照皇太后・晃親王の仏式葬儀

(1) 一八九七年(明治三〇)、英照皇太后の葬儀

一八九七年一月一一日に死去した英照皇太后の葬儀には大喪使がおかれ、近世のように泉涌寺ではなく国家が葬儀を管轄することが明確になった。明治天皇の大喪(一九一二年)の先例になるとともに、いわば仏式ではなく神式の葬儀の近代モデルと位置づけられてきた。同年二月七日午前六時に京都の大宮御所を発した英照皇太后の霊柩は、泉涌寺道の夢の浮橋で道路狭隘のため御輦に遷され月輪山の斎場に至り、斎場の儀で祭詞が奏され玉串が献ぜられた。翌八日には陵所御須屋に移され埋棺の儀へと、表向きは終始、神式の葬儀が執り行われた[14]。

しかし実際には、泉涌寺長老鼎龍暁は二月四日に大宮御所で英照皇太后の柩に密教の作法を行い、二月一一日には、泉涌寺で英照皇太后の初月忌法要が修され、同月一七日、晃親王の妹が門跡をつとめる瑞龍寺(上京区・村雲門跡)で、同月二六日には妙法院で法要がもたれた。このように泉涌寺が英照皇太后の葬儀に私的な領域で関与することができるまでには、政府に対する泉涌寺の積極的な働きかけがあった。

泉涌寺に残された「明治三十年一月、英照皇太后尊儀御一会記、泉涌寺」(泉涌寺文書 F-G10-1②)によると、同年一月一二日に新聞号外で英照皇太后の病状が深刻であることが報じられると、山主鼎龍暁と雲龍院住職の釈玄猷は、天機伺い病気見舞いをかねて汽車で東上するが、翌日到着後の東京です

でに皇太后が死去していたことを知った。皇居へ参内し天皇・皇后にお悔やみを述べ、青山御所で杉孫七郎皇太后宮大夫などに挨拶した。翌一四日には宮内次官田中光顕を訪問し、かつてともに後七日御修法再興に尽力した目白僧園の釈雲照に、山県有朋らに対する仏葬施行の働きかけを依頼した。ついで同じく「仏教信者」の三浦梧楼には「〔英照〕皇太后宮御在世中、深ク仏教御信仰ニ付、是非今度ハ仏葬」で行うよう、杉孫七郎皇太后宮大夫ら有力者への働きかけを依頼し、これに賛同する三浦本人も「自憤」して承諾した。政府筋への運動をその後も続け、一六日朝には中山慶子〔二位局〕に釈玄猷は会って「御尊牌安置及御遺品御供養料御祠堂等」のことを内願した。また二〇日の「大喪之儀ニ付上申書」では、今回、宮内省中の式部官で祭事をつかさどることになったが、近頃の皇族の葬儀は、式部官が行うのではなく、「日夜已ニ神明ニ法味ヲ供養シ奉リ神威増光」を修していると説明して、神道に加えて法要が営まれる実態を訴えた。したがって今回も大喪使による神祭の厳儀のあとに仏教の法儀を執り行うことが、英照皇太后の「尊霊ノ御本願ヲ満足」させることになると、鼎龍暁は大喪使長官有栖川宮威仁《たけひと》親王に働きかけた。明くる一月二一日条は、英照皇太后の仏教信仰を釈玄猷がリアルに伝える。

廿一日　御山主〔鼎龍暁〕東京午前六時発ノ汽車ニテ帰西、今夜浜松一泊ノ事、釈玄猷ハ新橋迄見立、続テ万里小路正秀殿へ参リ、浜萩典侍へ内願御尊牌等ノ事ヲ依頼セリ、其他岩倉公、又青山御所へ参リ杉子爵ニ面会シ、又高橋内閣書記官長ノ宅へ参リ、面会数刻、今般御喪儀ニ付上申セシ理由、其他従前之御由緒等ヲ陳述シ、且皇太后宮御生前仏教御信仰ナル事、尤モ判明ナレハ、是非御本願ニ叶フ為メ、尚先帝已ニ仏教御葬儀ナレハ、是非共今般ハ御仏葬至当ナルヘシ、貴官ハ古儀ニ明ナリ、且国粋保存主義ノ方ナル由ニ付、此儀御談ニ態々来車セリ、宜ク皇太后宮ノ御為ニ御尽力有之度陳述シ、控壱通差置タリ

又三宮式部長官及渡辺内蔵頭へ上申書ノ主意陳述セン為ニ参伺候也

釈玄猷は、鼎龍暁を新橋駅に見送ったあと、政府・宮中関係者を回るが、古儀に詳しく国粋保存主義の高橋健三内閣書記官には、皇太后が生前に仏教を信仰したこと、孝明天皇が仏葬であったことを説いている。

そして釈玄猷は一月二四日の「御葬儀ニ付再上申書」において、孝明天皇が仏葬を行い、英照皇太后が念持仏を身近にもって信仰したのに、式場で一切の読経もないのは皇太后の本願に叶わない。真言宗は「即事而真」であることが密教の真髄で、天皇の身体に修業することがつとめである。仏葬を廃絶しては、歴代の天皇の霊や開祖に対して申し訳ないと訴えた。

御葬儀ニ付再上申書

今般ノ御葬儀ニ付去ル廿日ヲ以テ御厳儀御執行後、該式場ニ於テ仏教ノ御法儀ヲモ併行被為在度儀上申仕候処、廿二日付ヲ以テ御法儀執行ノ件申立ノ通リ詮議ニ難相成旨御通知ニ接シ殆ト迷惑仕候、泉山義ハ四条天皇以来御香花院トシテ六百有余年歴朝ノ御葬儀ハ仏式御法儀ヲ以テ御執行被為在候、殊ニ先帝仏教御叡信ノ余リ物議アルニモ拘ハセラレス仏式ノ御葬儀被為行候、抑モ歴朝ノ仏教御信仰被為在候事ハ決シテ無謂義ニハ不被在、必スヤ道理ノ存スル所アリテ御叡信アラ

セラレ候義ト奉恐察候
尚又皇太后宮陛下已ニ御持念仏被為在候得者、仏教御信仰ナルコト判明仕候、然ルヲ御式場ニ於テ一返ノ読経ヲモ不被為許候テハ、乍恐御本願ニ違背シ深ク奉恐縮候、人或ハ云ハン、仏教ハ素ト心理ニ属シテ形式ニ依ラス、強テ御式場参列者ノ前ニテ法味ヲ供養セサルモ堂内ニ修セバ可ナラント、理ハ即チ然ルカ如シト雖モ、真言宗ハ即事而真ヲ密法ノ骨髄トスレハ、直ニ尊体ニ奉対修行ノ作法、開祖相承スル住職ノ任務モ御座候間、今貧道カ上陳スルハ数百年来、歴朝ノ御遺願ナリ、仏式御尊儀ノ一朝ニ湮滅スルハ責任トシテ遠クハ歴朝在天ノ尊霊ニ対シ奉リ、近クハ皇太后宮陛下ノ御本願ニ対シ奉リ、又開祖ニ対シ空職ノ罪責難遁、仍テ万一ニモ御聴許アラセラレサレハ、職務ヲ辞シテ謝シ奉ルノ外、他ノ途ナシ、敢テ貧道強剛不遜ヲ陳スルニ非ス、前陳ノ如ク道理アリ歴史アリ、深御由緒アルナレハ、赤心以テ列聖ノ奉為道義ノ為メ泣血哀訴仕候間英明殿下宜シク御慇諒被成下特別ノ御詮議ヲ以テ所願速ニ御聴許被成下度、此段再申仕候、恐惶誠恐謹言

御寺門泉涌寺長老鼎龍暁代理
釈玄猷

明治卅年一月廿四日

大喪使長官大勲位威仁親王殿下

二六日に泉涌寺と雲龍院の住職が式場に参列し、「御陵所迄奉送候儀ハ差支無之」との股野琢大喪使事務官の意向が、杉孫七郎を通じて釈玄猷と釈雲照に伝えられた。ここに釈は、大喪使が葬儀を執

り行う新制度が動かしがたいことを理解し、「実際内ノ引導ト、野辺埋葬ノ作法出来ルコトニ相成候間、精神上皇太后尊儀ノ御本願ニ対シ仏祖ニ対シ僅少ニ責任相届可申候」と考えた。そこで同日、大喪使長官威仁親王に「御葬儀ニ付御願書」を提出し、「御霊柩大宮御所へ着御後、参拝並ニ御厳儀御執行後、御陵前ニ少人数(密義)参拝作法」を修することを申し入れた。また釈は二月一日に、斎場の参列で、門跡寺院は奏任待遇であるのに、泉山は判任惣代の次席にすぎないことへの抗議を、大喪使事務官や矢野文雄諸陵頭に対して行った。

二月二日には「今般御式場ノ建物及備付品等悉皆従前ノ如ク寺門へ御下附」することを釈玄猷が堤正誼《まさよし》内匠頭に請願した。明くる三日午前八時三〇分には英照皇太后の霊柩が七条停車場に到着した。この日の午後三時に、釈玄猷は人力車で、大喪使長官有栖川宮威仁《たけひと》をはじめ、田中光顕宮内次官、股野琢、長崎省吾、三宮義胤、九条道孝、杉孫七郎、高辻修長等を訪問し、「明日霊柩前参拝、秘密作法修行ノ義許可相成ル様杉大夫ニ談合ニ及ヒ候処、漸ク許可ノ栄ヲ得」た。そして二月四日午後二時、鼎龍暁と釈玄猷は、大宮御所に参内し、「杉子爵ノ案内ニ依リ御霊柩前第二ノ間ニ於テ合掌礼拝シ、内ノ引導作法ヲ鄭重ニ行」った。もっとも密具は「寺門ヨリ携帯」したものだった。ここに涅槃に英照皇太后をわたらせる密教の引導作法を行った。「明治参拾年日誌、泉山事務所」(泉涌寺文書 F-M-91)によると、大葬の式を終えた二月七日深夜に霊柩を泉涌寺に迎え、鼎龍暁と釈玄猷が「式場ヨリ山陵へ供奉シテ御内意ニ依リ山陵前ニ於テ密儀相修」することとなった。またこの二月には、泉涌寺住職を末席ではなく門跡寺院同等の待遇にせよとする「参列席之義ニ付キ上伸書」や、英照皇太后の「御尊牌御安置御願書」も山主鼎龍暁から出された。

一八九七年四月二五日には皇太后宮大夫子爵杉孫七郎より、一五〇〇円が「英照皇太后永代御供養料」として下賜された。翌一八九八年一月六日には泉涌寺長老鼎龍暁より、「是迄、先帝並ニ門院様方御式年祭之節ハ〔英照〕皇太后陛下ヨリ於霊明殿特別御附法事被為仰付執行仕来リ候ニ付テハ、今回モ御先例ニ准セサセラレ、〔昭憲〕皇后陛下又ハ御内儀ヨリ特別御附法事被為仰付」たき願いが、皇后宮大夫香川敬三に宛てて出された（「明治三十年二月七日、英照皇太后尊儀御葬儀並法類」泉涌寺文書F-G10-2）。仏教への帰依は、英照皇太后から昭憲皇太后へと受け継がれたのである。

（2）一八九八年（明治三一）、晃親王の葬儀

一八九八年二月一七日、山階宮晃親王（図3）は京都で死去した。嗣子で跡継ぎの菊麿《きくまろ》王が、一八九九年に作成された晃親王の遺言を開封したところ、臨終・入棺・荼毘・喪礼無常導師・中陰・塔供養といった一連の葬儀を、「真言宗勧修寺之例」で行う希望であったが、枢密院で却下された（山階会編『山階宮三代 上下』、一九八二年、以下参照）。

図3　山階宮晃親王（『山階宮三代 上』山階会編，1982年）

宮内省の公式記録である『明治天皇紀』によると、公的には神式の葬儀が執り行われた。晃親王の死亡とともに、

嗣子菊麿王が宮内大臣田中光顕に「葬祭を総て仏式に依らん」との晃親王の遺言を伝えたところ、田中光顕の回答は、

維新後皇室祭祀の典定まり、先帝三周年祭以来、朝廷絶えて仏儀を用ゐることなく、葬送の礼亦神祇式に由り、其の儀制は英照皇太后の大葬に依りて大成したり、是実に踵を上世に接して、則を後代に垂れさせらるゝものなり

であった。同月一九日の枢密院の奉答書においても、「皇族ノ仏葬ヲ聴許セラル、アラハ、是レヨリ特例ヲ後世ニ開キ或ハ延テ典礼ノ紊乱ヲ来ス」恐れがあるとされ、天皇はこの議を入れて、田中宮内大臣に「葬儀は神祇式」で行うことを告知し、公式には二五日に「神祇式」の葬儀が執り行われた（『明治天皇紀』）。しかし泉涌寺所蔵の史料をみると実際には、私的な領域では仏葬が執り行われていた。

ここで、山階宮晃親王の生涯をたどりたい。晃親王は、文化一三年（一八一六）九月二日、伏見宮邦家親王の第一王子として生まれ、翌年に勧修寺門室を相続した。七歳の時から、空海の三教指帰・真言・陀羅尼などをはじめとする真言密教を修行し、禁裏で加持祈禱や伝法灌頂を修した。四〇代後半まで僧侶としての生活を送ったことになる。神道・漢学・和学・書道・歌道などの教養も豊かな門跡であり、文久二年（一八六二）、文久四年には、「宮門跡の還俗」推進論・「門跡」廃止論を唱えた（藤田大誠「幕末維新期における宮門跡の還俗に関する一考察――「中央の神仏分離」研究の一環として」『國學院大學日本文化研究所紀要』九六輯、二〇〇五年）。元治元年（一八六四）には、還俗して山階宮家をたて、弟の朝彦

親王など宮の政治参加が進む情勢において、晃親王も国事御用掛となり、長州再征、条約勅許、兵庫開港問題などに関与した。

王政復古後、明治五年(一八七二)に東京に移住するが、一八七七年、六二歳で嗣子菊麿に宮家を任せ京都に隠居した。晃親王の帰京後の生活は近世と変わらないもので、ほぼ毎月、一一日には金比羅、一五日八幡宮、一七日清水寺、二一日東寺大師堂、二五日には北野天満宮に参詣したり、観音信仰の諸所を巡遊した。一八八二年正月四日には、高野新田(現・京都市左京区)の別荘で「鎮守祠・仏壇に神供《しんく》・仏餉《ぶつしょう》を供え」るといった、近世と変わらない神仏習合的な信仰世界に生きた。一八八六年八月六日には新待賢門院(孝明天皇生母)の三十年祭が、同年一二月二〇日には孝明天皇二十年祭の内儀祭が泉涌寺において仏式で施行され、そこに参列した。一八八八年九月一〇日に、相国寺でも父親の伏見宮邦家親王の十七回忌法要がなされた。毎年二回、高野新田の別邸内の稲荷祠の初午と、一一月の火焚き(鞴祭《ふいご》)が、出入りの商人や近在の子どもたちに菓子や果物など供物をわけあたえ無礼講で行われた。近世には、節分や夏の灯籠で庶民に禁裏御所が開放されたのと同じく、出町の伏見宮邸内や公家町の西園寺邸内の妙音天参詣などをはじめ、宮・公家屋敷も庶民に開放的であった。近代の晃親王の宮邸においても、庶民に開かれた宗教世界や年中行事が、近世の禁裏、公家屋敷などと同様に、くりひろげられた。

さて晃親王の仏式葬儀希望の遺言に至る布石は、晃親王が東京に移る前から打たれていた。明治五年(一八七二)九月二一日、孝明天皇葬儀の導師を務めた尋玄長老の自坊の泉涌寺塔頭・新善光寺で、光格天皇三十三回忌・孝明天皇七回忌が行われた。その折、晃親王は、自身の葬儀についても、表向きはたとえ神葬によっても内実は「真言作法により加法」すべきことを、新善光寺に強く依頼した。そして晃親王の侍女（内妻）で新善光寺に眠る植松冬子（一八九六年一一月七日死去）の遺児へ、「毎朝仏前拝礼、午時仏餉供養、毎夕仏前拝礼、忌日逮夜（前夜）拝礼、当日拝礼」すべきと、仏教の供養を説いた。

晃親王が亡くなった一八九八年（明治三一）二月一七日に、山階宮別当真木長義は東上して宮内省へ仏葬の施行を上願するが、宮内省での議論の末、明治天皇の「聖裁」を仰ぐこととなった。明治天皇は、すでに枢密院での諮詢の結果、「宮廷ハ何レノ宗教ニモ拠ラセ玉ハズ既ニ古代神祇式（仏教未渡ノ式）御自葬ニ決定シ、国法ノ典礼」であるために、どうしようもできないとした（「山階宮御葬儀記録」泉涌寺文書F–G–22）。その一方で明治天皇は、晃親王の「衷情を察し」て、「葬式ニ関セザル山階宮々内ニ於而御仕向ケ之儀ハ、故宮殿下思召ニ被為叶候様之御取計ハ、更ニ御差支ハ無之」との意向を内々に二月一九日付の侍従長徳大寺実則書翰で示した。

かくして二月一九日午後七時、晃親王に対して、内々の「仏式の御入棺作法」が行われ、二月二六日には、神式の御棺前祭・葬場祭ののち、泉涌寺山主鼎龍暁が衆僧を率いて内々の仏式による埋棺作法を行った。以下は「明治参拾壱年度日誌、泉山事務所」（泉涌寺文書F–M–92）を引用する。

一本日ハ山階老宮殿下御葬儀ニ付、早朝来山主ハ又々参殿、御出棺御見送り、夫より直ニ御殿ヲ退リ、他道路ヨリ帰山一山大衆《だいしゅ》ハ大門外あミダ堂上リ候ニテ、御柩ヲ奉迎候事午前第十時ヨリ神祇式自葬祭御棺前祭始リ、右了テ直ニ供物ヲ供シ、替テ山主御導師大衆十二口ニテ仏葬式修行ノ事、正午〇時相済但山主鼎大僧正、勧修寺権大僧正、山内《さんない》住職、悲田、観音、戒光、法音、法安、東寺観智院、宝菩〔提〕院、金勝院、高野不動院、光明院、外ニ承仕二名、岡村法観、岡田琢禅、已上十二口夫ヨリ一先小憩ノ上、引継キ御埋棺式ヲ為行、又継テ御墓前祭ヲ神祇式ニテ被為行、了テ午後五時頃、若宮殿下ヲ奉始御近親御親戚御一同退散相成候事

神祇式御葬祭、御棺前祭のあとに、仏葬式が修行され、「内々仏式による埋棺作法」も執り行われた（『山階宮三代 上』）。また三月二日の勧修寺二七日忌法要ほか、宮邸・泉涌寺・新善光寺などで仏式の法要がいとなまれ、五月には、晃親王の遺志により新善光寺・勧修寺・高野山不動院に歯髪塔が建てられた。とりわけ新善光寺の歯髪塔には、侍女と母の墓も隣接した。晃親王の心休まるところは、母や侍女と眠る新善光寺の墓所であったろう。

むすびにかえて

本稿で論じた皇室の神仏分離の重要な点は、一八七七年（明治一〇）一月三日に、すべての皇族の奉祭は、建前は神式とされた一方で、皇室の私的な領域における仏教信仰の許容が、宮内省により制度化されたことである。私的な皇族の仏教信仰は、一八七八年に成立した春秋二季皇霊祭や一八八九年に落成した東京の新宮殿の皇霊殿、全国に治定された天皇陵において祭祀を行う国家神道の体制下でも保障されることになる。[15] 従来のような明治初年における朝廷や泉涌寺における徹底的な神仏分離像

の修正が迫られる。一八八九年の大日本帝国憲法下では、国家神道のもとでの「日本型」の政教関係と、私的な領域における仏教をはじめとする諸宗教の「信教の自由」といった枠組みが形成されるが、[16]そのことと皇室の私的な領域での仏教信仰の継続とその定置はリンクしていた。こうした枠組みのなかで、英照皇太后や晃親王の葬儀への泉涌寺の関わりが位置づけられてゆく。さらに付言すれば、一八八三年の岩倉具視建議による賀茂祭・石清水放生会・春日祭の復興は、神社の私的領域における「旧儀」復興であり、後七日御修法も「寺門」の領域における再興であった（内務省伺一八八二年七月三一日、『公文類聚』第六編第一五年第六一巻社寺三、国立公文書館蔵）。

さらに本稿では、泉涌寺の位置づけが近代に変わることを論じた。泉涌寺は誰を供養しているのか？　である。江戸期には四条天皇と御水尾天皇以下歴代天皇・皇后の陵と皇子・皇女の墓がある関係者だけの菩提寺であり、墓や関わりのある天皇・皇后・皇族のみがその供養の対象であった。しかし一八七六年からは京都府下の歴代天皇の尊牌・尊像が泉涌寺に集められ、火災後の一八八三年の復興からは、宮内省は明確に、天智天皇を始祖とし、光仁・桓武以降、平安京に生きたすべての天皇の菩提寺であると再定義した。ここに古都奈良における陵墓群や祖先たちとの役割分担や差異化がなされた。その年は岩倉具視の「皇宮」保存を核とした「旧慣」保存が展開しはじめる年であり、「帝都」東京と古都京都の国土における空間配置がはじまることとなった（前掲高木博志『近代天皇制の文化史的研究』）。

最後に指摘したいのは、英照皇太后（一八三四〜九七年）・昭憲皇后（一八五〇〜一九一四年）・晃親王（一八一六～九八年）のような京都で成人した「世代」の仏教への帰依の問題である。

以下の二通の書翰は一八九〇年の昭憲皇后への阿弥陀仏差出依頼と、それに対して皇后が「満足」したとの回答である。皇后の仏教信仰を伝える泉涌寺に残された書翰である（泉涌寺文書F–M–873）。

・書翰1

光格天皇勅作之阿弥陀如来、先年有栖川実枝宮妙勝定院宮へ拝領之処、照臨院へ御納相成、明治五年
同院ヨリ恭明宮へ差出、其後泉涌寺へ相納リ居候趣
皇后陛下被聞食御入用有之候間、差出候様、御内沙汰被為在候間、早々当職へ御差出相成度、此
段申入候也

廿三年十二月廿四日

皇后宮大夫子爵香川敬三

泉涌寺住職鼎龍暁

・書翰2

光格天皇勅作阿弥陀尊壱体
右皇后陛下御用ニ付速ニ差出、陛下御手許へ差上候処、御満足被思召候事

明治廿三年十二月三十一日

皇后宮大夫香川敬三

泉涌寺御中

その他、一八七七年三月二日にも、恭明宮から御黒戸に遷された文殊菩薩一体を宮中に差し出すようにとの宮内省から泉涌寺への指令(泉涌寺文書F-M-872)がだされたが、これらから東京の宮中の私的な空間における皇后などの仏教信仰の継続がうかがえる。

晃親王が一八七七年からの京都での隠居後の生活で再現してみせたように、彼の自己形成は近世京都におけるまさに神仏渾然とした宗教環境のなかにおいてであり、そこでは葬儀を仏教で行うことが自然であった。明治天皇の行幸時における泉涌寺への参拝や晃親王の仏教信仰に対する天皇の理解をみても、天皇自身もかつての仏教信仰を維新後も私的な世界で継続していた可能性がある。一九〇三年(明治三六)に京都御所に臨幸した明治天皇は、「一夕皇后と饌を倶にし、旧都の今昔を語りたまふの次、卒然として宣はく、朕が百年の後は必ず陵を桃山に営むべし」との希望を述べた(『明治天皇紀』一九一二年八月六日条)。こうした京都への帰属感や皇室の仏教信仰においては、「明治」という時代の終焉がひとつの「世代」の画期であり、大正期には東京生まれの「世代」へと交代してゆく。一九二六年(大正一五)の皇室陵墓令では、大正天皇以後は東京とその周辺に陵墓の造営地は限定され、祖先の陵墓を擁する畿内はノスタルジーの場へとなってゆく。しかし一方で本稿の冒頭にみた一九五一年(昭和二六)の貞明皇后葬儀のように、皇族の仏教信仰は東京の宮中奥深く象徴天皇制下においても続くのである。(17)

＊補注

皇室と仏教について、その後の研究に、釈雲照の後七日御修法の復興運動や、三浦梧楼ら政府高官や皇室への布教を明らかにした、石川泰志『近代皇室と仏教――国家と宗教と歴史』（原書房、二〇〇八年）、柳原愛子・貞明皇后など、宮中の奥向きの仏教信仰を論じた小倉慈司・山口輝臣『天皇と宗教』（講談社、二〇一一年）がある。また泉涌寺文書を使った石野浩司は、近世以来の来歴を持つ「霊明殿」と「御黒戸仏体」を収める「海会堂」とを峻別することや、本章で意義づけた昭憲皇太后に差し出された光格天皇勅作「阿弥陀如来像」が、恭明宮「御霊殿」本尊に由来する可能性を論じる（「泉涌寺における明治期「霊明殿」の成立についての再考――京都御所「御黒戸」処分顛末考」『明治聖徳記念学会紀要』復刊第五七号、二〇二〇年）。皇室の神仏分離への宮内省の対応については、辻岡健志「皇室の神仏分離とその後の仏教――宮内省の対応を中心に」（『書陵部紀要』第六九号、二〇一七年）が参考になる。

第Ⅱ部 歴史意識

相馬野馬追(福島県南相馬市 2023 年 7 月 30 日．共同通信社提供)

「旧時の如く藩士に限らず，中村，太田，原，小高の各町を首とし，近郷近在の人民，皆な家に蔵する甲冑を装ひ，常に飼ふ所の馬に騎し，雲雀ケ原の広野に集つて馳駆の技を競ふ」(『太陽』8 巻 10 号，1902 年)
近世の相馬野馬追は武士による合戦を模した行事であったが，日清・日露戦間期に武士から農民へと担い手が変化し，地域の祭り，「お国自慢」になってゆく．国民皆兵の制度化により国民軍が成立し，農民は武士になる．

第3章　奈良女高師の修学旅行

はじめに

「神武創業」を視覚化する神武天皇陵・橿原《かしはら》神宮、あるいは飛鳥・白鳳・天平文化を体現する古都奈良、平安貴族や桃山時代の文化を特色とし東京遷都まで天皇の居所であった京都御所を有する古都京都、皇祖天照大神を祀る伊勢神宮内宮《ないくう》のある神都伊勢、西日本の「名教的史蹟」(名分論を重んじ国民道徳に供する史蹟)の横綱である『太平記』の南朝史蹟群、皇居や博物館・美術館が集まり政治・経済の中心である帝都東京、こうした都市の歴史性を体現する場をめぐる修学旅行が成立したのは世紀転換期であった。同時期の奈良女子高等師範学校(以下、奈良女高師)の先進的な事例をもとに、その歴史的意義を考えたい。

聞き取りによると、私の亡義父田中二郎は、一一歳の一九四二年(昭和一七)秋に、東京市小石川区関口台町国民学校の修学旅行で、東京駅から夜行汽車に乗り、伊勢神宮の外宮《げくう》から内宮まで歩いて参拝し、二見浦《ふたみがうら》に宿泊した。翌日は参宮急行電鉄(近畿日本鉄道の前身)で橿原神宮に向かい皇軍の「武運長久」を祈り、「神武創業」の歴史を教師より学んだ。そして東大寺・若草山・猿沢の池の史跡をまわり、開化天皇陵そばの宿屋に泊まった。三日目は、桃山御陵をへて、平安神宮・清水寺・三十三間堂などを拝観して京都に宿泊、明くる朝、東海道本線で東京へ帰った。粗末であった宿屋の食事にもかかわらず、初めての大旅行が子ども心に楽しかった思い出として残っている。その五年前に長兄も、三年前に長姉も、同じコースをたどったが、義父の修学旅行の翌一九四三年には戦局の悪化で修学旅行はなくなった[1]。

同様に、北海道庁立の滝川高等女学校は一九三九年(昭和一四)五月一六日から二六日まで「敬神旅行」を行った[2]。五月一六日に滝川を発し青函連絡船、東北本線を経て、一七日朝上野着、上野公園、帝室博物館、動物園、翌一八日、宮城(皇居)、靖国神社、乃木神社、国会議事堂、外苑、浅草、泉岳寺、明治神宮をまわって、一九日、横須賀で日露戦争の三笠艦を見て、鎌倉(鶴岡)八幡宮、大仏(高徳院)、長谷寺、江ノ島に宿泊。二〇日に、伊勢に着き、二見浦、外宮参拝、翌日内宮参拝、徴古館を見て奈良へ。春日神社、東大寺、興福寺、奈良公園を見学し、翌二二日には、橿原神宮へ参拝し吉野山の塔尾陵(後醍醐陵)、吉水院、如意輪堂、蔵王堂、吉水神社を見学し大阪の道頓堀に着く。二三日は大阪城、造幣局、クラブ化粧品工場、そして神戸の湊川神社、汽船、万国(メリケン)ハトバ、港内を見学し、京都で泊。最終日は、京都の御所、桃山御陵、金閣、平安神宮、清水寺、知恩院、嵐山、本願寺をめぐった。一九四二年一〇月から一一月に、北海道庁立札幌高等女学校・札幌市立札幌高等女学校・北海高等女学校・藤高等女学校でも、揃って一〇泊一一日で、東京・京都・奈良・伊勢神宮の聖地参拝旅行を実施した。その目的は、神国護持・戦捷《せんしょう》祈願・皇軍の武運長久であった。(3)伊勢から奈良・京都を回るルートは、実は皇室の聖地でもある。たとえば明治から大正への代替わりの大正大礼の儀式次第を見てみたい。一九一二年(大正元)七月三〇日の践祚の式のあと、一九一四年三月の昭憲皇太后の死去で、大礼は翌一九一五年に行われた。

一九一五年四月一九日神宮・神武天皇山陵並びに前帝四代(光格・仁孝・孝明・明治)の山陵(伏見桃山・後月輪東山・後月輪)に勅使発遣、および二一日には奉幣の儀、一一月一〇日即位礼、一一月一四日大嘗祭、一一月一六・一七日大饗、一一月二〇・二一日神宮(外宮・内宮)に親謁の儀、一一月二四日から二六日まで神武天皇陵並びに前帝四代山陵に親謁の儀、一一月二七日東京に還幸の儀、といった流れであった。(4)

すなわち皇室の聖地は、修学旅行で児童がめぐる目的地でもあったのだ。そしてそれらの皇室の聖地は、主に明治期に整えられた。その過程を素描すると、伊勢の神苑は、大日本帝国憲法の発布の年に向けて、一八八六年(明治一九)から一八八九年に宇治山田の住民が主体となり、有栖川宮熾仁《たるひと》や政治家を幹部にいただいた神苑会によって宇治橋から内宮・正宮に向かう神苑が整備された。一八九一年には農業館が、一九〇九年には徴古館が設立され、それらを一九一一年に神苑会から伊勢神宮に移管した。

また奈良の畝傍《うねび》山周辺では、文久三年(一八六三)に神武天皇陵が造営され、憲法発布の翌一八九〇年に橿原神宮が創建され、大正大礼の準備過程から一九四〇年の紀元二千六百年奉祝事業にいたるまでに神武陵と橿原神宮を含む神苑が整備された。奈良公園は上知令後の興福寺・春日大社や東大寺などの境内地を含み込んで一八八〇年に開設し、一八八九年には県立奈良公園となり、一九二二年には史蹟名勝天然紀念物保存法の名勝地に指定された。

　京都御苑は一八七九年(明治一二)から一八八一年までの京都府による基礎的な整備ののち、一八八三年の宮内省移管後、基本理念は大礼を行う場と位置づけられ、一九一五年の大正大礼に向けて道路のつけ替えや緑地の整備・植樹などが行われた。平安神宮は岩倉具視による一八八三年の桓武帝奉祀案に起原し、平安遷都千百年紀念祭・第四回内国勧業博覧会に合わせて鴨東岡崎に一八九四年六月に官幣大社として創建された。そして桃山御陵は明治天皇の死去を受けて、一九一二年(大正元)九月に陵所の儀が執り行われた。皇室の聖地群は明治維新後、一八八〇年代の「旧慣」保存、一八八九年の憲法発布、一九一五年の大正大礼という天皇制の節目を契機としながら整備されてきたことがわかる。(5)

　ここで対象とする奈良女子高等師範学校は、東京の女子高等師範学校に続く二番目の女高師として一九〇八年(明治四一)に開校した。一九一一年の開校紀念日に、野尻精一校長が述べた式辞の一節に、「奈良ノ地ノ最モ適当ナルコト　奈良ハ伊勢大廟、神武帝陵、京都ニ近ク、且ツ平安以前ノ帝都タリシ土地ニシテ我カ国往事ノ文化、今ニ見ルベキモノアリ、我等ハ宜シク昔時ヲ追憶シ、現代社会ノ大勢ニ従ヒマス〳〵勉メザルベカラズ」と奈良の立地を誇った。(6)奈良は、京都・伊勢といった皇室の聖地に近く、かつ平安京以前の都《みやこ》であることが、教学のなかでふさわしいとの位置づけである。

　古都であることは、皇室の故地であることに一つの起原があり、京都御所、神武天皇陵・橿原神宮、皇居などの、皇室の聖地をめぐるのが修学旅行の表向きの一つの目的であった。修学旅行は二〇世紀のはじまりとともに、身体鍛練から、鉄道を利用した実地研修に重きを置いた「修学」に重点が移っていった。もちろん多様な修学旅行（大学・工場・官公庁・軍隊などの見学、実学重視）が展開するが、皇室の聖地（古都たるゆえん）をめぐるという「修学」は大きな要素になり、そして戦時下には「敬神」の部分がとりわけ強調されることになった。

一　修学旅行の展開

修学旅行の嚆矢《こうし》は、一八八六年（明治一九）二月の東京師範学校の兵式行軍である長途遠足であるとされる[7]。この長途遠足には、のちの奈良女高師教授となる水木要太郎も学生として参加するが、二月一五日に、師範学校を徒歩で出発し、船橋、習志野原、大和田、成田、佐原、銚子、八日市場、東金をへて、二月二五日に千葉から海路、師範学校に帰った。高嶺秀夫学校長は、修学旅行の目的について「路上到る処に便宜を求めて諸学科を実地に研究せしめんとするにあり、故に兵式体操の教師は勿論、物理学、動物学、植物学、地理歴史、経済、図画等諸学科の教師をして同行せしむ」とした[8]。文部省の森有礼は兵式体操などの身体鍛練の役割を修学旅行の目的として重視した一方で、高嶺は「学術研究」をその目的としたことで対立するが、実は修学旅行が持つその両義的な性格は、前者から後者へと重点を移しつつも近代を通じてあらわれることになる。そして明くる一八八七年八月六日より九月四日まで、行軍旅行と区別された「修学旅行」が実施され[9]、翌一八八八年に文部省令で「定期ノ仕業中」に位置づけられた。さらに尋常師範学校から尋常中学校・高等小学校といった中等教育機関にも、行軍に史蹟見物・自然観察などの要素を入れた修学旅行が普及していった[10]。

草創期に古都奈良・京都を訪れた修学旅行を見ると、一八八八年の第三高等中学校（のちの第三高等学校）では、第二学期末に、奈良・月ケ瀬・笠置へ第一回修学旅行の行軍がなされた。そこでは史蹟名勝の見学と発火演習が目的であった[11]。また一八八九年七月には、滋賀県師範学校八六人が、奈良・法隆寺・畝傍・多武峰・吉野めぐりを行い、地理歴史の事跡探求、植物鉱物の採集、農業の実情学習などを行った。京都下京高等小学校でも、一八九二年に一三〇人が、手向山八幡・法隆寺を参拝し、鹿児島県造士館の中学生二三〇人が春日神社を参拝した。さらに一八九五年に東京高等師範学校の生徒二〇人が、吉野山・橿原神宮・神武陵・征清軍士戦死記念碑など、「神武創業」の地をめぐったのは早い例であった[12]。

一八九三年（明治二六）五月六日付『読売新聞』には、京都で開催予定の第四回内国勧業博覧会にあわせて、「全国中学校生徒の修学旅行を試ましむ」との意見がでて、博覧会、城址・社寺・墓碑・古戦場などを観覧し、全国中学校の連合大演習を行う案が出るが、中等教育機関で修学旅行が急激に普及していったことの証左と言えよう。

一九〇〇年に文部省普通学務局はドイツの事例を紹介する『独国ノ修学旅行』（国立国会図書館所蔵）を刊行した。序文で沢柳政太郎局長は日本の修学旅行が目的を定めず準備・復習も不十分であるとし、ドイツの事例に学ぶべきとする。そのなかで一八九五年七月にヴァイマール郊外のブランケンハイン学校が実施した一二歳から一五歳までの修学旅行の事例が紹介される。ベルリン南西のアルンシュタットに着いたとき、九四五年のオットー一世の国会開設、あるいはルターやスウェーデン王グスタフ・アドルフの訪問を教え、ナポレオン戦争のライプツィヒの戦いの記念碑の銘を朗読させるなど、「現在其都市ヲ目前ニ見ルガ故ニ学校ニテ教ユルヨリハ一層ヨク児童ノ心ニ入ル」といった実地研修の意義が説かれた。修学旅行の欧米における実態を含め、その日本への影響いかんの解明は今後の課題であろう。

また『読売新聞』の「中学生の修学旅行と県費の補助」の記事（一九〇〇年一〇月二〇日）では、修学旅行について「地理歴史を始め理化動植物等に関し実地に就きて教師の教授を受くる時ハ書物に於て修養せる智識をして、益々発達せしむるの利益あり、加ふるに心身を壮快にして身体発育上にも大に利益ある」とし、また二、三の地方では中学生に県費の補助があるが、他では一〇〇名中五〇名が参加できないような状況なので文部省で調査中と報じた。ここでは修学旅行が、明治期以来提唱された、自分を取り巻く世界を実際に観察したり体験することを重視する「直観教授」の実践として意義づけられた。

尋常小学校まで含めて、修学旅行がゆきわたる大きな転機となったのが、一八九九年（明治三二）の学校生徒の団体旅行の汽車運賃の割引制度の導入である。同年六月一四日の「学校生徒修学旅行ノ際、官設汽車賃割引方」では、大人（満一二歳以上）は五〇人以上一五〇人未満で二割五分引、一五〇人以上三〇〇人未満では三割五分引であり、三〇〇人以上では五割引となった[13]。同じ年に内地雑居が許され外国人の旅行が盛んになったこととあわせ、ツーリズムの歴史はこの世紀転換期に大きな変動を遂げたとされる。鉄道利用により今までの師範学校や中等教育機関だけでなく、小学校へと修学旅行が量的にも社会に裾野を広げる契機となった。そして質的にも、新谷恭明は「行軍から物見遊山へ」変化したと論じるが、それは同時に史蹟名勝をめぐる「修学」が重視されるようになり、皇室の聖地を擁する歴史都市が浮上することでもあった。

また世紀転換期には、各地の小学校で修学旅行の規程など制度が整えられていった。『佐賀県小学校教育法規』（一九〇〇年二月、国立国会図書館所蔵）の「市町村立小学校修学旅行ノ件」や富山県教育会『小学校令施行細則』（一九一二年四月、国立国会図書館所蔵）の「市町村立小学校修学旅行ニ関スル規程」では、日数、旅行先、生徒数、付添教員、経費などが取り決められた。興味深いのは、一九〇八年（明治四一）になってはじめて、大阪市の学童旅行規程で、四年生以上の日帰り修学旅行を認めたことである[14]。

京都市では一九一一年度に児童から修学旅行の経費を徴集することが禁止されたが、一九一一年五月の『京都教育時報』（三六号）に掲載された「〔京都市各小学校の〕修学旅行の実際」は、修学旅行実施の実態と経費徴集禁止に対する京都市内一二校の意見が、アンケートとして掲載された。多くの小学校が修学旅行の経費徴集禁止に反対した。たとえば弥栄《やさか》尋常小学校（下京区祇園町南側）は「直観的教授方面の活動範囲を縮少せられたり」と異議を唱えた。ここでは高等師範学校や中等教育のみならず、明治末年には京都市の小学校でもすでに、伊勢、奈良、神戸、京都近郊など多彩な目的地への修学旅行が、一般化していたことが重要である。いくつかの小学校を事例に、具体的に修学旅行の意義と目的地についてのアンケートを引用したい。

室町尋常小学校（上京区室町通上立売上る）の回答は次のようであった。

一目的。　教授訓練と休養娯楽と。

教授上に於ては主として地理歴史理科に関する知識を授け、訓練上には自然に親しましめ美的情操を養ひ、且つ困苦に堪え得る習慣を作りて意志の修練に努む。娯楽には常に接せざる風土を観せしめ精神上の休養娯楽を与ふ。

二時期及地方。　時期は秋季（二学年以上）。地方は六学年男児のみは伊勢大廟参拝。其他は近畿地方。

その他の修学旅行の「時期及地方」は、京極尋常小学校（上京区寺町通石薬師下る）「春秋二期、経費徴収禁止の為め従来一定せるものを更正せんとし今や考案中にあり。在来の重なるものを挙ぐれば、伊勢大廟の参拝、神戸市、大阪市、比叡山、大津市、天王山、長岡、京都市近郊等各学年に配当せり」、梅屋《うめや》尋常小学校（上京区釜座通丸太町上る）「十二、一、二月を省き毎月一回、京都名所、高山、停車場見物、大津、奈良、大阪、神戸、舞鶴、（伊勢神宮）（学年別省略）」、弥栄尋常小学校「春秋二期とし一、二学年は銀閣寺方面の原野山林。三、四学年は大津又は奈良方面。五、六学年は神戸、伊勢方面、奈良、大阪、和歌山、舞鶴」、皆山《かいざん》尋常小学校（下京区下珠数屋町通高倉西入る）「四月若《も》くは五月中旬迄の時季に於て実行せり（一回）。第一学年は嵯峨、第二学年は宇治、第三、四学年は大津若くは奈良、第五、六学年は大阪若くは神戸、外に卒業児童は須磨明石若くは舞鶴軍港」といった回答である。

アンケートと別に第三高等小学校（下京区松原通大和大路東入る）の岡本助左衛門は修学旅行の主旨とは、地図を読ますこと、鍛練、そして「教授材料の実地視察及採取」にあるとし、「春秋二期の大旅行はこれまでは男児は吉野より和歌山地方、宇治山田より鳥羽港地方の二ケ処を選定して年交互に、女児は奈良より畝傍地方、大阪より堺地方の二ケ処を年交互に参つて」いたと実態を報告する。

ここではとりわけ、京都・奈良といった史跡名勝に富んだ地の実地研修とともに、最終学年における伊勢への修学旅行が一般化している点も重要であろう。一九一三年（大正二）の群馬県立沼田中学校「修学旅行規定」には、「京都、大阪、奈良、伊勢方面旅行ニ於テハ、伊勢神宮、桃山御陵参拝ハ必ズコレヲ行フベシ[15]」とあった。また一九一九年の長野県松本尋常高等小学校の「修学旅行届」には目的として、「伊勢皇太神宮、伏見桃山及東陵、京都御所ヲ参拝セシメ敬神尊皇ノ精神ヲ涵養《かんよう》セントス」、「奈良、京都ヲ観セシメ歴史ヲ探リ古ヲ好ムノ念ヲ養ハントス」、「名古屋、京都、大坂《ママ》ヲ観セシメ大都会地ノ活動状態ヲ知ラシメントス」と、まず皇室の聖地を訪れる意義が建前として強調された[16]。そして二〇世紀に入ると伊勢への修学旅行が広がっていった。

伊勢への修学旅行に関わって、一九一一年七月三〇日付『読売新聞』で東京市明川小学校長大澤正巳は「小学児童の伊勢参宮」として、「男子は悉《ことごと》く兵役前に、女子は悉く結婚前に於いて伊勢太廟を参拝」するべきで、三重県では尋常小学校の卒業年度に全員に、遠距離の府県でも高等小学校や中学校など中等教育の学校は伊勢参拝を義務づけるべきとの意見を述べた。また東京女高師は一九一四年五月に「伊勢参宮を初めとし、奈良に赴き、奈良女子高等師範学校を参観し、畝傍山陵、桃山新御陵を参拝し京都に出で大阪を経て帰京」の予定と報じられた[17]。また一九二〇年三月一八日が、河内長野村千代田小学校（尋常科六年）における伊勢参宮旅行の最初であったが、大正期には行われない年度もあった[18]。

一九一〇年代には伊勢とともに、東京の赤穂《あこう》義士の史蹟や大阪の南朝史蹟への修学旅行が意義づけられてくる。その背景には、日露戦後一九一〇年代の「名教的」歴史学[19]にもとづく、いわば「名教的史蹟」の顕彰があった。そこでは臣下と君主それぞれの名分が重んじられ、祖先崇拝と家族国家観を旨とする国民道徳論が浮上してきた。一九一〇年五月に大逆事件が起こり、翌一九一一年一月に幸徳秋水らが死刑となり、同年二月には南北朝正閏《せいじゆん》論争と続く。教育界の代表的な雑誌『教育時論』を繰ってゆくと、まさに一九一〇年一月から九月（八九一〜九一六号）に「楠木史談」が連載され、同年五月から七月（九〇二〜九〇九号）には「赤穂義士の新研究」、同年五月（九〇二号）には「赤穂義士と国民教育」と、はじめてこうしたテーマ群が誌上にあらわれている。

私が「名教的史蹟」と名づける「西の横綱」は南朝史蹟、「東の横綱」は赤穂義士史蹟であり、史蹟が整備されるとともに修学旅行の重要な目的地となっていく。こうしたなかで黒板勝美の史蹟論は大きな影響力を持つが、彼は史実よりも国民教化上意味があった名分論を重んじる議論を説いた。国民道徳喚起の必要性を述べた上で、「然るに今一つ、伝説的の史蹟遺物がありります、或は後から附会したものも混つて居ます〔中略〕特に江戸幕府の末に当りて勤王心の勃興した折、この楠公《なんこう》父子の訣別が多くの人心を激動し、従つて桜井駅なるものが尊重されたことを思へば、よしや南北朝時代の史蹟としては何等歴史的の価値なしとしても、幕末に於て国民を感奮せしめた一の史蹟として、また之を保存する必要がある」と論じた。[20] まさに彼が史蹟名勝天然紀念物の保存行政を牽引し、日中戦争期の神武聖蹟調査にいたる二〇世紀の「名教的史蹟」の原理論をつくったのである。[21]

奈良女高師では一期生から、一九一一年〔明治四四〕五月一八日から二〇日まで国語漢文部第二学年が「楠公遺蹟探求」を目的に金剛山・千早城阯・観心寺・赤坂城阯・建水分《たけみくまり》神社・富田林附近・四條《しじょう》畷《なわて》神社・桜井駅阯・男山八幡宮などを修学した。[22] 生徒は『太平記』『大日本地名辞書』『河内名所図会』『日本外史』など多くの文献を参照しつつ、実地踏査し記録した。たとえば甘南備《かんなび》の大楠公夫人の庵室が、維新後にキリスト教を信じた代官〔役人〕によって破棄されたとする「賤の女二人」の語りを、「人情」として書き留めた。旅行の意義については、楠氏紀勝会[23]が整備した楠公誕生地の史跡を見て、「今後平和的大戦をなすべき我が国の将来に於いて、知勇兼備精忠無二」の第二の楠公をだすことを誓い、教育に携わる者の努力と修養の気持ちを新たにした。観心寺には、一九一三年度秋期に大阪府内の小学校を中心に四二校が修学旅行に来るが、一〇月一七日には奈良女高師も訪れた。[24]

一九一五年〔大正四〕一一月には大正大礼が、登極令にもとづき京都御所で行われる。それにともない京都市主催の「大典記念京都博覧会」が行われた。[25] 大礼の年に、三浦周行《ひろゆき》の編纂体制のもとに読史会同人が資料をあつめ、西田直二郎・魚澄惣五郎が編纂した『修学旅行京都史蹟案内』〔宝文館、京都帝国大学学友会）が発行され、その後も版を重ねた。同書は中学程度の学生を対象として、「記事の材料は確実なるものに拠り、又最近の研究を採用したりと雖《いえども》、又口碑伝説の類にして興味あるものは保存したり」と凡例に書かれた。

七条停車場起点のモデルコース（一日）の第一案は、桃山御陵―御所―平安神宮―知恩院―清水―三十三間堂―東本願寺であるが、興味深いのは、他の一日コースや一日半、二日、二日半、三日のいずれのコースにおいても、御所・平安神宮・桃山御陵が組み込まれている点である。また京都の歴史的沿革と並んで、岡倉天心以来の「美術の変遷」が特色として語られ、「藤原時代」は、「藤原氏擅権《せんけん》、驕奢《きょうしゃ》を極めしを以て、美術は特殊の進歩をなし、前代の模倣的芸術は全く同化され終りて我国独特の発達を見るに至」り「優美華麗」であるとし、「桃山時代」は「凡てに於て覇気の横溢せる」とした。山川健次郎京都帝国大学総長が序で、「京都は千百年間の皇都」で皇宮の所在地であり、「全国諸学校の修学旅行を此地に試みるもの年中踵を接する」と述べるが、ここには古都京都への修学旅行の広がりと史蹟案内の需要がうかがえる。

ツーリズムの展開でいえば、一九一二年（明治四五）三月に「外客」（外国人観光客）誘致と外国人の旅行斡旋のためジャパン・ツーリスト・ビューロー（本部鉄道院内）が創立され、一九一六年（大正五）の第二次大隈重信内閣経済調査会（内閣直属の官民合同の機関）では、外客誘致が計画された。第一次世界大戦後の大衆社会状況とともに外国人観光客は増え続け、一九三〇年（昭和五）には国際観光局が設置され、地方観光機関が一九三五年には四〇〇を超えた。[26]また一九二〇年七月一六日には日本旅行倶楽部ができ、一九二五年からはジャパン・ツーリスト・ビューローが日本人向けに乗車券と遊覧券の販売を始めた[27]。

一九一九年には史蹟名勝天然紀念物保存法が制定され、同年五月には古都奈良をギリシャになぞらえ、学生や知識人が訪れる契機となった和辻哲郎の『古寺巡礼』が発刊された。さらに京都においては一九二八年一一月の昭和大礼が観光ブームを引き起こし、それを契機に一九三〇年に京都市観光課が、また一九三一年には奈良市観光協会が設立された。

宿泊施設については、奈良女高師の京都・東京・大阪などの旅館とのやりとり（各入学年度の『修学旅行書類』に綴り込まれる）を見ている限り、間取りは団体男性中心の大部屋が多いため、他の客を極力排し奈良女高師で旅館を借り切ろうとしている。『大正二年、京都市第六回統計書』（一九一四年）によると一九一二年度の旅舎数は七七三カ所で宿泊人数は男四七万九七一五人、女一九万一七一五人、一九一三年度は男三八万七〇四六人、女一四万八一〇三人、であり、男は女の二・五〜二・六倍の宿泊人数にのぼった。昭和戦前期の大衆社会状況の盛況とともにツーリズムが盛んになるとはいえ、関西圏都市のサラリーマンや商工業者などの京都や奈良への家族での日帰り行楽は一般化しても、宿泊をともなう家族旅行は都市の中間層以上に限られたものであったのではないか。都市・農村を問わず家族旅行が一般化するのは戦後の高度経済成長をまたねばならないだろう。

そういう意味では、大正期以降、都市・農村をとわず一般化する尋常小学校の修学旅行は、あらゆる階層の児童が体験するはじめての均質な「旅行」であった。あるいは家族のなかで「児童」だけが宿泊の旅行体験をした家庭もあっただろう。いわば児童から日本のツーリズムの文化が広まったとも言えるだろう。そこでは建前の国民道徳として、皇室の聖地（奈良・京都・伊勢など）が重視された。

以上、奈良女高師の一九一〇年代の修学旅行をみるため、その時代背景を素描した。

二　奈良女子高等師範学校の修学旅行

一八七四年（明治七）に開校した東京女子師範学校は一八八五年（明治一六）に東京師範学校に合併されたが、一八九〇年には女子高等師範学校が独立した。女子の就学率の向上にともない一八九九年に高等女学校令がだされ、各地の高等女学校の設立があいつぎ、女子中等教育を担う教員養成が課題となった。一九〇八年（明治四一）に第二の高等女子師範学校として奈良女高師が開設された。[28]
なお、先行する東京女子高等師範学校では一八九〇年から春秋二回の「修学」目的の校外遠足が始まるが、一九一〇年からは二年前に開校した奈良女高師への訪問を含めて、伊勢参宮、京都御所・離宮をめぐる「京阪旅行」がはじまった。また一八八五年から一八九〇年まで東京師範学校女子部と、一八九七年から一九一〇年まで女子高等師範学校の校長を務めたのは、学術目的の「修学」旅行を重んじた前述の高嶺秀夫で、水木要太郎が高等師範学校の学生だったときの校長でもあった。[29]
したがって東京と奈良の両女子高等師範学校では同じ時期に、奈良・京都・伊勢などをめぐる修学旅行を始めたことになる。とりわけ奈良女高師では、古都の立地を生かした「実地研修」を教学に組み込んだ修学旅行が多様に展開するが、その牽引者が、東京師範学校で一八八六年の最初の修学旅行に参加し、一九〇九年四月二三日に、奈良県立郡山中学校教諭から奈良女子高等師範学校教授となる水木要太郎であった。(30) 水木は、歴史・国語を担当、「本科地理歴史部主任」として、一九二七年(昭和二)六月に退官するまで、最新の学問を伝えるとともに古典にも通じユーモアにあふれた教師として、女学生からの人気を集めた。水木は明治二〇～三〇年代に『奈良の名所』(一八九五年)、『小学大和誌』(阪田購文堂、一九〇〇年)、『大和巡』(第五回内国勧業博覧会奈良県協賛会、一九〇三年)など、奈良でもっとも早い時期の郷土読本や観光ガイドを編纂し、大正期にはいると奈良県史蹟調査会委員や帝室博物館学芸委員になり、黒板勝美・浜田耕作などアカデミズムの学者と奈良の郷土史家・コレクターとの媒介になるなど、戦前期を通じて奈良の代表的知識人であった。

また初代校長は一八八二年に東京師範学校を卒業し高等師範学校教授から文部省視学官をへた野尻精一であった。野尻は修学旅行に積極的で、みずからのドイツ留学経験も踏まえて、一九一〇年一〇月に清国南京博覧会への海外修学旅行も企てた。野尻の「生徒修学旅行ノ件伺」では、地理歴史教授の問題点は、教師が書籍に頼り「実地ニ視察シ人生ヲ実際ニ経験スルコト甚狭隘ナルカ為メ其ノ教授スル所生気」がないことであり、この欠陥はとりわけ外国の地理歴史の教授にみられるとして、「視察スル所、僅ニ外国中ノ一小部分ニ止マルトモ其胸臆ヲ開拡シ其ノ心眼ヲ覚醒シ広ク海外ノ事物ヲ研究スルニ於テ思半ニ過キシムルモノアラン」と述べた。ここには野尻の修学旅行観があらわれる。現状の汽船・鉄道・旅館などの整備を踏まえて、第一期生第二年地理歴史部一三名の一八日間の「上海埠頭及居留地ノ情況ヨリ蘇州及南京ニ於ケル古来ノ史蹟、現時ノ事物」を見聞する修学旅行を立案したが、文部省は不許可とした(31)。

さて奈良女子高等師範学校の修学旅行の沿革については、『大正七年起、参考上調査書類、教務課』(奈良女子大学所蔵校史関係史料目録10–175、以下目録番号のみ記す)の簿冊に当事者によるまとまった回顧がある。

開校ノ翌月、即チ明治四十二年六月四日ヨリ二日間ノ予定ヲ以テ神武天皇御陵橿原神宮其他皇陵神社参拝並史蹟見学ノ為、奈良県磯城高市両郡ニ修学旅行ヲ行フ是レ本校最初ノ修学旅行ナリ、爾来毎年入学者最初ノ修学旅行トシテ神武天皇御陵及橿原神宮参拝ヲ為スヲ常例トス、而シテ第二回ハ同年十月大廟参拝ノ為、三重県宇治山田方面ニ旅行セシカ、是亦爾来第一学年又ハ第二学年ニ於テ之ヲ行フヲ例トセリ、其他常識養成、学術実地指導ノ目的ヲ以テ行フモノハ春秋二季ニ於テ其都度旅行地ヲ選定セリ、大正二年十二月修学旅行引率教官心得内規ヲ制定シ、同時ニ生徒各自ノ修学旅行費支弁ノ用ニ充ツル為、積立金ヲ為サシムルコト、シ、大正三年一月ヨリ生徒一人ニ付、毎月金五十銭ツ、各学級共同積立ヲ為サシメ、爾来修学旅行ハ生徒積立金及学校補助金トヲ以テ費用ヲ支弁シ得ル範囲ニ於テ行フコト、ス、大正五年六月修学旅行予定表ヲ制定シ旅行地旅費及旅行時期日数等ハ之ノ標準ニ依ルコト、ナレリ、大正五年九月修学旅行引率教官心得内規ヲ改定シ大正七年六月修学旅行予定表ヲ改定ス

ここでは、神武陵・橿原神宮、そして伊勢神宮参拝から最初の修学旅行が始まっていること、「常

識養成、学術実地指導ノ目的」がうたわれ、引率教官心得や五〇銭(現在の四〇〇〇～五〇〇〇円相当)の積立金、予定表などの制度が整っていったことが記される。一九一六年九月の「生徒修学旅行引率教官心得(案)」(『修学旅行ニ関スル書類　大正二年―昭和十八年』10-3)では、引率教官が旅行予定表を作り、出発・帰校・旅程の時刻が正確に要求され、生徒に提出させた「修学旅行記録」の検閲も定められた。何よりも以下の「修学旅行予定表」に示されるように、卒業するまでの四年間に一人一〇回以上の多様な修学旅行がもたれた(この時代には、日帰り旅行も含む)。たとえば一九一四年(大正三)五月の修学旅行は、文系の場合、地理歴史部第三学年一〇人が京都府・滋賀県へ三日間、水木要太郎引率のもと「地理及史蹟ニ就キ実地指導」を目的に行われたし、理系ではたとえば数物化学部第三学年一三人が京都府へ三日間、小野新太郎他の引率で「学校、製造所、工場等参観実地指導」を目的にするなど、文、理でその目的に差異があった。[32] 一九一六年の最初の「修学旅行予定表」(一九一六年六月から一九一八年二月まで施行)を、以下に各科ごとにかかげる。

文科「修学旅行予定表」(「旅行地」「学期」「日数」)

第一学年…大阪(一学期、一日)、畝傍地方(二学期、二日)

第二学年…京都(一学期、一日)、伊勢地方(二学期、二日)

第三学年…京都(一学期、一日、葵祭参観)、高野・和歌山(一学期、三日)、京都・滋賀(二学期、三日)

第四学年…四国(一学期、四日)、東京方面(二学期、一五日)、近府県(三学期、三日、学校の設備授業

などの参観）

理科「修学旅行予定表」（第一学年第二学年は文科と同じ）

第三学年…大阪（一学期、三日、物理化学家事園芸に関する見学）、京都（二学期、三日、同上）

第四学年…三重県鳥羽町（一学期、五日、動物学臨海実験）、中津川・赤坂・伊吹山（一学期、六日、植物・鉱物地質等見学並採集）、東京方面（二学期、一五日）、近府県（三学期、設備授業の学校参観）

（それ以外に理科では第四学年第一学期に日曜日一日の笠置（鉱物地質）旅行、および京都または大阪に一日の家事修学の旅行がもたれた）

家事科「修学旅行予定表」（第一学年第二学年は文科と同じ）

第三学年…京都・大津（一学期、三日）、大阪（二学期、三日）

第四学年…京都・神戸（一学期、三日）、東京方面（二学期、一五日）、近府県（三学期、三日、設備授業の学校参観）

「修学旅行予定表」では、各科共通する第一、二学年で、畝傍・京都・伊勢という古都・神都が各科合同の目的地となっている。

そして何よりも、教学上の位置づけとして、授業における文献学習とフィールドでの「実地研修」の融合がなされ、二〇世紀の鉄道団体割引と広まる交通網を利用して、明治中期の身体鍛錬の高等師範学校の経験に代わって、しだいに「修学」「実地」研修に力点が置かれるようになった。また奈良女高師の卒業生は、教職に就くことが義務づけられ、各府県高等女学校・女子師範学校の教員となり、さらにその教え子が小学校の教員になっていった。修学旅行の教学やマニュアルの浸透・下降性の問題があるだろう。多様な修学旅行体験と、就職先となる各府県の高等女学校・女子師範学校への最終学年における参観[33]をみても、女子高等師範学校が修学旅行のコンセプトをつくりだしたと言えよう。奈良女高師がピラミッドの頂点をなす修学旅行教学の、社会史的・教育史的意味はさらに深める必要があるだろう。

見学先としての琵琶湖疏水や川島織物といった近代／文明を代表する場と、京都御所・桃山御陵や嵯峨野といった皇室／歴史／伝統を体現する場の両者は、京都を表象した。その考え方は、たとえば一九二七年(昭和二)に京都市教育会が教育現場から公募した郷土読本の、上島信三郎《かみしまのぶさぶろう》(京都市龍池小学校校長)による『京都読本』(杉本書店)において、「疏水」「西陣織と友禅染」に対して「嵯峨をたづねて」「京都御所と二条城離宮」「桃山御陵に参拝して」として章立てられたように、小学生にも浸透した。

史料的な面では二〇〇点を超える奈良女子高等師範学校の修学旅行の記録が、一九三九年、一九四〇年の「大陸修学旅行[34]」を除き、明治末から大正期、すなわち一九一〇年代前後に集中していることは重要である。その後の記録が残っていないことは、生徒の綴り方教育の意味がなくなったのか、修学旅行の内容がルーティーン化したのか、毎年残る入学年次ごとの『修学旅行書類』の事務書類だけで事足りたのか、その原因は考えるべきであろう。ともかく大衆社会到来前において、「修学旅行」の原型(行軍から修学へ)ができた時期に史料が集中していることを踏まえて、その時期の豊かな史料群を読み解きたい。

三　修学旅行で何を学んだか

(1) 古都奈良

奈良女高師では毎週水曜日の午後は授業がなく、地元である奈良において、奈良公園や近郊の社寺めぐりが行われた。また佐藤小吉は第八期(一九二〇年三月)から第一〇期(一九二二年三月)まで、文科第四学年卒業前の生徒を連れて畝傍のほか、大神《おおみわ》神社・石上《いそのかみ》神社などへの「考古学ニ関スル見学」を行った。一九二一年(大正一〇)三月一九日には山辺郡二階堂村での石器採集のあと、在野の考古学者清水寅蔵を訪ね、その土器・石器のコレクションを見せてもらっている。(35)

四年間の教学のなかで修学旅行として定例化していたのは、一年生が入学後に神武陵・橿原神宮と飛鳥をめぐる修学旅行であった。一九〇九年(明治四二)六月四～五日の第一期生最初の修学旅行は、予科生徒六八人が三輪駅から桜井高等女学校を参観して多武峰で泊まり、談山神社から飛鳥をめぐり橿原神宮参拝して畝傍駅にいたるものであった。(36)

一九一八年五月、第一〇期生の「畝傍地方修学旅行」は日帰りで、畝傍駅から今井町をへて神武陵・橿原神宮を見学し、飛鳥から安倍文殊院をへて桜井駅から帰校した(37)(図4)。それに対して第九期生までは宿泊旅行であった。

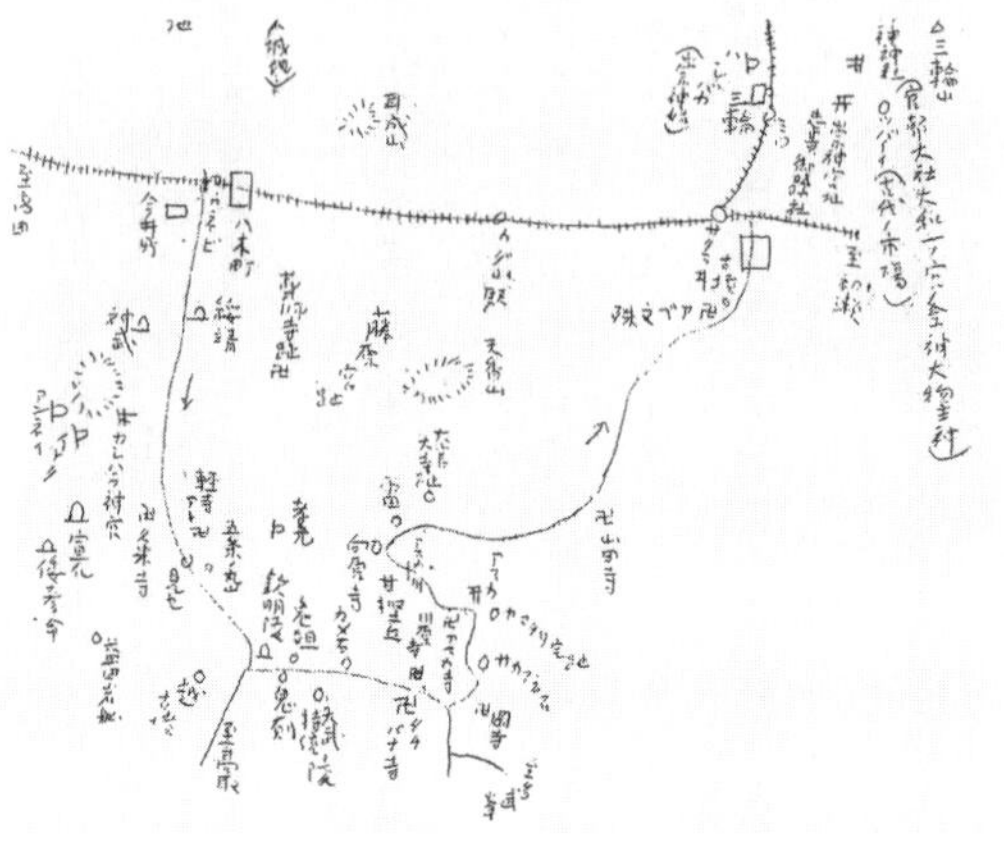

図4　畝傍地方修学旅行地図（部分，水木要太郎筆．「大正七年五月、畝傍地方修学旅行記録、第十期生」1918年，15頁．奈良女子大学校史関係資料 10-174）

以下、一九一七年一〇月一九～二〇日、第九期生の「畝傍地方修学旅行」を見たい。「大正六年〔一九一七〕十月　畝傍多武峰旅行記録、第九期生(38)」の記録は、第一期生同様に畝傍・飛鳥をへて桜井から長谷寺をまわり長谷寺門前に泊まり、翌日は、桜井から談山神社を往復し、大神神社、三輪をへて、奈良に帰っている。一八九九年〔明治三二〕に奈良から高田まで開通する奈良鉄道・大阪鉄道〔のちの国鉄桜井線〕で、畝傍駅、桜井駅を修学旅行の起点とした。教官は、桑野久任〔教育、生理及衛生〕、岩城準太郎〔国語〕、水木要太郎〔国語〕、多賀谷健吉〔図画〕が、文科・理科・家事科甲乙で総数六三名の生徒を引率した。記録係で文科正副当番の渡部トク・加治のぶの手になる準備過程の記録がある。

〔一〇月〕十六日午後一時、桑野教授より各係〔記録・会計・庶務〕につき訓示あり、同日放課後第六号教室に於て桑野教授より今回旅行の目的及旅行に関する一般の訓告ありたり。次いで水木教授より旅行の道順に従ひ、其の歴史上其他につき概略の講話あり。

十八日放課後会計係旅費をととのへて、奈良畝傍間汽車団体乗車券を求めに行く。明日の天候を測候所に問ひ合すれば、北の風曇一時晴との報告あり。

ここで水木要太郎は「実地指導主任」として、現地で教育に当たったが、彼が事前に生徒に配ったガリ版刷りの教材には、九期にわたる蓄積がマニュアルとして結実している。そのガリ版の「畝傍地方修学旅行略記」に即して、見てゆきたい。

一〇月一九日は、「午前六時四十二分奈良駅発、午前七時四十二分畝傍駅着」。畝傍駅から整列して、岩城、水木、多賀谷教官を先頭に、記録係がその後に、文、理、家事の生徒、そして後尾を桑野教官と庶務係といった隊列で出発した。畝傍中学・高市郡役所、一九〇〇年の皇太子成婚記念恩賜金で一九〇三年に建てられた高市郡教育博物館[39]など郡の近代施設を左右に見ながら、かつては神武陵に比定された「綏靖《すいぜい》天皇陵」(四条塚山古墳)をすぎ、神武陵・橿原神宮という「神武創業」の地を訪れる。旅行の目的は、「皇陵並神社仏閣等参拝巡覧及史蹟地理実地指導」とされ、まさにこの場が最大の目的地であった。[40]記録係の生徒は、文久期までは現在の綏靖陵が神武陵であったことや、神武天皇陵の「壮大森厳」な兆域、近年の神苑整備による「清霊」さに言及し、橿原神宮は「皇祖神武天皇の底磐根に宮柱太しく立てゝ天地と共に動きなき高御座に即かせ給ひし霊地」であり、創建時に京都御所の内侍所・神嘉殿《しんか》の建物を移築したとの説明も書き留めた。そして久米寺から飛鳥に入る(以下、原文)。

久米寺(聖徳太子弟来目皇子建、益田池碑・空海撰文模造)、左孝元天皇剣池嶋上陵、同太軽(軽寺阯、応神天皇宮阯)、見瀬(古ノ牟佐)、町ヲハナレ、左方五条野丸山(大石室アリ、モト天武陵ト称ス)、右牟佐《ムサニ》坐《マス》神社（孝元天皇宮趾ト称ス）、吉備女王墓（皇極孝徳両帝母、奇石アリ）、西貝吹山（越智氏城阯）、越古墳南方高取山（越智氏城阯、南朝藩屛、麓ニ壺阪寺）、欽明天皇檜隈阪合陵、陪冢（一ハ鬼ノ雪隠ト称ス右方、一ハ鬼ノ爼ト称ス、左上方）、南方遥ニ文武帝陵、右近ク天武持統両帝檜隈大内陵、左亀石、川《カ》原《バラ》寺（弘《グ》福寺トモイフ、俗ニ瑪瑙石ト称スル礎石存ス、飛鳥京三大寺ノ一）、橘寺（聖徳太子講経ノ処、二面石、橘形灯籠、畝割塚）、飛鳥川ヲ流ル、左方新酒槽石《サカフネ》（大正五年発見）、岡（高市村薬屋中食）、午後岡寺（龍蓋寺、西国三十二《ママ》番札所ノ第七、本尊如意輪観音座像、真言宗天智天皇創設、義淵僧正開基）、酒槽石、鎌足公母大伴夫人墓、鎌足宅趾（誕生井）、飛鳥坐神社（加（賀）夜奈流美神ヲ祭ル最古社ノ一）、飛鳥大仏（元・法興寺ノ趾、鳥仏師ノ作、飛鳥三大寺ノ一、入鹿首塚）、飛鳥川ヲ渡リ、向原寺礎石（日本最初ノ仏寺）、甘樫丘（蘇我氏邸阯）、甘樫坐神社（允恭天皇ノ時、姓氏ノ混乱ヲ正サンタメ、盟神探湯（クガダチ）ヲ行ヒシ処）、向原寺、飛鳥川ヲ渡リ、雷丘（小子部蜾蠃軽ヲ捕ヘン処、チヒサコベノスガル）、左天香山・大官大寺趾（後大安寺トナル、飛鳥三大寺ノ一）、山田寺（大化ノ功臣蘇我倉山田石川麻呂創立礎石存）、安倍文殊（崇敬寺、孝徳朝創立、日本三文殊ノ一（羽前永井、丹後切戸））、境内古墳二（寺ニ近キモノハ大ニシテ精巧）、長門古墳（石棺存ス）、稚桜神社（履中天皇宮址ト称ス）

このように飛鳥をめぐって桜井町から軌道車で初瀬着、長谷寺を参拝して、井谷屋一泊。翌二〇日、初瀬発、桜井から鳥見山をのぞみつつ聖林寺、崇峻天皇陵をへて談山神社に着く。午飯を紅葉屋でとり、午後下山し、桜井、三輪、志貴坐《しきのいます》神社（崇神天皇皇居趾）から、東方の金屋・海石榴市《つばいち》をみて、大神神社、若宮、大直禰《おおただね》子《こ》社、三輪駅発で帰校した。

二日間で、鬼の雪隠など古代遺跡や岡寺・飛鳥坐《あすかにいます》神社・安倍文殊院・長谷寺・談山神社・大神神社といった飛鳥時代の古社寺から西国観音霊場までをめぐった。久米寺では久米仙人が墜落した伝説、見瀬丸山古墳では「玄室の大なる羨道の長き大和廃陵中第一」で一八八一年まで天武・持統陵であったのが治定替えされた事実、雷丘の『日本霊異記』の小子部栖軽《ちいさこべのすがる》の伝説も教えられた。そして神武陵・橿原神宮のほか、桜井近郊の履中天皇磐余稚桜宮《いわれのわかざくらのみや》址伝説地を確認し、最終的に昭和期に神武聖蹟に指定される鳥見山霊畤《まつりのにわ》の址を談山神社への途次に説明する、このことをみても、皇室との関わりで畝傍地方を修学することが重要であったことが理解できる。崇神天皇磯城瑞籬宮《しきのみずがきのみや》址あたりでは、「西には遠く葛城山脈連りて、金剛山の聳ゆるあり。近く大和三山を望めば畝傍は雄に耳成は優なり」と生徒は述懐する。また井谷屋の夜の茶話会では、「種々の遊戯の間々に四人の先生より替る〳〵面白くして且つ有益なる御話」をうけたと、生徒は思い出をつづっている。

教官を含む総勢六七名の修学旅行の総支出は九四円一一銭であったが、そのうち汽車賃が三三円八〇銭、宿泊料が四三円五五銭（一人六五銭）であった。

(2) 古都京都（文科）

次に少し遡って、草創期の一九一一年（明治四四）に一〇月九日から一二日まで佐藤小吉教授・西田与四郎講師に引率された地理歴史部第二学年の一四名が残した『京都近江旅行録[41]』の行程を一例としてあげる。

図5　奈良女子高等師範学校の修学旅行の出立ち（『修学旅行京都見聞記録　国漢二年二期生』1911年，149頁．奈良女子大学校史関係資料 10-132）

一〇月九日、午前五時一八分奈良駅発車、関西鉄道（奈良線）、午前七時二三分京都駅着、東本願寺、西本願寺、京都電気鉄道、御所、北野神社、平野神社、金閣寺、花園停車場（午後三時一五分）、鉄道省・京都線、嵯峨停車場、清涼寺、（同寺境内）嵯峨天皇・皇后の陵、源晃の墓、二尊院、野々宮、天龍寺、嵐山等巡覧、嵯峨（午後六時）、嵐山電車軌道、四条堀川西、三条小橋側、布袋屋泊。一〇月一〇日、午前七時宿出立、豊国神社、大仏、三十三間堂、西大谷、清水寺（正午）、清閑寺（小督局墓）、六条天皇陵・高倉天皇陵、清水寺、高台寺、建仁寺、平安神宮、南禅寺インクライン、南禅寺、永観堂、若王子、鹿ケ谷、銀閣寺、黒谷、帰宿。一〇月一一日、午前六時半出立、白川道、比叡山山上（午後一二時半）、延暦寺、根本中堂、講堂、浄土院、釈迦堂、相輪樘《そうりんとう》、戒壇院（午後二時）、日吉大社、坂本（午後四時半）、坂本港、蒸気船（太湖汽船）、三井港、三井寺、大津駅、大津線、馬場駅（スイッチバック）、粟津ケ原、石山柳屋宿。一〇月一二日、石山寺、午前一〇時汽船・長等丸乗船、膳所《ぜぜ》、義仲寺（芭蕉墓）、馬場駅午前一〇時四〇分発車、京都駅着、昼食、午後一時、宇治駅、平等院、宇治橋、橋姫、午後三時宇治駅発車、午後五時三〇分奈良駅着、午後六時帰寮。

この旅行での一日目の東西本願寺では、生徒は「宗教の力の偉大なるを想像」したと感想をもらし、北野神社、金閣寺をへて花園駅から嵯峨野に向かった。江戸時代、嵯峨野は、清涼寺・天龍寺を中心とする観光が一般的であったが、近代にはいり近世の社寺が古典文学の由緒とともに復興してくる。

第一に、京都の修学旅行に見る古典文学の問題を考えたい。この一九一一年の歴史地理部の旅行では、野宮神社で、一〇世紀の徽《き》子《し》女王の「琴のねに峰の松風かよふらし、いづれのをより調べそめけん」の歌を引くのみである。[42] しかし同年一〇月一一日の国漢部二年二期生の旅行時（図5）には、一八九五年の平安遷都千百年紀念祭に際して北垣国道元京都府知事の別荘を本堂として寄付をし復興させた祇王寺に参ってからの道程を、以下のように詳しく記述している。

夕の空もほの〴〵と、月になりゆくみ山陰、寂寞の柴の戸を、ほと〳〵叩きし仏の姿も、それよ、とうなづかるゝばかりなる、さゝやかになつかしき扉をそと押して、しづかに入れば、塵の世をまたく忘れはてしと思ぼゆる、眉雪の老尼、掃く手をやめて、此方へと誘ふ。座敷にそと上れば、この人ならではすむ人もなくて、床の間には、「身忌心中、阿弥陀仏」の幅かゝれり。香煙ひとり縷々として、朱机のほとりをさまよふも、あるじが日頃の心ばえ、しのばれて、たゞゆかしきぞ限りなき。

御厨子の中には、母刀自をはじめとし、妓王、妓女、仏御前の木像、及び、清盛の像を安置せり。ほのかなる蠟燭の火にてらされて、ありし昔を語り顔なり。尼が心づくしの、手向けの紫苑、千日草も、この時ばかりは、殊にあはれ深うて、われもまた、永久に、かくてあらなんと、切に、おもほえき。[43]

君の墓を訪ねて祇王・祇女と仏御前をめぐる清盛の寵愛と移り気、隠棲といった『平家物語』の悲話を想起する。そしてこの後は新田義貞の首塚、勾当内侍の庵の跡、滝口寺跡（昭和期に復興される）で横笛と滝口入道の悲恋、落柿舎《らくししゃ》の向井去来、野宮の斎宮を訪う光源氏、小倉百人一首の藤原定家、横笛が身を投げた千鳥ケ淵、仲国卿が小督《こごう》の琴の音に駒を止めたなどの故事を記す。

この嵯峨野と古典文学の結びつきに関わり、修学旅行と教学が一体であったことを論じたい。嵯峨野で必ず訪れる琴聞橋《ことききばし》については、たとえば国漢部第一学年の国語の授業では一九一一年（明治四四）六月一九日、七月三日などに『平家物語』の「小督」について「講読解釈」が行われた。[44] 同様に一九一二年五月二一日には『平家物語』「橋合戦」、五月二四日には「宮の御最期」、六月七日には小督の事が講義された。[45] また吉野の事例であるが、一九一一年四月一七～一八日、引率主任高橋章臣教授、指導主任水木要太郎教授のもとの地歴部第一学年の一〇余名の生徒が参加した吉野地方への修学旅行では、帰校後の四月二一日に「国語作文、即題」として「芳山旅行雑観」が、二四日には漢文の授業において「吉野山ニ関スル詩ノ説明」が各自に課せられた。[46]

第二は豊臣秀吉関連史蹟の意味である。一九一一年一〇月一〇日の二日目に地理歴史部第二学年の生徒が訪れた豊国神社は、徳川時代には荒廃し「唯蓁莽《しんぼう》中に一基の石碑」があったのみだったが、明治天皇の即位に伴い再興されて別格官幣大社となり、一八九八年には黒田、蜂須賀など旧豊臣家の遺臣により豊公三百年祭が催された経緯が正確に語られた。[47] 京都の修学旅行においては、豊国社や耳塚といった豊臣秀吉関連史蹟は重要な場であった。また一九一一年六月一五日には、地理歴史部一年生は、岡崎の京都府図書館にて、京都帝国大学の富岡謙蔵の「南京雑観及其附近に於ける史料に関する講話」とともに、言語学者でキリシタン文化を研究する新村出が語る、「〔妙法院で発見された一五八八年四月付の〕豊太公宛南蛮古文書に関する講話」を傍聴した。[48] 新村は、結論として「倭寇時代の国民精神と〔大航海〕発見時代の世界思潮と、相触して高潮に達し一偉人の雄図を生じたる」ことを講じた。一方、奈良女高師での授業をうけた生徒の認識の一端を示すものとして、一九一四年(大正三)の地理歴史部二年生大久保慶・渡辺紫野の作文「倭寇と朝鮮征伐」は興味深い。そこでは「朝鮮征伐」は「倭寇」の最後で最大の形態であったとした上で、「秀吉の朝鮮征伐」の唯一の目的が「征明」にあるのではなく、「当時に於て知り得たる東亜細亜諸国を一団とせる大帝国を建設するに在り」とみている。[49]

第三に指摘したいのは、新しい近代の学知についてである。地理歴史部第二学年の生徒は、三日目の一九一一年一〇月一一日に比叡山登山を経て、石山寺にたどり着く。石山寺では、同年の黒板勝美の歴史地理学会の夏期講演「石山の経蔵」を、参照し咀嚼している。「同博士は正倉院の文書より、石山寺創造と東大寺建立との関連を考へ、東大寺建立用材は、近江甲賀郡附近より、瀬田川に下し、木津より車にて奈良に運びしが、当時木材置場として、此の霊区の発見を見るも、仏縁のすくなからぬものなりと、結論す」と、雑誌『歴史地理』(一八巻三号、一九一一年)による、最新の学知の摂取が見られる。

最新の学知の摂取という点では、一九一三年(大正二)一〇月一六、一七、一八日にかけて、田中寅之助（音楽）・西田与四郎（地歴）両教授の引率のもと、山城・近江地方を訪れた地理歴史部第三期生の修学旅行では、大徳寺の四足門に「桃山時代美術の好模範にして、精巧なる間に、雄大なる特徴」を見、一八九〇年代以降の美術史の成果を確かめている。また京都帝国大学の歴史研究室では、「桃山城の図、御即位大礼之御図、徳川家康の画像、後陽成天皇の御真筆、史料一部（塙保己一幕命によりて選びしもの）、長等の山風、江戸時代和蘭陀よりの文書、朱印の古文書二点、秀吉書判の書簡、天正年間女官の文、鎌倉時代女子売買証（女子の書判は形やや小し）、仁平四年二月十四日藤原仲子訴訟書、御湯殿上の日記のいとうるはしくかかれたるもの等」、三浦周行が選んだ史料が陳列され三浦自身が説明した[50]。一九一七年五月にも、「殷墟発掘彫刻骨器六種」「支那古代土偶類六十四種」「支那漢建安鏡三種」などを京都帝大の陳列館で拝観している[51]。

そのほかにも最新の学知の摂取としては、のちに見る一九一三年の歴史地理学会の夏期講演会への参加だけでなく、法隆寺での講演会の事例もある。京都方面の修学旅行から帰校して四日後の一九一一年（明治四四）一〇月一六日には、第二期地歴部二年一四名は、水木要太郎・佐藤小吉引率の法隆寺遠足にて、五重塔、講堂、中宮寺などを拝観し、午後には、平子鐸嶺《たくれい》の塔の供養式に臨んだあと、講堂前にて、黒板勝美の開会の辞、平子の「法隆寺非再建説」の大略と続き、大槻文彦・岡倉天心からも平子と法隆寺に関わる講演を聴いた。同月一八日には大槻文彦を奈良女子高等師範学校講堂に迎え、学生座右の辞書である『言海』執筆に関わる苦心談、教訓を聴いている[52]。

最後に、こうした近代の学知が前近代からの古典の世界に重層する問題について考えたい。京都方面の修学旅行の四日目、一九一一年一〇月一二日に、地理歴史部第二学年の生徒は石山駅から列車に乗り、奈良線に乗り換えて、宇治にやってくる。その鳳凰堂の記述。

今は本堂のみ僅かに残れり即ち鳳凰堂これなり、実に藤原氏時代の建築物の代表ともなる優秀なるものにして陸中の中尊寺と共に名声嘖々《さくさく》たるものなり〔中略〕本尊は丈六阿弥陀如来にして周囲に小仏像五十余軀あり、共に定朝の作なりとす〔中略〕更に此所を出で頼政公の遺物を見る、公の六十四歳の画像を始とし宇治川合戦遺物薙刀鎧鞍弓など一として昔を忍ばれざるものなし、頼政公宇治川を引きて此の平等院を守りしが衆寡勢敵せず、以仁王南に走り給ひ、公亦流矢にあたりて遂に自殺したり、扇が芝とて今尚残れるはこの跡なりと伝ふ

ここにみられる、鳳凰堂を「藤原時代」の代表的建造物と見、定朝という作家を特定し、しかも時代区分で遠く離れた奥州の中尊寺金色堂をセットで捉える認識は、岡倉天心の『日本美術史』（一八九〇年）によってはじめて可能となる。この記録から、近代美術史の文脈で「藤原時代」（のちの国風文化）の代表として鳳凰堂を捉える見方と、後半における源頼政の「宇治川合戦」の近世的な軍記物の世界が、生徒の学知に重層していたことがわかる。

（3）古都京都（理科）

一九一一年（明治四四）一〇月一〇日に地理歴史部の学生は、「人文上より観たる京都」として、以下の総括をしている。

凡そ物質的文明の進歩は人力を以て自然を征御するものなるに、平安京は人世を自然に融化せしめたり。〔中略〕されど今尚三府の一として、相当の繁栄を保ち得るは、千余年の間に作られたる、名所旧跡あるによる也。而も其名所旧跡は、杖ひく人々に、其上の歴史を語る。京都人口の大半は実にこの歴史によりて生活す。余ハ「山水明媚の地」によりて、作られたる美術を以て生活す。京都人は衣服庭園にいたるまで範を自然に取る。故に優美高尚なる点にいたりては、他に類を見ざるなり。其主なるものは、曰西陣織、曰粟田焼、曰清水焼、曰絹織物、これなり。近時文明の利機は、用捨なく、この幽雅の地を侵して、七条停車場には、烟々、朦々汽笛の声のたゆる間もなく、町には蜘蛛の巣の如く電線をはられ、往きかふ電車また満載の札をかかぐ。ことに珍の珍、奇の奇なるものは、疎水なり。かくして、花散り星うつりて、数百年後の京都や、はた、如何ならむ。

冒頭の自然を征服する「物質的文明」のくだりは実は欧米の文明への批判であり、自然と「融化」するありようは、この後も繰り返される日本文化論のステレオタイプである。京都の名所旧跡は千余年の歴史を有し、「山水明媚」の自然につくられた美術として「優美高尚なる」西陣織・粟田焼・清水焼・絹織物があると高い評価をした。その一方で、欧米由来の近代／文明に関わるものは否定的に捉えた。しかし同じ奈良女高師でも博物家事部（のちの家事科）や数物化学部（のちの理科）では、商工業や産業の実態を見ること、京都帝国大学や高等工芸学校の先端の科学技術を習得することは不可欠であり、感想も違った。

したがって同じ一九一一年度の京都への修学旅行でも「京都近江方面修学旅行記事、博物家事部第三学年生（第三期生）」(10-119)では、目的地が違う。桑野久任（動物、生理及衛生）教授、村島理平（英語）教授に引率された博物家事部生徒一八人は、一〇月一〇日から一二日まで、二泊三日の京都・近江（琵琶湖西南岸）の修学旅行を行った。

一九一一年一〇月一〇日　奈良駅―七条停車場―三十三間堂―阿弥陀が峰の五輪塔を拝す―帝室博物館―方広寺―西大谷―陶器試験場―清水寺―円山公園・夜桜・真葛原―霊山―知恩院―八坂神社―四条―電車―川島甚兵衛氏工場（機織の実況・画室・参考室）―金閣寺―北野天満宮―三条小橋・亀屋旅館―新京極―丸善書店

一〇月一一日　亀屋旅館―大原女・白川村―弁財天―根本中堂―大講堂―四明ケ岳―坂本口―日吉神社―坂本―汽船―石山―石山寺（源氏の間）―柳屋旅館

一〇月一二日　石山―三井寺（特別保護建造物・金堂、弁慶鐘）―長等神社―疏水を下る船―第一・第二・第三隧道―南禅寺―宇治―奈良駅

朝七時二七分に七条停車場についた一行は、三十三間堂から、木像の半身の大仏を残す方広寺をへて、朝九時三五分、清水焼の陶器試験場（下京区五条坂）にいたった。「数多の機械陶磁器製造の順序及び参考室等を参観す、参考室にては我が国特産の陶磁器及び欧米諸国の製品を陳列せられたる」を見学したあと、清水寺・円山の桜をながめ電車で西陣に向かった。午後二時二〇分に川島甚兵衛の西陣織工場を参観し、三〇名ばかりの織工が綾絹を織る機織りの実況を見て、オランダの平和宮に収めら

れる藤花に鳩が遊ぶ壁掛けの下絵を見た。その後、すでに一八八九年に洋風参考館〔織物参考館〕に開設していた工場参考室では「我が国新古の織物及び仏国の織物等を見」ると学生は感想を書き留めた[53]。また最終日に、石山の柳屋旅館を出た一行は、三井寺下に船で琵琶湖湖上を移動し、「特別保護建造物」の金堂を見て、琵琶湖側から疏水を、船子二人が櫓を操る満杯の船で第一隧道から第二・第三隧道と蹴上まで下った。

一九一一年一〇月、博物家事部第三学年の学生に渡された謄写版刷の「案内記」(10-119)では、まず皇室との関わりから説きはじめ、修学すべき京都のエッセンスが示された。

桓武天皇の延暦十三年十月より明治元年十月まで千余年の帝都たりし所にして、今後も即位式及大嘗会の大典は是処にて挙行せらるゝ定めなり〔皇室典範所定〕これ京都が少しく他の都市と異る所なり〔平安京の沿革、京域の説明省略〕

京都市は山城盆地の北端に在り、東西約二里南北約一里半、上京〔北〕下京〔南〕の二区に別ち、人口三十五万三千余あり、市の元標は三条大橋畔に在り、御苑は市の中央北部に位し内に離宮あり、紫宸殿清涼殿等皆其内に在り、二条城も亦離宮となる、官公衙学校等の主なるものは京都府庁、同市役所、京都帝国大学、第三高等学校、京都高等工芸学校、府立医学専門学校、市立商業学校、同美術工芸学校、私立同志社、同仏教大学等あり、市内寺院頗多くその内浄土宗禅宗等に属するもの最も多し、物産の主なるものは陶磁器と織物なり、陶磁器の世に顕はれたるは元和年中野々村仁清に始まる、仁清は京都の近郊粟田口・御室・清閑寺・岩倉等に八ケ所に陶窯を開きたりしが後、清水寺より清水焼(陶器)出で岩倉より粟田焼(磁器)起れり、明治二十九年四月陶磁器試験場起り、益其改良を講するに至れり、織物の尤なるものは綴錦にして川島甚兵衛は其巨匠なり、氏は明治十九年仏国に至り、ごぶらん織を研究し帰りて在来の方法に改良を加へ以て、今日の盛を致せり、西村総左衛門の刺繡、亦世に名高し、其他絹纐纈(京かのこ)・京羽二重・絹友禅・扇・団扇・針・人形・紅白粉等の名産あり、此内陶磁器・綴錦・刺繡・団扇・人形は輸出品となる

図6　大正期，奈良女子高等師範学校の京都修学旅行の訪問先(『京都市統計書 第6回』(京都市役所，1913年)をもとに岡恵子氏作図)．実線は京都市営電車線であり，東山丸太町から京都御苑北側への破線は計画線である．

大正期の修学旅行の史料を通観すると、京都の産業について奈良女高師が見たものは、とりわけ西陣織と清水焼の生産現場であった(図6)。西陣織では川島織物工場(東堀川一条北入)、西村輸出絹織物商店・西村捺染工場(西村総左衛門、三条室町東入)、三越呉服店京都

支店染色所（室町二条・冷泉町）、日比野捺染工場など、そして清水焼では一九〇三年に附属参考品陳列館が竣工した市立陶器試験場であった。[54] 清水焼は伝統の工芸品としてのブランドであるが、そのブランドそのものが、京焼の祖としての仁清の作品を国宝に指定し、内外の博覧会で一流と位置づけられたことで創り出された近代の産業振興のたまものであった。[55] さらに琵琶湖疏水では京都水利事務所を訪れ、京都帝国大学、高等工芸学校の高等教育機関、三越呉服店京都支店（室町二条）、高島屋呉服店（烏丸松原）などの百貨店もまわった。

文系の国漢・地歴部は、史跡名勝・大学において歴史や古典文学との関わりで考察することに修学の重きを置き、理系の博物家事・数物化学部などは、京都の古都としての歴史を学んだ上でそれぞれの専攻の産業や科学技術の先端を学ぼうとした。しかし建前として各部をたばねる京都における「修学」は皇室の聖地を訪ねることであり、最終学年では京都御所・二条離宮を拝観した。一九一二年の第一期生から戦後一九四九年まで、事務的な拝観許可や教員の引率報告が各期ごとにまとめられた「宮城御所離宮等拝観ニ関スル書類」（10-1）が簿冊として残っている。たとえば一九一三年（大正二）三月九日に、第一期生国漢部・博家部・地歴部・数物化学部は合同で、堺町御門から、九条邸址・宗像《むなかた》神社・白雲《しらくも》神社、明治天皇生誕の祐《さち》の井《い》、桂宮家をめぐり、かつての公家屋敷におもいをめぐらし、御台所門より入り紫宸殿の南庭、賢聖の障子などの説明をうけて清涼殿・小御所をまわり、再び御台所門から出て、御車返《みくるまがえ》しの桜を見て、電車で二条離宮・神泉苑、そして千本丸太町の大極殿跡から伊藤仁斎邸を経て帰校した。[56] 七期生は各部合同で京都御所・二条離宮の他、仙洞御所も桃山御陵も拝観し、「物語、歴史等の理解の上にて一層の興味を増す」との感想を残した。57

（4）神都伊勢

伊勢の修学旅行は開校時より、第一学年各科合同で行われた。一九一〇年(明治四三)度の各科の記録が一つに綴られた「第二回伊勢修学旅行記録(第二期生)」(10–107)で経過を追う。石野又吉(物理)・桑野久任・塩井正男(国語)ら六教授ほか一四名の引率職員が一〇月一一日に決まる。一二日には、第一学年生徒全員を講堂に集め、学校長より今回の旅行の目的や心得などを訓示したあと、水木要太郎教授が「伊勢修学旅行指針58」と題する二八頁の小冊子を配布して一時間にわたる講話を行った。また各部より記録係・会計係・衛生係・伝令係を決めた。一三日には旅行隊員一同に「内宮本殿ノ位置及ビ宮域図」、「外宮本殿ノ位置及ビ宮域図」、「宇治山田市附近略図」の三葉が、職員と役員の生徒には「旅程表」が渡された。その「旅程表」の内容は、次のとおりである。将来の引率教員としてのパンクチュアルな規範が求められた。

旅程第一日。前七、〇〇、奈良駅参集。七、三六、奈良発、亀山乗換ナシ。〇、一七、山田着、昼食車中。外宮参拝、コトニ由リ倭姫命陵へ、歩行倉田山徴古館ニ向フ、古市町経過、徴古館、農業館、撤下御物陳列館ヲ見ル(二時間半以内)、新道ヲ経テ山田ニ帰ル(或ハ徴古館下ヨリ電車ニテ二見へ)。後四、三〇頃、山田発電車(合同電気会社)ニテ二見浦ニ向フ。五、三〇頃、二見浦着、(二見館)泊。

第二日。前五、〇〇、起床、朝食前散歩、朝暾《ちようとん》ヲ見ル、朝食後散歩。八、三〇、二見浦発足、二見停車場ヨリ電車。九、〇〇、宇治山田着。内宮参拝。一一、〇〇、宇治山田発電車。十二、〇〇、山田着、駅前茶亭ニテ昼食。後一、三五、山田発。二、一九、松阪着。鈴廼舎《すずのや》ヲ訪フ。五、二九、松阪発、亀山乗換ナシ。九、三二、奈良着、晩食車中ニテ。

この旅程の鉄道は、一八九八年(明治三一)に全通した奈良・名古屋間の関西本線、一八九三年に開通した参宮鉄道(一九〇九年に亀山・山田間を参宮線に改称)である。

一九一〇年、国漢部・地歴部・数物化学部・博物家事部の七七名の生徒が、一〇月一五日に、奈良駅から水木要太郎他の先生に見送られて、七時三六分に木津に向けて出発した。国漢部の生徒は、東大寺を焼いた平重衡《しげひら》の首洗井の逸話、笠置山山腹の「行宮遺址」(一八八九年小松宮彰仁親王の揮毫)におもいを馳せ、月ケ瀬の春をしのび、兼好法師・芭蕉・西行法師の足跡を書き留める。数物化学部の生徒は、木津の鉄橋や関西電気株式会社の発電所、有市炭酸泉に注意した。博物家事部の生徒は、「笠置駅を過ぐれバ、笠置山見ゆ、立ち木の間より行宮遺趾の文字明に読まれ、昔忍ばるゝまゝに何れも襟を正す。其のあたり一体は花崗岩よりなり、山頂ハ鈍円形をなし崩れしところハ赤き土壌あらはれ、松樹多きこと等、頗る山陽鉄道沿線の景に似たり」と山陽地方の修学旅行との比較を試み、大河原付近では第三紀層の、柘植《つげ》駅付近では古生層の岩の露出を観察した。

一二時二〇分に宇治山田駅で下車して外宮に向かった一行は、列を正して表参道から一の鳥居橋を渡って神苑から十二所御門の外宮の参拝所に至る。地歴部の生徒は千木の形状や鰹木《かつおぎ》の外宮・内宮の違いを記した。外宮から、伊勢音頭で知られる古市の遊廓、倭姫命《やまとひめのみこと》の陵墓伝説地をへて、徴古館に至った。一九〇九年九月に開館したばかりの徴古館は、一八八七年（明治二〇）に伊勢出身の福地復一（帝国博物館から東京美術学校へ勤務）に取調を依嘱した歴史博物館を引き継いだものであった。[59]そこでは、「時世の進歩を徴すべき上下の儀式、日常の調度より武器、文具、美術、工芸品等を陳列」（国漢）し、とりわけ、上古・奈良朝時代・藤原時代・足利時代・徳川時代と歴代の風俗人形が、「世の変遷、風俗の推移等、一目して瞭然たるもの」（地歴）であった。博物家事部の記録係は、「コロボックルの生活状態を示せる想像画」に興味引かれた。

徴古館の向かいの農業館は、一八九一年に神苑会により外宮前に建設され、一九〇五年に倉田山に移転増築された。「我国各地の農具、漁具、養蚕等から五穀百果、種物、苗物」など「広く農工業上の参考」になる陳列であった（地歴）が、博物家事部の生徒にかかると、陳列やその説明に「毫も心を用」いることもなく、一時間あまりの観覧も益するところはほとんどない、との感想であった。

その後一行は、宇治山田から合同電気会社のボーギー式電車（曲線通過が可能）二台で二見浦に向かい、二見館に泊まった。二見館は、一八八七年に神苑会が貴賓客宿泊所として建立した「賓日館」に起原し、英照皇太后（一八八七年）や嘉仁《よしひと》皇太子（一八九一年）も宿泊した旅館であった。[60]こうした由緒をもつ「賓日館」を旅宿とした生徒は感激した。

夜の茶話会は生徒のなによりの楽しみであった。国漢部では、「そは、名物赤福餅御馳走の国漢地歴部合併の茶話会なりき。塩井〔正男〕先生、長〔寿吉〕先生、吉田〔増蔵〕先生などの面白き御話あり。生徒のお伽噺あり。かつは長、梅村〔喜一郎〕両先生の謡曲、塩井先生の新体詩朗吟、吉田先生の詩吟などには梁の塵もさためてとびしなるべし。生徒の独唱、琵琶歌にはゆく雲もとゞまりしなるべし。なほその他楽しみの数々をつくして、興はいやます〳〵に深くなりたれど、歓楽極まりやすくして、哀情永久に忘られがたしとかいへば、あまりに耽るはとて、一斉に「互にはげまし」の唱歌して、このたのしく、面白かりし団をときぬ」と、唱歌「朋友」〔一九〇二年〕の合唱で幕を閉じた。

翌一六日に二見浦で日の出を見て朝食後、合同電気会社の二見停車場に向かう。停車場で、数物化学部の生徒は、「発車まつ間に先生より電車の構造を実物につきて説明せらる車体はボギー式とやら之についてのコントローラー、モートル〔モーター〕、ブレーキなど指示せられたるが多くは観念なきものとて、只々珍らしがれるのみ」と記録した。宇治山田で降りて内宮に向かうが、地歴部の生徒は宇治橋を渡った一万坪の神苑が一八八九年に造営されたこと、日清・日露戦争紀念の大砲〔大山巌献納物や日本海海戦のもの〕が宮を守護するごとき様であることを記す。そして明治天皇が内宮を常に心にかけて、「例へば御遷宮の事の如き経費木材工事等の事、委しく詳細をみそなはせらるゝによつて、神宮の故実、典故、旧慣等ふかく御記憶に止め給ふ」とし、それは「実に国民の活模範、将来教育者たる者の、大いに要とする所」とし、内宮参拝は「此の旅行の主眼」と位置づけた。

内宮の宇治から山田に向かい、駅前の大和館で昼食をとり、南朝の功臣・結城宗広の墓に詣でた。宇治山田から松阪への車中で、博物部〔物理化学〕の石澤吉磨助教授は、手製の新聞をくばり、天皇臨御のもと一等戦闘艦河内が昨日進水したこと、そして日本海海戦を勝利に導いたカーチス式タービンや宮原式汽罐《きかん》について簡単な説明を行った。松阪では鈴廼舎から本居宣長を祀る麓の山室山神社へ、そして城塁の松阪公園に前年本居翁遺趾保存会が移したばかりの本居宣長旧居の四畳半で「県居大人〔賀茂真淵〕之霊位」掛け軸、『古事記伝』の原稿等を見学した。

松阪からの帰路の車中で東漢〔古漢〕王朝の古瓦に擬した「老《おい》の伴《とも》」を食べるが、これは今日でも柳屋奉善が販売する松阪名物和菓子である。奈良女高師の修学旅行ではとくに博物家事部などは食事ごとに図入りで記録するが、食事はご当地の特産で充分豪華な内容であり、赤福や老の伴をはじめ名物の菓子も食した。ちなみに、一九一三年一〇月一八日明治記念博覧会〔天王寺公園〕では博物家事部三学年は一円でフランス料理を食べ、テーブルマナーを学んでいる。(61)

数物化学部の生徒は、今回の伊勢修学旅行について、第一に伊勢内宮に「崇敬の至誠」を捧げること、第二に「教育の道」に尽くす者にとっての「遺徳の発揚、皇基の隆盛」につとめること、第三に「伊勢の風土文物を視察し尚文明の諸機関の汎く」行われることの観察、第四に本居宣長の事跡訪問、第五に二見浦の海の景況に接すること、第六に全学部生が共通の行動をしたことを成果としてあげた。

むすび

本稿では、近代の修学旅行の歴史をふりかえるなかで、一八八〇～九〇年代の草創期には身体鍛練を目的として行われた修学旅行が、一八九九年の学生の団体旅行を対象とした運賃割引を契機として広まり、「直観教授」の方法論も相まって史跡名勝など歴史や地理的な実地研修に重きを置いて行われるようになったことを論じた。さらに実地研修への重点の移行と、日露戦後の国民道徳論の隆盛とともに、奈良・京都・伊勢などの古都・神都の皇室とゆかりのある聖地への修学という目的が建前として広がってきたことを見た。各地の女学校・女子師範学校などの教員を養成する役割を持って一九〇九年に開校した奈良女子高等師範学校は、すでに都市部の尋常小学校までふくめて一般化しつつあった修学旅行の多様な教学をつくっていった。それは、近代の鉄道や船舶などを時間厳守で利用することや、授業と修学旅行の教学を連動させること、史蹟名勝ではきっちりとした文献にもとづいて学習すること、とりわけ古典文学の素養を深めること、そして文系・理系の多様な専攻に合致した目的地（大学各学部・西陣織・清水焼・軍隊など）、皇室の聖地（京都御所・伊勢神宮・桃山御陵・平安神宮・橿原神宮など）や「名教的史蹟」（南朝史蹟・赤穂浪士旧蹟）を重視すること、などである。

奈良女高師の文系では、史蹟名勝を訪ね古典文学との関わりや歴史的な事跡を訪ねるという教学の課題に即して、奈良・京都・伊勢・南朝史蹟などの目的地はふさわしかった。それに対して理系では教学との関わりで、産業や科学技術の先端を習得することがまず重要であったが、建前としては国民道徳に資する皇室関連の聖地をめぐることが目的化された。それは文理共通で一学年から神武陵・橿原神宮を参拝することや、第二学年では伊勢神宮を参拝することにあらわれている。京都や大阪や東京においては、理系もその都市の歴史性を体現する史蹟名勝を訪ねたし、第四学年では全員が東京の皇居や京都御所を拝観した。こうした皇室の聖地を修学旅行でめぐることは、女高師のような高等教育機関よりも、さらに人口的に広い裾野となる尋常小学校では、最終学年の一度きりの修学旅行において、第一義的に重視された。関西では伊勢参拝が一般化するし、冒頭でみたように戦時下になるほど皇室の聖地をめぐる「敬神」の意義は強調されてゆく。(62)

一九三六年(昭和一一)六月一日付『読売新聞』の神近市子「小学生の修学旅行」の記事には、「伊勢詣りといへば、こゝ三、四年来の東京の小学校の旅行目標の一つ」であり、「子供の心に国家的統一の基礎として、敬神愛国の念を植」えつけるために国庫による乗車賃の全額負担を説く。翌一九三七年六月には鉄道省告示六八号で、伊勢参宮の小学校運賃割引が導入された。そして一九三五年発行の国定教科書『小学国語読本』巻五・六では、「神武天皇」「千早城」等の節にならんで、父から子供へ参宮を伝える手紙形式の「参宮だより」が掲載された。京都市教育会ではその教科書の指導書のなかで、「参宮だより」を教えるときの参考書として『伊勢参宮旅行の栞』(東京高師附属小学校)、『神まうで』(鉄道省)を推奨した。(63)

＊補注

ケネス・ルオフ『紀元二千六百年――消費と観光のナショナリズム』(木村剛久訳、朝日新聞出版、二〇一〇年)などの近年のツーリズム研究の新しさは、大衆社会状況から戦時下に至る古都奈良・京都のツーリズムを単なるナショナリズムではなく娯楽・消費との関わりで考えることにある。そうした潮流の中で、平山昇『初詣の社会史――鉄道が生んだ娯楽とナショナリズム』(東京大学出版会、二〇一五年)、菅沼明正「文化財制度と近代ツーリズム――

戦前期における京都と奈良の観光と文化財鑑賞」(『人文学報』一二〇号、二〇二三年)は、史料素材を工夫し、ツーリズムについて社会や人々の受容の問題に迫ろうとしている。

本稿で指摘した大正初期に京都市の男性宿泊人が女性の約二・五倍と多い問題であるが、このことは一九三〇年でも内外人合わせた総数約五七万人の宿泊人男女比でも男性優位の同じ割合が確認できる(『京都市第二三回統計書』一九三七年)。京都は昭和期に入ると、芸娼妓数の人口比が日本一多い府県となり、「大衆買春社会」のまっただなかに入る(瀧本哲哉「戦間期における京都花街の経済史的考察」『人文学報』一一五巻、二〇二〇年、横田冬彦「「遊客名簿」と統計――大衆買春社会の成立」歴史学研究会ほか編『「慰安婦」問題を／から考える――軍事性暴力と日常世界』岩波書店、二〇一四年)。奈良女高師の京都への修学旅行では描かれない、男性による「買春観光」や花街の位置については、別に論じたい。

第4章　「郷土愛」と「愛国心」をつなぐもの

はじめに

二〇〇三年度、中央教育審議会は「新しい時代にふさわしい教育基本法と教育振興基本計画の在り方について」の答申の中で、国際社会に対応し「日本人であることの自覚や、郷土や国を愛し、誇りに思う心をはぐくむ」ことを提言した。

村や町の名望家や知識人ではなく、普通の庶民にまで「郷土愛」や「愛国心」が浸透しはじめるのは、日露戦争（一九〇四〜〇五年）以後の「社会改良」を通じてである。全国一九万社ほどあった神社は一村一社政策のなかで半減かつ画一化し、青年団・婦人会・在郷軍人会などの村の基本的な統合団体ができ、日の丸や君が代そして教育勅語が村にやってくる。

また日露戦争という二〇万人を超える死傷者をだした戦争により、庶民は歴史上はじめて、肉親など身近な者の死に、国家的規模で直面した（成田龍一ほか編『日露戦争スタディーズ』紀伊國屋書店、二〇〇四年）。自分の知っている者が地域社会のなかで死んでゆく。このことは、「愛国心」を主体として受け止めるのに何よりも大きな触媒となった。国家のために死ぬことのできる国民の創出である。

南北朝正閏《せいじゅん》論争（一九一一年）以降の時期には、官学アカデミズムの「国史」が成立してゆく。「国史」の特色には、時代区分を有する通史的叙述の成立と、文科大学の史料編纂掛の史料蒐集とに裏づけられたルートヴィヒ・リース以来の実証主義と、国体や祖先崇拝と家族国家観を旨とする国民道徳論や名教的な歴史観への包摂などがあげられる。(1) 郷土史は「国史」のなかに自らを位置づけることになる。

さて本稿では、一八八九年（明治二二）二月一一日の大日本帝国憲法発布とそれにともなう大赦令による戊辰戦争の和解、そして同年八月二六日の東京開府三百年祭の幕府顕彰を起点とし、全国の城下町に波及する藩祖三百年祭や平安遷都千百年紀念祭などの紀念祭の分析を通じて、一八八九年から日清・日露戦争後の時期を紀念祭の時代と位置づけ、地域の固有の文化の発現のされ方を考えたい。弘前・仙台・金沢などの地方都市が、自らのアイデンティティとして、藩祖（津軽為信《ためのぶ》・伊達政宗・前田利家）や旧藩を顕彰し、古都においては、奈良は古代文化に、京都は国風文化や安土桃山文化に自らの地域を表象してゆく過程である。郷土の固有性がおおっぴらに語られる、お国自慢の成立である。しかしながら本稿における「郷土」とは地方都市を分析の対象とし、郡や村の郷土や郷土誌編纂については、先学の成果に学びたい。(2)

明治前期には未成熟で矛盾していた「郷土愛」と「愛国心」との両者が、二〇世紀になってはじめて構造的に連動してゆく。(3)「賊軍」の戊辰戦争におけるトラウマが癒えてゆく。そして同時に、士族だけでなく商工業者も含めた市民が、地方城下町や古都において、主体となって、地域おこしをし、国家に積極的に働きかける性格が一連の紀念祭にはあった(4)。

一 「郷土愛」と「愛国心」をつなぐもの

日清・日露戦争が「郷土愛」と「愛国心」をつなぐ契機となる。日清・日露戦争の時期は幕藩体制のはじまりから三〇〇年後にあたり、ちょうど各地の藩祖三百年祭の開催と重なった。

さて、廃藩置県後に政治的にも経済的にも衰微してゆく地方城下町が多いなか、日清戦争後の一八九六年には弘前に第八師団が、一八九八年に金沢に第九師団がおかれ、両者は異質な近代都市の軍都として蘇る(本康宏史『軍都の慰霊空間』吉川弘文館、二〇〇二年)。そして両戦争を通じて隆盛となった戦没者招魂祭によって、士族の英霊(明治維新の殉難者)と平民の英霊(主に戦没者)との平等化がはかられ、いわば現世も来世も「臣民」の名分が貫徹した。

金沢では城跡に第九師団司令部や歩兵第七連隊衛戍《えいじゅ》地がおかれ関連施設が占拠するが、弘前では一八九五年四月に城址は弘前公園として市民に開放される。全国の城跡は地域社会の固有な文化の表徴――ランドマーク化され、桜が植樹された。公園、軍隊、群れなす桜並木といった新しい要素、軍隊とともに繁栄する遊廓までも、東京からやってきた「近代」、「文明」として、地方都市の人々に享受される。また日露戦争の新聞報道を通じて、地元の軍隊は郷土部隊としての意識が宣揚された(荒川

章二『軍隊と地域』青木書店、二〇〇一年）。

それでは一九世紀から二〇世紀への世紀転換期の、「郷土愛」と「愛国心」とのつながりに関わる要素をいくつかあげたい。

第一は、四民の兵士による近代の「武士道」の創出である。一八九九年（明治三二）に、新渡戸《にとべ》稲造《いなぞう》は英文で、*BUSHIDO, THE SOUL OF JAPAN* を出版し、翌年に邦訳された。同書巻頭所収の新渡戸自身の「上《たてまつる》英文武士道論書」には、一八七六年の明治天皇の東北行幸時に三本木の新渡戸家が仮行在所となり、祖父で盛岡藩士の新渡戸伝《つとう》が水利を引き、開拓の功により追賞を受けたことが記される（丁未出版社、一九〇八年、桜井鷗村訳）。稲造は、「武門の末に生れて、武士道の浸潤」を知る。さらに新渡戸伝は、明治元年三月に盛岡藩の「藩主謝罪帰順」に導いたとして一九一五年（大正四）一〇月に従五位が贈られた（『贈位賢伝』国友社、一九二七年）。こうした「皇恩」に報いんと、新渡戸は「鴻謨《こうぼ》を輔けて、国風を宣揚し、衆庶をして、忠君愛国の徳に帰せしむ」ことをめざすのである。武士道は、欧米に向けての語り口でヨーロッパの騎士道と歴史的な比較をしながら、勇気、仁愛、礼儀、名誉などの要素を指摘するが、とくに「帝室を以て、全国民の宗家」とする祖先崇拝や道徳の体系であることが強調された。新渡戸の出身地に近い『弘前新聞』（一九〇八年九月一五日）の報道には、新渡戸の著作『武士道』は「一般国民の精神教育に普及」するとし、「日本の武士道は六百年の涵養によつて初めて、日清日露戦争に其の光輝其本領を発揮」したと報じられる。武士道は四民のものとなった。また有馬《ありま》祐政《すけまさ》は、「武士道は日本倫理の精髄」で、「将来の国民道徳に資益せん」とし、「（西南戦争日清戦争をへて〕日露戦役において勲績赫々其の振作発顕の愈々盛んなるを見る。之れを要するに、我が武士道は今や正に国民全体の倫理思想」になったと振り返る(「武士道に就きて」『太陽』一〇巻一三号、一九〇四年一〇月)。また「江戸子気質」とは、「所謂武士道より転じて、町人職人等に染たもの」とする論もあらわれる(『太陽』一三巻一〇号、一九〇七年七月)。さらに武士の武術から近代のスポーツとしての武道への変化も、武士道の大衆化と照応した。日露戦後の講道館への入門者は累計で八〇〇〇人を超える。一八九五年の遷都千百年紀念祭に創建された大日本武徳会は、「設立趣旨」に桓武天皇以来の尚武の精神の振興をうたう(井上俊『武道の誕生』吉川弘文館、二〇〇四年)。

第二は、名教的歴史学への転換である。一八八六年に文科大学教授で官史《かんし》編纂を積極的にすすめる修史局学派の重野安繹《しげのやすつぐ》は、「史ノ話」(『東京学士会院雑誌』九編三冊)において、桜井の別れをはじめとする『太平記』の話はこしらえものとし、「名教ヲ維持スルノ意盛ニシテ事実ヲ考証スルノ力薄、蓋孔子ノ主意ニアラス、又歴史ノ正体ニアラス」と論じた。リースの発案による一八八九年一二月『史学会雑誌』創刊号においても、「歴史ハ名教ヲ主」としないと重野は宣言する。しかし一八九二年に神道界の圧力を背景に政府は、「神道は祭天の古俗」を書いた久米邦武を帝国大学から追放し、重野が委員長を務める帝国大学史誌編纂掛を廃止する、いわゆる久米事件が起きた(宮地正人『天皇制の政治史的研究』校倉書房、一九八一年)。かくして一八九五年に、基礎史料の編纂・出版を旨とし修史を目的としない帝国大学史料編纂掛が設置され、一八九九年に史料編纂掛主任の三上参次が力を持って主導してゆく(『東京大学史料編纂所史　資料集』二〇〇一年、第八章)。そして叙述を任された歴史家には、名教的歴史学が支配的となる。三上参次は、「時局と歴史教育」(『全国神職会会報』六三号、六四号、一九〇四年)のなかで、重野安繹は南朝の忠臣とされる児島高徳を抹殺した(その実在を否定した)が、「社会教育上より見し児島高徳は、確に存在」するとみる。そして「武士道は昔は士族のみに行はれたが、今はそうでない、国民一般に行はれて居る」と論じた。

この名教的な歴史観は、一九一一年の南北朝正閏問題以降、社会へ浸透してゆく。同年二月文部省の教科書編纂官喜田貞吉が、『尋常小学日本歴史』の南北朝並立の叙述の責任を問われて休職処分になる。南朝正統の論陣を張る黒板勝美は、喜田罷免直後の同年三月に「所謂《いわゆる》南北朝正閏論の史実と其断案」(『日本及日本人』五五四号)において、「後醍醐天皇が皇位の継承について絶対の主権」を有することを論拠とし「この正閏論は日本歴史を国民教育に応用する場合に、歴史を以て国民道徳の基礎根本となす必要から起つた問題で、純史学的論題ではない、歴史的事実に道義的批評を加へ、之を我が国体の上から矛盾せぬやうに論断せなければならぬ」と論じた。

黒板はアカデミズムの場においては、桜井の別れを「先輩既に之れを疑うて居らるる」と厳密な議論を行い、重野安繹を援用した『太平記』批判も論じた(黒板勝美『国史の研究』文会堂、一九〇八年、五四七頁)。しかし、読み手がより多くの市民に開かれた「史蹟遺物保存に関する研究の概説」(『史蹟名勝天然紀念物』一巻三号、一九一五年)では、「太平記にある摂津の桜井の駅」は、「何等歴史的の価値なしとしても、幕末に於て国民を感奮せしめた一の史蹟として、また之を保存する必要」があると論じて教化上の効用を説く。のちの「還暦記念事業の計画」(『史学雑誌』四六編一号、一九三五年)においては、黒板自身が「社会教化のために如何に偉大なる功績」があったかと懐古された。

のちに述べるように、各旧藩における藩史や地域の歴史における藩祖や戊辰戦争時における「勤王」の叙述も、名教的な歴史観への包摂と言える。そして名教的な歴史学は「臣民」にとっての「国史」であった。

第三には、第二と関わるが、南朝正統論が国民道徳として語られたように、明治四〇年代に文部省や井上哲次郎により主唱された、国民道徳論の社会的な流布の問題がある。たとえば一九一二年の井上哲次郎『国民道徳概論』(三省堂書店)の完成に見るような、国体や祖先崇拝と家族国家観を旨とする道徳論であり、一八八一年の祭神論争後の神道は、「国家の宗祀」とされる神道非宗教論と連動するものであった。国民道徳は、名教的歴史観と重なりながら国史を包摂し、死後の世界があいまいな陵墓を崇敬する教義となり、「国民的神道儀礼」として初詣・七五三・神前結婚式などの隆盛をもたらす[5]。わかりやすい例として、史蹟名勝天然紀念物保存協会初代会長の徳川頼倫《よりみち》が「愛郷心の保護」(『史蹟名勝天然紀念物』一巻一四号、一九一六年)において「万世一系の御皇統も此の郷土に於て御栄え遊ばされ、国民道徳も此の郷土に於て、其の美を済して参る」と述べたような通俗化が図られた。

第四は、日露戦後にあらわれる「国史」と「郷土史」の連動である。その動向の一例として、歴史地理学会の夏期講演会をあげたい。喜田貞吉や黒板勝美、三上参次、辻善之助らアカデミズムを代表する学者らの夏期講演会をさして、内田銀蔵は、「一種の大学普及運動」「歴史及地理の智識の普及、歴史及地理に関する趣味の養成」である、と評する(『安土桃山時代史論』一九一二年)。夏期講演会は一九〇八年（明治四一）の鎌倉から始まり、その後、小田原、長府、大津・太田、韮山と、毎年「名論卓説」の講義と史蹟での「実地講演」の二本立てで行われる（「日本歴史地理学会主催、鎌倉講演会記事」『歴史地理』一二巻三号、一九〇八年）。夏期講演会の意義は「一面には所謂ユニヴァーシチィー、エッキステンション〔university extension＝公開講座〕の形を以て昭代学術研究の枠を紹介し、一面には歴史地理学実地指導いはゞ医学上臨床講義の形を以て斯学研究の一生面を開き、以て吾人が研究の態度を示し、斯学の普及に貢献する所」にあるとされた。この一九〇八年一〇月一三日には戊申詔書がでて地方改良運動が展開した。

もっとも一九一三年三月には柳田国男らが『郷土研究』を創刊し、「愛郷の精神を養ふは愛国心を盛ならしむる所以《ゆえん》」などと従来褒められてきた郷土誌を否定し、「凡てを明瞭にしやうとする」新しい郷土誌を追究する動きも生まれる（「郷土誌編纂者の用意」『郷土研究』二巻七号、一九一四年九月）。しかし一九三〇年代の郷土教育運動では、「郷土愛の覚醒や祖国愛を涵養」することが一般化したのである（伊藤純郎『郷土教育運動の研究』思文閣出版、一九九八年）。

各地の藩祖三百年祭や平安遷都千百年紀念祭、豊公三百年祭あるいは史蹟名勝の顕彰を通じて、地域の歴史が国家の歴史の中に位置づけられていった。そこで描かれる藩や地域の歴史は、藩祖や秀吉の「勤王」であり宮都平安京の来歴であり、その目的は地域社会と天皇制との関わりを位置づけることにあった。一八九二年の久米事件を経て日清戦後に一般化し、日露戦後に社会に浸透する名教的歴史観や国体論の隆盛であり、日露戦争以後になると祖先崇拝を尊重し家族国家観を有する国民道徳論への包摂である。ここに「郷土愛」が「愛国心」につながり、その先に皇室への崇敬が位置づく構造が成立する。

二　紀念祭の時代

(1) 前　提

近代における「賊軍戦死者」の慰霊、旧藩の顕彰の展開を考える上では、一八七四年(明治七)八月一八日の太政官達書(第一〇八号)「幕軍戦死者の祭祀許可」の意味が大きい。これにより、賊軍(東軍)とされた幕府や奥羽越列藩同盟側の戦死者の「親族朋友」による祭祀の執行が正式に可能となる。それ以前は、たとえば明治元年(一八六八)九月二二日に落城した会津若松において、放置されたまま鳥獣の餌食となっていた会津藩士三〇〇〇人の遺体の仮の埋葬がようやく翌年二月に許されたように、「賊軍」戦死者への慰霊は許されないものであった。

一八七四年の太政官達書をうけて、一八七七年一〇月には仙台藩の「賊軍」戦死者を慰霊する「弔魂碑」が、伊達家の当主伊達宗基《むねもと》によって仙台の藩祖伊達政宗を祀る聖地、瑞鳳殿に近接して建てられた。銘文にいう、「今一碑ヲ祖廟ノ側ニ建テ以テ其ノ魂ヲ冥々ノ中ニネガワクハ其レ慰ムル所有ランコトヲ」。しかしのちの一九一七年(大正六)の戊辰戦争五〇年の慰霊祭で回顧されるように、この当時は世をはばかって、旧仙台藩内部で慰霊されたにすぎなかった。そして廃藩置県後に東京に集住させられた旧藩の当主は華族として「皇室の藩塀」となってゆくが、一八八四年七月七日の華族令により、かつて「賊軍」であった仙台伊達家の当主宗基は伯爵に、そのほか、旧金沢藩の前田利嗣《としつぐ》は侯爵、前田利同《としあつ》は伯爵に、旧弘前藩の津軽承昭《つぐあきら》は伯爵に叙せられる。

戊辰戦争の「賊軍」の罪を、公式に許すものとして、一八八九年(明治二二)二月一一日の大日本帝国憲法発布にともなう大赦令の意味は大きい。この「恵沢ヲ施」す勅令により、明治二年に責任をとり切腹した「賊軍の首魁」の会津藩家老萱野権兵衛をはじめ、佐賀の乱の江藤新平、西南戦争の島義勇、西郷隆盛ら「国事犯」などの大罪が消滅する(中島三千男「「靖国」問題に見る戦争の「記憶」」『歴史学研究』七六八号、二〇〇二年)。ここに、戊辰戦争以降の国土の東西の分裂をなくそうとし、「賊軍」の罪は天皇の名の下に許された。大日本帝国憲法の条文に「臣民」概念が創出され、「一君万民」の理念がうたわれる。会津若松の飯盛山の白虎隊一九人の墓が、現在の位置に整備されるのは、大赦令を受けた翌一八九〇年のことである。また皇室の足下の東京で、徳川家康や旧幕府の顕彰を目的とする東京開府三百年祭が開かれるのも大赦令後の一八八九年八月二六日である。

一八八九年四月には、旧大名諸家の連合により、幕末維新史料の調査を目的とする史談会が結成される。薩長土肥による「藩閥」史観ではなく、宮内省をよりどころとして、「国事鞅掌《おうしょう》」、すなわち各藩がいかに「勤王」に貢献したかを顕彰し、独自の旧藩史の編纂が始まる契機となる(大久保利謙『日本近代史学の成立』吉川弘文館、一九八八年)。それは名教的な歴史観に包摂されてゆく。史談会では、一九〇六年六月二三日に嘉永二年(一八四九)より一八七九年(明治一二)に至るまでの、「賊名」を負い招魂社に祀られない一万四一一七人の「不祀の鬼」を対象に、神仏両式による慰霊がいとなまれた（『太陽』一二巻一一号）。

一九〇八年（明治四一）九月九日、皇太子東北行啓時の恩典として、上杉輝虎・治憲・南部利敬・津軽信政に従三位、佐竹義堯《よしたか》に正二位の贈位がなされ、それぞれ策命使が墓前に遣わされる（『明治天皇紀』）。また明くる九月一〇日の会津若松市行啓においては、皇太子は飯盛山白虎隊墳墓にのぞみ、「西沢（正太郎）知事よりの会津落城当時の壮烈悲惨なる歴史の説明」があり「白虎隊少年も此栄光を地下に感泣せしならん」と報じられた（『東奥日報』同年九月一一日、一三日）。

戊辰戦争の和解は一八八九年の帝国憲法発布にともなう大赦令に始まったが、一九一七年（大正六）の戊辰戦争五十周年の各地の記念式典が、「賊軍」の慰霊や顕彰の画期となった。明治三〇年代の末に宮中より三万円の下賜金を得た会津では、従軍生存者が少なくなった一九一三年に会津弔霊義会が慰霊の主体となる（森岡清美・今井昭彦「国事殉難戦没者、とくに反政府軍戦死者の慰霊実態（調査報告）」『成城文芸』一〇二号、一九八二年）。飯盛山で白虎隊士が煙に包まれた城を見て自刃した場所に、「白虎隊自刃之趾」の建碑がなされたのも、一九一七年の会津藩士殉難五十年祭においてである。同年六月二三日の北会津郡役所における祭典の旨意書では、戊辰戦争において、「軍の東西問はず、其憂国尊王の誠に於て径庭《けいてい》（大きなへだたり）」はないとし、「聖明春の如く一視同仁洪恩枯骨に及ぶ」と慰霊された（『歴史地理』三〇巻一号）。

一九一七年の戊辰戦争五十年祭は、会津以外でも、五月一五日の上野における彰義隊五十年祭、六月一六日の新潟県小出の戊辰戦役戦死者五十年祭をはじめ、官軍・幕軍（賊軍）を問わず、鹿児島、山口、鳥取、京都、東京、白河、仙台など全国で行われた。戊辰戦争体験者の減少と世代交代を受け、新たな明治維新の顕彰と慰霊の時代へと展開してゆく。

先述のとおり、一八八九年の帝国憲法発布から戊辰戦争五十年祭が催された大正期までが紀念祭のブームとなる。その契機となるのが一八八九年八月二六日の東京開府三百年祭の開催であった⑥。皇室の足下の東京で、徳川家康や旧幕府の顕彰がなされることによりタブーが解け、全国の旧藩や藩祖の顕彰がひろがってゆく。また『風俗画報』や『旧幕府』などの雑誌による江戸文化の顕彰も盛んになった。

東京開府三百年祭は、天正一八年（一五九〇）八月朔日の家康江戸入城を記念し三〇〇回目の八朔に催された。委員長に榎本武揚、委員に岩崎弥之助、外山正一、大槻修二、田口卯吉、前島密《まえじまひそか》、益田孝、渋沢栄一《しぶさわえいいち》、久松義典ら、政治家や実業家、学者といった多彩な五〇人が就いた。

会場となった上野競馬場では、皇太子明宮《はるのみや》を始めとする「皇族親任官公侯爵及ビ外国公使」の馬見所の席は壁紙に松の模様を描くなど「江戸城旧殿中ノ体裁」で飾られた。高崎五六東京府知事の祝詞に対して、かつて函館五稜郭まで戦った旧幕臣・榎本武揚委員長の答辞には、明治天皇への崇敬と徳川家康の顕彰とが矛盾なくうたわれる（大槻修二編『東京開市三百年祭記事』一八九〇年五月）。祝典は競馬、梯子乗、烟火《えんか》（花火）、海軍楽隊、電灯、幌引乗馬とにぎやかに行われ、吉原、新橋芸妓の手踊も「文明」として享受される。また「東照公木像」「甲冑」など、江戸開市以来この土地に預かる古文書・

古器物などを陳列する古器展覧会が催された。東京開府三百年祭により、帝国憲法と大赦令をうけて、皇室への崇敬が深まり幕府の顕彰がなされるなか、戊辰戦争（朝幕）の和解が公式に始まる契機となる。そして祭典は、旧幕臣だけのものではなく、「一君万民」となった市民のものであった。

こうした東京開府三百年祭の旧幕府の顕彰が、全国各地の旧藩や歴史の顕彰としてひろがり、紀念祭の時代が幕開けする。主なものを拾うと、一八九一年一〇月一一日から一五日まで金沢開始三百年祭が行われ、つづいて一八九九年四月には藩祖前田利家三百年祭、そして同年五月には藩祖伊達政宗を顕彰する仙台開府三百年祭が催される。京都でも一八九五年一〇月二二日に平安遷都千百年紀念祭が、第四回内国勧業博覧会と連動して開催される。一九〇一年九月二六日から三日間、佐竹家遷封三百年祭（『全国神職会会報』二七号）、一九〇六年九月三日から一一日まで九日間、弘前における津軽為信三百年祭、一九〇六年一〇月一二日から三日間の「関ケ原三百年祭」（『風俗画報』三五二号、『歴史地理』八巻一一号）、一九〇九年三月二八日、黒田如水公三百年祭（山中立木編『光雲神社々誌』一九三〇年）、同年六月一八日から一一日間、加藤清正公三百年祭といった紀念祭がつづく。一九一〇年には、四月一二日に名古屋開府三百年紀念祭（『風俗画報』四〇八号）、五月一五日に浅野長政公三百年祭（『太陽』一六巻八号）、一二月四日には細川幽斎三百年祭（南禅寺）（『歴史地理』一七巻一号）が開催される。一九一三年一〇月一八日、最上義光公三百年祭（山形市）（『歴史地理』二二巻五号）、一九一四年七月一六日から五日間、大阪市開市千六百年祭（仁徳天皇高津宮に奠都《てんと》）、一九一五年には東照宮三百年祭、一九一七年五月には岸和田藩や長岡において三百年記念会の活動が伝えられた（『歴史地理』二三巻四号、二五巻四号、三

○巻一号)。

(2) 金　沢

ここでとりあげる、金沢、弘前、仙台の三つの地方都市はいずれも軍都であり、師団が置かれることによって、維新後の経済的、政治的衰退から近代都市へと変化してゆく。

金沢藩は、慶応四年(一八六八)一月の鳥羽・伏見の戦いで情勢をみて、官軍に寝返った(本康宏史ほか『石川県の歴史』山川出版社、二〇〇〇年)。明治四年(一八七一)の廃藩置県により旧金沢藩の前田家の当主は華族として、東京に移住する。そして一八七三年には、荒廃した藩の祖廟としての卯辰山八幡宮にかわって、尾山《おやま》神社が郷社に列せられ、前田利家を主神とする神霊が遷座された(尾山神社『図説前田利家公――藩祖前田利家公四百年祭記念』一九九九年)。一八八〇年には、西南戦争の戦没者を紀念する明治紀念標が兼六園に建設される(本康宏史『軍都の慰霊空間』)。一八八七年には、第四高等中学校が開校となった。

一八八九年九月号の『久徴館同窓会雑誌』一五号に掲載された豊島毅「観江戸開創三百年祭記」は、「今日東京之繁盛則皇室復古民権自由之繁盛也」と伝える。この東京開府三百年祭の情報が、地方に波及するのである。金沢では、一八九一年一〇月に金沢開始三百年祭が執り行われた(上森捨次郎編『金沢開始三百年祭記事』一八九六年)。

一八九一年(明治二四)一〇月一一日から一五日にかけて、利家による文禄元年(一五九二)の金沢城修築を記念する金沢開始三百年祭が行われた。(7) 稲垣義方金沢市長ら五三名が祝祭発起人となり、旧前田家の家老・加賀八家《はっか》の本多政以《まささね》・長克連《おさかつつら》・横山隆平ら八人が祝祭特別賛助員となった（前掲『金沢開始三百年祭記事』、『石川県史』第四編、一九三一年）。第一日の式典では、前田利嗣侯爵夫妻をまねき、岩山敬義知事が幣帛供進使として祝詞をあげる。稲垣市長は、藩祖の「功徳ヲ表彰」するとともに、「産業ノ発達ヲ図リ景気ノ振興ヲ求」めんとの告文をあげる。藩祖の顕彰と地域振興が結びついている。そして東京開市三百年祭と同じく、能楽・競馬・撃剣・相撲・手踊・煙花などの祭典がくりひろげられた。金沢市内の各町は、行灯や生け花で飾ったり踊ったりと祝意を表する。上下中嶋町でうたわれた人和賀歌《にわかうた》からは、「旧藩公の恩を知れ」「励や々々商工業」と、当時の気分がうかがえる。

一八九一年一一月には、野口之布《ゆきのぶ》の『加賀藩勤王始末』が出版され、禁門の変で長州藩に同情的であった最後の藩主前田慶寧《よしやす》や側近の不破富太郎、明倫館助教の千秋順之助《せんしゆうじゆんのすけ》などの勤王派の顕彰がなされる。そして一八九八年に、第九師団が設置された。

金沢の次の紀念祭は一八九九年（明治三二）四月二七日から五月三日まで行われた旧藩祖三百年祭であり、本多政以らとともに旧家老八家が発起人となっていたが、趣意書に現れた歴史認識が興味深い。そこでは桶狭間の戦いにおける前田利家の武勇とともに、豊臣秀吉の偉業がたたえられ、豊公と利家の顕彰がセットになっている。祭典は、一八七七年以来六月一四日に行われていた封国祭と、五月朔日から三日までの三百年祭とをあわせて盛大に開催された。金谷館（尾山神社の隣の社交クラブ）では、時代品展覧会が催され、各時代の古書画・古器物を旧士族など市民から出陳されるとともに、前田家からは利家が佐々成政と戦った「末森絵巻物」が出品された。また一八九九年四月には、和田文次郎の『前田利家公』(宇都宮書店)が発刊される。この伝記は藩祖三百年祭で、記念品として配られた(『北國新聞』一八九九年四月一四日)。重野安繹の叙のあと、桶狭間での武勇、聚楽第《じゅらくだい》の行幸、聚楽第での秀吉に従った謁礼、「朝鮮征伐」における利家の威望などがつづられる。

尾山神社は、一九〇二年四月二六日に別格官幣社になる。すでに『北國新聞』で報じられたように、別格官幣社に昇格するか否かのポイントは、利家に「勤王の事蹟ありや否や」であった(「尾山神社々格昇進の事」『北國新聞』一八九九年四月一三日)。一九〇二年一月の本多政以ほかによる「県社尾山神社昇格願」が、仙台の青葉神社昇格運動との関わりで宮城県庁文書として残されている。利家が、「国家ニ対スル勲功」として豊臣、徳川両氏の間に介在して「治平ノ功」をとったことなど、歴代藩主の「勤王」が「皇室ニ対スル勤労」として強調される。こうした事実を藩士諸家の記録や「御湯殿上日記」や「時慶卿記」などで裏づけている。また添付された「重野(安繹)博士意見書写」では、「織豊前三氏ハ同功一体」との織豊政権下の評価を下す(『明治三十四年、社寺神社　二ノ二、青葉神社奉賛会』宮城県公文書館所蔵、T14-33)。そして三度目の金沢における紀念祭が、一九〇二年七月三日から六日まで行われた尾山神社昇格慶賀祭であった(『尾山神社昇格慶賀会記事』尾山神社昇格慶賀会残務取扱所、一九〇四年)。

一九〇九年九月には皇太子の行幸があり、前田利常(三代)と前田綱紀(五代)への従三位の贈位、前田家蔵品の台覧、そして別格官幣社尾山神社に使が差遣された(金沢市役所『鶴駕奉迎録』一九一一年)。

なお毎年六月一四日に行われていた封国祭は一九二三年(大正一二)六月一四日に第一回金沢市祭となり、一九三二年(昭和七)ごろから戦勝祈願に重点がおかれてゆく。

最後に金沢の藩史の叙述について述べたい。一九〇九年に近藤磐雄の『加賀松雲公』三巻、一九一五年に永山近彰の『瑞龍公世家』(二代利長)が出版される。近藤や永山、あるいは『加賀藩勤王始末』の野口之布らは、加賀藩屋敷のあった東京本郷におかれた前田家編輯方のメンバーであった。『瑞龍公世家』の凡例からは、藩祖三百年祭と二代藩主利長の伝記編纂が連動していたことがわかる。三百年祭の藩祖の顕彰の必要もうけて、『加賀藩史稿』のような歴世諸公、列伝次第をしるす紀伝体ではなく、「国史」の流れのなかに藩主を位置づけるスタイルがとられるようになった。『瑞龍公世家』では、天正一六年(一五八八)に聚楽第で後陽成天皇の車駕を迎えたことや、秀吉への忠節などが記される。藩祖の伝記や『瑞龍公世家』の、勤王の強調や豊臣秀吉の顕彰などにみられるように、名教的な歴史観に包摂されてゆく。

(3) 弘前

一〇万石であった弘前藩は、武備の充実を図りながら戊辰戦争の成り行きをみていたが、近衛家からの働きかけと京都の情勢をみて藩論は勤王に決定し、明治元年(一八六八)九月の野辺地戦争で盛岡藩と戦い、函館戦争にも参戦する。弘前藩としては幕末の旗幟不鮮明の汚名をそそぐ行動であった(長谷川成一『弘前藩』吉川弘文館、二〇〇四年)。

弘前市の一八八九年(明治二二)の人口は三万一三七五人であった。一八九四年一二月一日に青森―弘前に鉄道が開通し、同月二六日には、旧藩主津軽承昭が日清戦争に応召された旧弘前藩出身兵士を、東京で宴に招き慰撫している(津軽承昭公伝刊行会編『津軽承昭公伝』一九一七年)。そして一八九六年九月に第八師団司令部が弘前に設置される(山上笙介『弘前市史 下』津軽書房、一九八五年)。平時で一師団一万人あまりの兵士が配置された。

弘前城址は陸軍管轄であったが、一八九五年五月に津軽家を介して弘前市へと管轄替えになり、公園として市民に開放された。そして日清戦争の戦勝紀念として士族の内山覚弥がソメイヨシノ(吉野桜)を一〇〇〇本、植裁の上、寄附する(内山覚弥『花翁遺詠』一九三五年)。一九〇〇年には嘉仁《よしひと》皇太子の結婚記念として弘前市が主体となり一〇〇〇本植樹している(高木博志「桜とナショナリズム――日清戦争以後のソメイヨシノの植樹」西川長夫ほか編『世紀転換期の国際秩序と国民文化の形成』柏書房、一九九九年)。また一八九九年より公園本丸に祭壇を設けて、靖国神社の大祭にあたる五月五日、六日に招魂祭と余興が行われるようになった(『弘前市史 明治・大正・昭和編』一九六四年)。一九一八年(大正七)五月三日より一週間、弘前公園を舞台に初の観桜会がひらかれ、観光とあいまって「お国自慢」を形成してゆく。かくして近代の東京からやってきた新品種のソメイヨシノを植え、モダンで市民に開放された空間となる弘前城は、津軽を代表するランドマークとなってゆく。

日露戦勝紀念もかねて一九〇六年(明治三九)九月三日から一一日まで、藩祖為信三百年祭が行われた。東京からは津軽承昭の世子、英麿《ふさまろ》が弘前にやってきて、九月三日の津軽家の廟所のある革秀寺に一門・旧藩士約一五〇人らと法会に臨んだ（羽賀与七郎『津軽英麿伝』陸奥史談会、一九六五年）。旧津軽藩の重臣の大道寺繁禎《だいどうじしげよし》を会長とし士族の歴々を役員とする津軽藩祖三百年祭準備会の趣意書では、為信は「屢々京師ニ抵《いた》リテ、帝闕ノ尊厳ヲ拝」したとされ、のちの戊辰戦争において、弘前藩が「卒先シテ王事ニ勤メ」たのは、すべて為信の「遺徳」であるとの物語が語られた（前掲『津軽承昭公伝』）。紀念祭では、教育展覧会が行われ、七夕を見合わせた季節はずれの佞武多《ねぶた》が、大きさの規制なく製作された（『東奥日報』一九〇六年九月一一日）。また二年おきの山車の運行は一八八二年を最後に途絶していたが、三百年祭を機に復活した。三百年祭は明治時代最大の市民行事で、商店の企画も後押しした。

一九〇八年九月二三日には、嘉仁皇太子が弘前に台臨し、一一月に弘前公園を「鷹揚園《おうようえん》」と命名する（近松豊助『東宮殿下、青森県御巡啓記』北辰社、一九〇八年）。この東宮東北行啓に際して九月九日に、旧藩主と勤王の志士へ追陞《ついしょう》と贈位がなされた。上杉輝虎（従二位）、南部利敬（従三位）、津軽信政（従三位）などがその対象であった。信政の追陞には、東京で宮内省編纂掛にあった津軽出身の外崎覚《とのさきかく》の運動があり、旧藩主の「王室の尊崇」が贈位の有無のポイントであった。

一九〇九年九月三日には藩祖三百年祭のときより計画されていた藩祖津軽為信銅像の除幕式が行われる（前掲『弘前市史　明治・大正・昭和編』）。一九一五年一〇月一九日には、大正天皇が大演習で弘前を訪れ、そのときに鷹揚園が修築される（『東奥日報』一九一五年一〇月一四日）。そして二四日には観兵式、鷹揚園での賜宴が催されるが、この日に初代津軽為信に従三位、九代寧親《やすちか》に従四位、八代信明に従四位、そして戊辰戦争時に勤王に藩論を導いた山崎清良《きよなが》に正五位などの贈位追陞があった（羽賀与七郎

『津軽英麿伝』陸奥史談会、一九六五年）。

先述した外崎覚は宮内省編纂係として、藩祖や津軽家の顕彰において宮中と弘前をとりもつ役割を東京で果たしている。藩史に関わっては、一八九五年八月に四代信政および八代信明の伝記編纂を命じられ、また津軽家代表として史談会会員に列せられている（前掲『津軽承昭公伝』）。外崎は『徳川十五代史中津軽の条を弁論するの書』（一八九三年）のなかで、近衛家と津軽家の姻戚関係を否定する内藤耻叟《ちそう》を批判し、津軽氏は「近衛殿の庶流たり」とする。また津軽家は南部氏の臣ではなかったと論じた。『弘前城主越中守津軽信政公』（一九〇二年）でも、新田開発、岩木川の土木工事、飢饉の救済、検地などの事績とともに、近衛家に常に使いを送り、姻戚関係をもとうとしたことが、記された。

（4）仙　台

表高六二万石余であった幕末の仙台藩の藩主伊達慶邦《よしくに》は、戊辰戦争時に当初中立主義をとった。佐幕派国家老の但木《ただき》成行《なりゆき》（土佐）らは会津の降伏歎願運動をし、慶応四年（一八六八）閏四月一五日に歎願書を提出するが、奥羽鎮撫総督に却下される。奥羽鎮撫総督参謀世良修蔵の侮蔑的な態度に対し、仙台藩士たちは世良を暗殺する。慶応四年五月三日に奥羽越列藩同盟が成立し、同年九月一一日の仙台藩の降伏をへて、九月二二日の会津落城まで熾烈な戦いがつづく。戊辰戦争による仙台藩の殉難者は一二六〇人、会津藩の殉難者は二七〇〇人にのぼった。明治二年（一八六九）五月には、国老但木成行や同じく佐幕派の重臣坂英力《さかえいりき》が処刑された。(8) 但木家と坂家は「家名断絶」となり、但木の子孫は、立花と姓を変えて「農ニ帰」していたが、一八八三年になってやっと「家名再興」となった（『明治十六年、戸籍綴、兵事課』宮城県庁文書 MI6-34）。

明治四年（一八七一）、四鎮台（仙台・東京・大阪・熊本）の一つとして旧仙台城址に東北鎮台が設置される。一八七四年には藩祖政宗を祀る青葉神社が創建された。一八七六年（明治九）六〜七月には、「賊」の地であった東北に初めて天皇が足を踏み入れる行幸が行われる。翌一八七七年一〇月に、歴代藩主の廟である瑞鳳殿に隣接して、戊辰・己巳年（明治元・二）の殉難者九〇六霊を祀った「弔魂碑」が伯爵伊達宗基の手で建てられた。

また一八七八年一一月には、「西討戦歿之碑」が建立される。西南戦争に際し、宮城県から追討軍に従軍し新撰旅団に編入された者は、七〇〇名にのぼった。また、この時「弔魂碑」には西南戦争における仙台鎮台や警視隊新撰旅団の戦死者、「朝鮮事変」の戦死者一四九人が合祀された。殉難者の霊は士族の手により、藩祖とともに祀られた。西南戦争への仙台藩士族の参戦は、戊辰戦争の汚辱を除く気持ちが強かった。一八八六年には、第二高等中学校が設置され、仙台鎮台は第二師団に改組となる。一八九〇年で仙台の人口は六万一五五人であった。

一八九九年五月二三、二四日の両日、仙台開府三百年祭がもたれた。世嗣伊達邦宗を総理とし、宮城県会議長遠藤庸治《ようじ》を紀念祭委員長、仙台市長を副委員長として、二万四七〇四人から九四四四円余にのぼる寄附金が集められた。祭典当日五月二三日に青葉神社から神輿が川内大斎場の神殿にむかう。邦宗は、「城中の殷賑として益々文明の域に進まん」との祭文をあげる。この日、第二師団司令部は旧城址を開放した（『仙台開設三百年紀念祭誌』一八九九年、仙台市役所『仙台市史』一九〇八年）。市中は、国旗や軒提灯などで飾られ、煙火、山車、競馬、撃剣、能楽、剣舞、自転車競争などの余興があり、市中の人出はほとんど一〇万人に達したという（『仙台』三号、一八九九年）。五城館での古物展覧会には、伊達家よりの重宝、政宗公出陣の甲冑御物などが展覧された（『風俗画報』一九二号）。

仙台開府三百年祭の性格を考える上で、同年五月三日付の『東北新聞』の一面巻頭にのった「三百年祭準備委員長に望む」の投稿記事は興味深い。

奥羽の大都市たることを天下に紹介して間接に其繁栄を加へ新たなる生命を吹込むの機会を作るもの故、尋常祭事を以て目すべからざるは勿論なり、夫の平安奠都祭が如何に西京の繁栄を新たにせるか、江戸城三十（百）年祭が如何に全国の人気を東京に集めたるか、近くは大阪の豊公祭、宮崎県の皇祖祭、頃日に於ける金沢の前田家三百年祭等其規模の大小こそあれ其目的其趣旨は同一にして爾も能く成功せるものなり

とする。日本鉄道会社の乗車割引券とそれを添付した案内状などの発行といった全国への宣伝策を講じ、そして祭典は、官吏だけでなく「公衆」と共同で行うべきもので、目覚ましき手段で天下の注目を仙台に集めなければならない、と論じる。この論説は、東京開府三百年祭（一八八九年）にはじまり、平安遷都千百年紀念祭（一八九五年）、金沢の旧藩祖三百年祭（一八九九年）と繰り広げられる紀念祭を地域振興策とみて、仙台開設三百年紀念祭もその一環に位置づけた。

一九〇一年一一月八日、築館附近で陸軍大演習があり、天皇は仙台に行幸する。このとき藩祖伊達

政宗は従三位に追陞され、供奉の侍従北条氏恭が策命使として仙台市瑞鳳寺に遣わされた。翌一九〇二年一一月には仙台城の旧本丸址に第二師団関係の戦没者を追悼する「昭忠標」が建設され、佐賀の乱や西南戦争、日清・日露戦争などの戦死病没者への臨時招魂祭が挙行された。一九〇四年二月に日露戦争が勃発すると、宮城県で一万八八四七人が召集されるが、その年八月には、隣接して常設の招魂祭殿が築かれた(『仙台市史』一九〇八年)。

このころ仙台の地域史として、仙台市役所編纂の『仙台市史』(藤原相之助主任、一九〇八年)が発刊された。天正一九年(一五九一)上京時の伊達政宗の朝廷への忠誠と後陽成天皇からの恩賞や、青葉城本丸に設置された帝座の秘話が語られ、戊辰戦争時には「朝廷に於ける政権回収」の手段が「列藩」と政府では意見を異にし、会津に対する政府の措置も復讐的であったと回顧する。また秋田出身の藤原相之助による、仙台から見た戊辰戦争史の基礎研究となる『仙台戊辰史』(荒井活版製造所、一九一一年)も刊行された。「白河口ノ激戦」から「函館戦争」まで、戦死者、負傷者が克明に記載される。「戊辰事変ノ総括」では、伊達氏の特色は藩祖以来一貫した「勤王、外交、平和」にあり、戊辰戦時の政権担当者の但木土佐は大槻磐渓《ばんけい》、福沢諭吉らを通じて外国の形勢を知って攘夷党を批判したと述べる。伊達慶邦は慶応四年二月一一日に、徳川の追討には平和を旨として「干戈ヲ用」いずと請願し、会津の征討には会津の降伏をすすめたが、鎮撫総督は薩長の専権を背景に降伏を許さなかった。しかし仙台藩の「勤王」の精神は一貫していたとの主張である。

県社であった青葉神社を別格官幣社にしようとする動きは、他の城下町との対抗において積極的にあらわれる。一九一四年(大正三)の「伊達政宗ガ霊ヲ祀レル宮城県社青葉神社ヲ別格官幣社ニ昇セラレタキ願」(『明治三十四年、社寺神社 二ノ二、青葉神社奉賛会』T14-33、宮城県立公文書館)が残されている。一九〇一年一一月の陸軍大演習の時に、伊達政宗に従三位が贈位された際には「撫民文武外交勤王」が贈位の根拠となったが、青葉神社の昇格では、朝廷に関係する事実と、使者をヨーロッパに遣わした事情が詳しく具陳された。

同じ簿冊に、辞書『言海』の著者である帝国学士院会員大槻文彦による「青葉神社昇格願書材料取調」がつづられている。大槻は、品川の伊達家の文書、「御湯殿上の日記」、大学史局刊行「伊達家文書」「大日本史料」などを博捜しても藩祖に関係する記述は見いだせなかった。しかし日参してやっと大学史局の未刊行史料のなかに、皇居の南側の築地造営に藩祖より献金があった記事を発見している。そして藩祖が「奥州の大乱を討平」し、関ケ原の戦いを勝利に導いたことを「昇格願」に加筆している。そのほか、別格官幣社になった上杉神社(米沢)、尾山神社(金沢)、光雲《てるも》神社(福岡)などの成功例が取り調べられている。

さて戊辰戦争から五〇年目にあたる一九一七年(大正六)には、賊軍殉難者の慰霊が全国的に繰り広げられた。仙台でも一〇月一〇日に桜岡の祭場で戊辰殉難五十年祭が行われた。仏式・神式の弔祭のあと、能狂言・騎射・煙火などの余興が催され、旧藩校養賢堂で殉難者の遺物展がひらかれた。また杉沼修一の『仙台藩戊辰殉難小史』が寄付者に配られた。

戊辰殉難者五十年弔祭会長伊達宗経の祭文では、一八八九年の大赦令によって殉難者は復権されたとする。そして「戊辰殉難者五十年祭旨意書」(杉沼修一『仙台藩戊辰殉難者五十年弔祭誌』一九一八年)では、「今日よりして之を視るに其君国に尽すの至誠に至りては両者決して径庭を見す」と述べ、「冤枉《えんおう》不祀の鬼」となった殉難者においても、「君国に尽すの至誠」において贈位の恩典に加わったものと、かわらないと主張する。

また「戊辰懐旧談話会」(同書)のなかで、大槻文彦は、「戊辰の挙兵は尊王の精神より起る」と題し、明治初年の殉難者の慰霊は世をはばかったものであったが、おおっぴらに顕彰できる日が来たことを喜ぶ。大槻の説は、仙台藩は皇室に反抗するものでない、「立君定律」の政体を主張したのみとする。のちに一九三五年五月には、藩祖政宗公三百年祭が執り行われ、伊達政宗公の銅像が建立された。

おわりに

一八九〇年代から一九一〇年代を通じて、「国史」や「日本文化」が形成されるとともに、そのなかに地域の歴史(藩史や郷土史)や文化を位置づけようとする営みがはじまる。その発端になるのが帝国憲法発布にともなう維新の内乱の和解という政府の方針(大赦令や贈位や賊軍への慰霊)であり、天皇の下の「臣民」の創出である。その理念が地方の社会にも広まるのが日清・日露戦争後であった。地域社会に国家がむきだしであらわれ、農民を武士(兵士)として徴兵し、近代の「武士道」が語られ、国民道徳論が社会を覆う。藩祖の顕彰や藩史の編纂が旧城下町で進み、各藩が「勤王」であったとの藩史の歴史叙述や皇室との関わりの顕彰など、地域社会は天皇制との位置取りを模索してゆく。名教的な歴史観への包摂である。そうした過程において、明治前期にはつながりえなかった「郷土愛」と「愛国心」の両者が、二〇世紀には連動してゆくのである。(9)

＊補注

本稿における一八八九年二月一一日の大日本帝国憲法の「大赦」令を契機とする、江戸幕府と江戸期の文化の顕彰の始まりの指摘を、岩淵令治は「「江戸史蹟」の誕生――旧幕臣戸川残花の軌跡から」(久留島浩・高木博志・高橋一樹編『文人世界の光芒と古都奈良――大和の生き字引・水木要太郎』(思文閣出版、二〇〇九年)、「遥かなる江戸の此方にあるもの――「幸せな江戸像」と文化ナショナリズムをめぐって」(『歴史学研究』九六六号、二〇一八年)へと発展させている。また本稿(初出二〇〇五年)の批判的検証を、宮間純一が「生存のための〈歴史〉――旧藩社会の記憶から考える」(『歴史学研究』一〇四二号、二〇二三年)で行っている。

なお金沢、弘前、仙台、京都における紀念祭の具体的な展開については、拙稿「紀念祭の時代――旧藩と古都の顕彰」(佐々木克編『明治維新期の政治文化』思文閣出版、二〇〇五年)として別稿で分析した。またその後の仙台の紀念祭の時代をめぐる研究の深化として、佐藤雅也『近代民衆の生業と祀り――労働・生活・地域祭祀の民俗変容』(有志舎、二〇二二年)をあげたい。

第5章　桜の近代

はじめに

こうの史代の名作漫画『夕凪の街 桜の国』[1]（図7）では、原爆を生き抜いた若い女性とその夫が、一九六〇年代、新たな生活をはじめる東京の橋上で、満開の桜と花びらにつつまれる。女性は娘と息子を産んだが、その後若くして亡くなった。その死んだ母親を想い、二一世紀に娘はいう、「〔私は〕そして確かに　このふたりを選んで　生まれてこようと　決めたのだ」。私は、物語の、毎年変わらず咲く桜に、死者への記憶とともに、今ある人びとのしあわせと平和をみる。

一方今日流行《はやり》の、いくつものサクラソングのなかの桜は、恋人との出会いと別れという時時の移ろいの象徴である。春の訪れとともに素直に愛《め》でる対象としての桜のありようは、本来、人びとともにあったのだろう。

桜がナショナリズムの言説に満ちていた戦前日本の記憶が、今様に風化している。桜が素直に愛でる対象になったこと自体は私には好ましい。しかし、韓国でも二〇一〇年から始まった鎮海《チネ》軍港祭

図7　こうの史代『夕凪の街　桜の国』(双葉社，2004年)

（桜祭り）は、韓国救国の英雄である李忠武（舜臣）公護国精神宣揚会の主催であり、李舜臣の追慕大祭や戦勝行列が行われるように、依然として桜とナショナリズムは不可分である。(2) 一方、日本の超党派・国会議員からなる「日本桜の会」の日本各地への植樹にも、ナショナリズムという政治が、見え隠れする。

入学式や観光の名所としてあたりまえに日常の風景となっている桜には、ナショナリズムを表象してきた近代の歴史があった。そのことを前提として、本稿では日本国内から帝国へと広がる、桜という記憶の風景が、どのように創り出されたのかを論じたい。

＊

日本と韓国では毎年桜前線がニュースで報じられ、人びとは春の到来を感じる。薄桃色の春の到来を告げる桜前線は、近代に創り出されたソメイヨシノが日本や朝鮮半島で広く普及することにより可能となった。

ソメイヨシノは、幕末に江戸近郊の染井村で、エドヒガンザクラとオオシマザクラという、里桜と山桜の交配によって生み出された。接ぎ木、挿し木で増やすため、すべてのソメイヨシノは遺伝子組成が同じクローンである。葉より先に花だけが豪奢《ごうしゃ》に咲くソメイヨシノは、「文明」や「近代」をあらわすものとして、爆発的に普及していった。弘前城のソメイヨシノも、上野公園のソメイヨシノも、京城（ソウル）・昌慶苑《チャンギョンウォン》のソメイヨシノも同じ遺伝子組成であり、同じ色合いの薄桃色で、帝国に群れなす景観を創り出した。

　では桜前線は、いつからはじまったか？　一四〇年間にわたる京都の主要な地方新聞『日出新聞』（戦後の『京都新聞』）を、一八八〇年代から毎年、三月・四月の桜の記事を繰ってゆくと、一九二五年四月二〇日付に、「彦根《ひこね》測候所内にある吉野桜（ソメイヨシノ）の開花並に満開期の予察方法を大正六年（一九一七）から筒井所長が研究中」であると、今日の桜前線に関わる記事があらわれる。ソメイヨシノが標準的な桜の種として、気象台の開花予想に初めて採用されたことがわかる。

　この記事から、ソメイヨシノという新しい近代の桜の種が、大正期にはいると全国的に普及していったことがよみとれる。そしてその翌年の一九二六年度から大邱《テグ》の測候所では、ソメイヨシノをもとに「開花期日を予報」し始める。朝鮮半島においても日本人が植えたソメイヨシノが気象台の標準木となってゆくのである。桜前線は、帝国という植民地支配とともに成立し、そこには内地との時間的な落差はほとんどなかった。

　植民地支配以前に朝鮮に山桜や一本桜などの桜がなかったわけではない。漢城（ソウル）郊外の牛耳《ウイ》洞《ドン》や加五里《カオリ》といった近代の桜の名所は、在来種の山桜をベースにしつつ、日本人がソメイヨシノなどを植栽した、植民地時代につくられた名所である。朝鮮半島で数少ない桜の天然記念物である全羅南道求礼《クレ》郡馬山《マサン》面の「華厳寺《ファオムサ》の彼岸桜」や咸鏡北道のホクセンヤマザクラも、喧伝はされなかったが確かに存在した。

ここで近世の伝統種の桜から近代のソメイヨシノの風景観への変化を説明したい。近世京都の西行桜や山梨の山高神代桜《やまたかじんだいざくら》のように様々な由緒・物語とともにあった豪奢な枝垂《しだ》れの一本桜、あるいは新緑の山に淡い桃色を点々と彩る日本の桜の起原との物語を持つ吉野山や、その山桜を平安時代に都に移した嵐山といった、物語や伝説に満ちた前近代日本のありようと近代とは、根本的に違う。

西田正憲が、『瀬戸内海の発見』(3)で指摘したように、中世には歌枕を追体験することによって瀬戸内海のイメージが形づくられていたものが、一九世紀にシーボルトをはじめヨーロッパ人が瀬戸内海を東行するなかで、エーゲ海になぞらえた多島海が瀬戸内海の代表的な景観となり、小島が点在する瀬戸内が、国民的な心象風景となった。同様に由緒や物語から風景への転換が、桜をめぐる風景でも起きてくる。

本稿では、前近代日本の伝統種の桜の多様性や、伝説・物語のなかにあったありようから、新しいソメイヨシノという種が二〇世紀の国内に普及するとともに、「韓国併合」以降の一九一〇年代には朝鮮半島にもソメイヨシノが広がってゆく問題を考えたい。戦前における大衆社会の盛行を迎えた一九三〇年代には、三月後半に沖縄から九州に上陸したソメイヨシノの開花が、「帝国」の中を東と西の二方向に北上する桜前線が成立する。東方向は、三月後半に、鹿児島県から本州を東に北上し、五月前半には弘前から松前城に至る「内地」の桜前線である。西方向は、朝鮮半島南端の釜山《プサン》や鎮海で開花し、京城・平壌をへて、五月には満州国境の安東《アントン》(現在の中国・丹東)・鎮江山《チンコウ》まで到達する。当時の『京城日報』をみると、釜山から安東まで鉄道・バスで結ばれたツーリズムに裏づけられ、四月には紙上で朝鮮全体の花見の名所が一目で俯瞰《ふかん》できた。

まず日本国内でソメイヨシノが、前近代の伝統種と競合しつつ次第に棲み分けられて植樹される過程をたどる。一九一九年の史蹟名勝天然紀念物保存法公布以降、名勝や巨樹、名木として指定された、吉野山や嵐山の山桜、一本桜の山高神代桜(山梨)、三春滝桜(福島)、根尾谷薄墨桜(岐阜)、知足院奈良八重桜、盛岡石割桜(岩手)など、「日本文化」の代表とされた名勝・天然紀念物の桜ではソメイヨシノが主役ではなかった。一方、ソメイヨシノが普及したのは、堤防や軍隊・学校、郊外住宅地などであった。つまり、ソメイヨシノはそうした近代的な文明の「景観」とともに広まったのである。こうした桜の伝統種とソメイヨシノが、日本の「内地」の景観の差異化をもたらした。景観の位置づけにともない、ふさわしい種の植え分けによって異なる政治文化が形成されたのである。

一方、朝鮮半島はどうか。たとえば一九二六年三月に釜山に陸揚げされた、一二万本のソメイヨシノを中心とする桜の苗木は、朝鮮半島の諸都市の神社・公園・学校・軍隊・堤防などに植樹されてゆく(『京城日報』一九二六年四月一二日、以下「京 26/4/12」のように表記)。しかしたとえば京城師範学校教諭・上田《かみた》常一《つねいち》の発言において、「朝鮮の人々は内地の人種と趣きを異にし、古来桜には殆んど関心を持つてゐなかつた」と見なされていたように(京 33/4/27)、朝鮮在来の種(一本桜、山桜)は無視され、桜は日本の文化として、学校教育や観光言説とともに一般化してゆく。

そこでは、まず内地の名勝・吉野山や天然紀念物・山高神代桜などの内地の桜の名所群を、「日本文化」の価値の頂点と見なすヒエラルキーが存在し、朝鮮半島の桜は、内地に比して文化的下位に位置づけられた。朝鮮王宮の一つであった「昌慶宮」は、過去の王権が脱権威化された「昌慶苑」として「公共」の公園と化し、それとともにソメイヨシノなどの桜が植樹された。ソウルの総督府のお膝元の昌慶苑を頂点としたヒエラルキーのもとに、日本人が植樹したソメイヨシノと、価値を無視された在来種の山桜などの名所が、朝鮮半島の桜の風景を創り上げていった。

山桜や枝垂れ桜といった「伝統種」とソメイヨシノというクローンの「近代の種」といった種による特性を生かした植え分け、そして価値づけの階層性をはらみつつ、桜という記憶の風景が創られた。その風景は、ナショナリズムとコロニアリズムに密接に関わりつつ、内地から朝鮮半島を含む帝国へと広がっていった。

一　日本における桜の地域的展開

（1）弘前の場合

明治期の「内地」におけるソメイヨシノの普及の過程を考える。

幕末に江戸（一八六八年に東京に改称）近郊で創られた新しい品種であるソメイヨシノは、「近代」「文明」を表象した。まず積極的にソメイヨシノを植樹、受容した事例として、東北の地方城下町である弘前の事例をあげたい。続いて、平安時代から東京遷都まで（七九四～一八六九年）、天皇を擁する都であり、独自の伝統種の桜をめぐる文化や名所があるゆえに、ソメイヨシノの植樹への抵抗を示した事例として、京都をとりあげる。

弘前における桜の位置づけは、幕末維新期の同地域の位相を抜きにしては理解しがたい。戊辰戦争（一八六八～六九年）当初において、新政府と対抗する奥羽越列藩同盟の側にいた弘前は、途中で姻戚の近衛《このえ》家からの情報もあり、官軍側に寝返り南部藩へも侵攻する。つまり弘前は、「賊軍」から「官軍」へと寝返ったのである。こうした経緯もある弘前は、明治時代に入り、新政府のある東京からもたらされた官衙や軍隊や教育機関を、積極的に「近代」や「文明」として受容する姿勢をみせた。

近世日本において城は戦いの場であり、貴族的で女性的なものとして表象されていた桜は、城にはふさわしくなかった。実際、近世の弘前城も、松が多く植えられた。これは全国の近世城下町でも同じで、たとえば姫路城も松並木に天守閣がそびえる鳥瞰図が描かれた。

弘前城は一八七一年の廃藩置県をへて廃城となり、城址に東北鎮台の分営が置かれた(4)。ここには徴兵令以後、農民などが近代の武士、つまり「国民軍」として、駐屯することになった。荒廃した弘前城址の西の郭および二の丸に、一八八二年に旧津軽藩士菊池楯衛がはじめて桜を植樹したが、士族仲間からは、城を物見遊山の場にするのかとの非難をあび、結局、桜は伐採された。城に桜はふさわしくないという観念が、女性的なジェンダー表象ともあいまって、明治維新後にも存続していたのである。この頃、城址はいまだ士族のものであり、市民には開放されていなかった。城下町の市政も全国的に、日清・日露戦争前の一九世紀後半においては旧士族が主導していた。

しかし、それが、日清・日露戦争を契機として転換をとげてゆくことになる。

日清戦争後に、陸軍省が軍用地として使用してきた城址を市や旧大名家に払い下げる動きが、全国的に出てくる。城址に軍隊が残り続けた仙台城（第二師団）や、大名家の所有が遅くまで続いた犬山城（愛知県）・彦根城（滋賀県）などの例外もあるが、軍隊が郊外へと移転した弘前城をはじめ、会津若松城（福島県）や松江城（島根県）など、多くの城址に公園や公共施設が設けられることになった(5)。

図8　公園となった頃の弘前城本丸遠望
（1890年代．山上笙介編『ふるさとのあゆみ 弘前Ⅰ』津軽書房，1980年）

また日露戦争中の国文学者の池辺義象《よしかた》の手になる、入営前の青年や軍人向けの一般参考書である『帝国軍人読本』(6)では、富士山・琵琶湖・紅葉・軍人などの章と並んで、「桜」の章があった。本居宣長の「敷島《しきしま》の大和心《やまとごころ》を人問はば、朝日に匂ふ山さくら花」の歌も大和魂の発露と解釈し、「落花の潔《いさぎよ》きさまは、事に臨んで渋滞なく、武士が戦場に向つて、一命を国の犠牲として、芳しき名をのこせるさまにかよひたり」との、武士道の発現、男性性の象徴として桜が描かれることになった。

弘前では「公共」性のある公園が新たに城址に設置されることになり（図8）、日清戦勝紀念（一八九五年頃）として、士族の内山覚弥がソメイヨシノ（吉野桜）を一〇〇本植栽した。これが弘前城の桜の嚆《こう》矢《し》である。さらに一九〇〇年、弘前公園に、弘前市議会が皇太子（のちの大正天皇）の成婚を記念して、ソメイヨシノを植樹した。その後、日露戦争、大正・昭和の大礼と国家の記念の節目ごとに桜は本数を増していった。

日清・日露戦争をへて、郷土への愛着は、津軽や旧大名家の顕彰とあいまって、ナショナリズムへとしっかり包摂されてゆく。かつて戊辰戦争の「賊軍」であった会津若松や仙台においても、郷土という地域社会の歴史や旧藩への愛着は、皇室への崇敬を媒介として、ナショナリズムにリンクした。

第一次世界大戦後には、アメリカをはじめとする国際的なツーリズムが盛んになり、日本でも観光が勃興した。観光の隆盛は、地方色、お国自慢を掘り起こしていった。津軽においても観光言説のなかで、「津軽富士」や「津軽為信」、「津軽じょんがら」といった民謡や方言が、固有な文化として囲い込まれ、発信された。岩木山を背景に咲く弘前城の桜は、「津軽」、あるいは青森らしい「お国自慢」の表象となってゆく。一九一八年からは弘前市商工会を中心に観桜会が毎年、開催された。

図9　弘前城の桜（1934年. Manabu Miyoshi, *Sakura: Japanese Cherry*, Board of Tourist Industry, Japanese Government Railways, 1934）

一九二八年に鉄道省に設置された国際観光局は、能・茶・歌舞伎などの日本文化をコンパクトに英文で外国人観光客に紹介したガイドブックを発行した。その一冊が東京帝国大学の植物学者三好学の *Sakura: Japanese Cherry*[7]であり、その扉絵（図9）は、弘前城に咲き乱れる桜の着色写真である。しかし考えてみれば、この桜は、発刊された一九三四年の時点から、せいぜい四〇年前に植樹されたソメイヨシノであった。そしてこの時点で、すでに城にソメイヨシノという新しい近代の景観の美が、伝統的な京都円山公園の枝垂れ桜や吉野の山桜より「日本文化」にふさわしいとの自意識とともに、欧米に対してプレゼンテーションされていたのである。ちょうどこの頃、第四期国定国語教科書（一九三三年）が刊行され、桜の下の入学式に続いて、子どもたちは色刷りの「サイタ、サイタ、サクラ、ガ、サイタ」との一節を読んで、小学校の生活がはじまった。

「東京」「近代」を象徴することになったソメイヨシノの積極的な植樹は、弘前だけでなく東北地方や九州などの地方旧城下町においても共通する動向であった。

（２）京都の場合

京都において観光は一八世紀以降に隆盛を迎える。京都御所を中心とした朝廷を売り物にする観光によって、平安朝以来の朝廷と結びついた京都文化のブランド化が進んだ。京焼・京人形・京菓子、京学・京医・京踊などが、そのときから今につながる。

一方、古代・中世以来、京都には嵐山、東山、洛中などの桜の名所が多数存在し、詩歌にうたわれ、由緒や物語とともに存在した。

たとえば嵐山の桜は鎌倉中期に亀山天皇が吉野から移植したと伝えられる。渡月橋《とげつきょう》のむこうに広がり戸無瀬《となせ》の滝をいだく山桜の景観は、近世には領主であった天龍寺と京都所司代の手により維持された。西行桜は、西行法師の『新古今和歌集』の「ながむとて花にもいたく馴ぬればちるわかれこそ悲しかりけれ」（美しいと思ってずっと花を眺めているうちに、散る別れが悲しくなってしまった）という歌とともに西山に存在した。御室《おむろ》仁和寺の背の低い八重桜は京都の遅い花見の名所であったし、平野神社の桜は西陣の発展とともに町人が支えた。千本焔魔《えんま》堂の普賢象《ふげんぞう》桜は、一五世紀室町時代の謡曲「西行桜」にもうたわれた。室町幕府の花の御所にも植えられた近衛の糸桜は、江戸時代、公家町の北辺にあった。後水尾《ごみずのお》天皇が牛車を戻してまでも愛でた「御車返《みくるまがえ》しの桜」は、公家が参内する公卿門の横の菊亭家の築地から溢れ咲いた。京都の町の人びとは、東山の社寺の桜の名所をめぐったその足で、京都御所の九門内を散策した。京都の東山は、その山懐に社寺が点在する一大観光地であったが、黒谷から始まり、南に知恩院、清水寺の地主桜へと連なる桜の名所でもあった。

こうした由緒と物語にみちた桜の名所は明治維新で大きな変容をとげる。

象徴的な事例として、今日、京都を代表する名木、円山公園の桜をあげる。祇園社の神宮寺であった宝寿院の庭に咲いていた枝垂れ桜は、幕末には、外からは寺の築地塀の上にわずかに見えるだけであったが、明治維新の神仏分離で宝寿院が廃寺となり消滅し、そのあと一八八六年に、京都で最初の公園である円山公園が設置されると、残された枝垂れ桜が名木として聳《そび》え立つようになった（図10）。

明治維新後の円山周辺は、「文明開化」の場となった。明治五年（一八七二）の京都博覧会で初めて京都にやってきた外国人たちは、也阿弥《やあみ》ホテル、世阿弥《ぜあみ》ホテルに泊まり、洋食屋で食事した。その京都

図10　京都円山公園の桜（戦前の絵葉書）

博覧会で、ヨーロッパのレビューをまねた舞妓たちによる「都踊り」が創始された。花街にも江戸の吉原にまねて桜が植えられ、モダンの先端をはしっていった。

江戸時代以来の名所、嵐山には、一八九七年、二条駅から嵯峨駅のあいだに京都鉄道が敷設され、四条大宮から出る嵐山鉄道も一九一〇年に開通した。一九二〇年代の大衆社会状況になると、桜の季節には西は明石から東は滋賀の三井寺まで、鉄道で結ばれた日帰りの桜の名所群が、新聞の読者には一枚の見開きの紙面で一眸《いちぼう》できた。

京都はこのように前近代からの伝統種の桜の名木や名所に満ちていたため、東京で幕末に生み出された新しい品種であるソメイヨシノの普及は遅く、在来種との葛藤が顕著であった。最初にソメイヨシノが植えられたのは、賀茂川の東、上京・下京といった古い町の周縁に立地する岡崎の動物園であった。一八九五年の平安遷都千百年紀念祭・第四回内国勧業博覧会の跡地に、一九〇〇年に皇太子（のちの大正天皇）の成婚記念として動物園が開園した。そこに一九〇四年に東京から取り寄せられたソメイヨシノの苗木六〇〇本が植えられたのである。

岡崎の地には、平安遷都千百年紀念祭がもたれた北側の平安神宮と、第四回内国勧業博覧会の跡地の美術館・図書館・動物園の南側の文化ゾーンが存在した。つまり北側の「歴史」「伝統」と南側の「文明」「開発」が、大衆社会状況下で共存した。一見、相反するこの二つの性格こそ、京都の、そして日本近代の特色であった。

北側の平安神宮には、糸桜が咲いている。これは、一八九五年の創建時に、仙台の遠藤庸治《ようじ》市長の手により「遠藤桜」として一〇本寄贈されたものである。戦国時代に津軽から伊達政宗の手に渡った都の近衛家の糸桜が、連綿と仙台で育てられてきたとの物語が語られた。谷崎潤一郎の『細雪』（一九四四年）には、平安神宮の回廊をこえて視界が開け、美しい三姉妹が満開の糸桜をみて、「あー」と感歎の声を放つシーンが描かれる。南側の動物園や、琵琶湖から引かれた疏水沿いには、葉に先駆けて花だけ豪奢に薄桃色に同じトーンで群れなし咲くソメイヨシノが、植えられた。また一九一八年頃、日本画家橋本関雪が、若王子―白川間の、いわゆる「哲学の道」にソメイヨシノを植えた。

一九二七年の『京都日出新聞』[8]には、「大極殿（平安神宮）の枝垂桜が明治の生んだ新京名所でありとすれば、動物園の夜桜は大正に出来た新京名所」と報じられている。岡崎を例にとれば、平安神宮の枝垂れ桜（遠藤桜）は近衛家伝来という王朝文化の「伝統」の物語をあらわし、その南側の動物園や疏水沿いのソメイヨシノが「開発」「文明」の表象となっていた。この両種の共存が近代都市・京都のメタファーであるといえよう。そして、京都の文化人・知識人には、ソメイヨシノを忌避する傾向が強く、たとえば京都園芸倶楽部を主宰した勧修寺経雄《かじゅうじつねお》は、昭和天皇の即位儀礼である大礼記念に書いたエッセイ「京都の桜」[9]のなかで、「此の種類は京都辺では動物園とか、公園とか、遊園地等にはまだよいが、其他の所では反《かえつ》て風景を損ふ恐れがあるのは遺憾である」と述べている。

一九二八年の「昭和大礼」が京都観光の大きなエポックとなり、翌年には京都市観光課が設置された。[10] 大礼と皇室ブランドの地域おこしと相まって、一九二八年の京都市の宿泊客八二万一二二七人（うち外国人七二七九人）にのぼった。

そして観光の隆盛のもとに、在来種の山桜や枝垂れ桜と、新しい近代の品種であるソメイヨシノの棲み分けが京都盆地の中で、戦略として考えられた。

『京都日出新聞』で、京都府山林水産課公手《きみて》嘉一郎山林技師は、桜樹《おうじゆ》調査をふまえて発言する。[11]

円山を中心として洛東《らくとう》の桜樹は祇園の夜桜を除いては極めて単調なるもので、殊に染井山桜の種類は、開花期が短時日で従つて遊覧期節花見シーズンを長くするためには八重、ぼたん、羽衣《はごろも》等を植樹しなければならず、府下は今回の調査に依つて是の種の桜樹を数千本移植する筈であると。

ここに、京都において、「開発」・「近代」を象徴する景観（賀茂川沿い・岡崎公園・疏水など）にソメイヨシノ、物語に富んだ史蹟名勝（御所・嵐山・地主桜・御室・平野など）に枝垂れ桜・山桜などの伝統種の桜を配置するという、新たな近代の都市空間が成立する。

二　史蹟名勝天然紀念物としての桜

つぎに近代において史跡名勝天然紀念物として価値づけされる桜の問題を考えたい。日本の天然紀念物保存制度に影響を与えたのは、ドイツの植物学者コンヴェンツ(Hugo W. Conwentz, 1855–1922)であった。彼は一九〇四年に『天然紀念物の危機とその保存のための提言』[12]を著し、一九〇六年にはプロイセン天然紀念物保存局の設置に貢献した。コンヴェンツの三つの方針は、天然紀念物の目録作成、地域における天然紀念物保護、天然紀念物について知らせることであった。ドイツではハイマートシュッツ(Heimatschutz＝郷土保護)と天然紀念物は連動し、コンヴェンツは「郷土保護連盟」の主要メンバーであるなど、史蹟保存との共通点もあった。またコンヴェンツ以前の欧米では、自然と親しみ楽しむ意識はあっても、「自然の保護」への意識は希薄であったと評価される。そして、コンヴェンツを日本に紹介したのが、前述した三好学で、早くは一九〇六年に巨樹・老木は郷土のシンボルとの論を展開した。[13]

日本においても天然紀念物はナショナリズムとコロニアリズムとに密接に関わっていた。三好学「筑前国一の宮筥崎八幡宮の標松《しるし》[14]」では、三韓征伐の神功皇后の伝説と箱崎の標松が結びつけられるし、同様に日本の「固有の風景」を外国人に見せることが説かれた。[15]また府県ごとの名木調査や巨樹の保存からも価値の基準がうかがえる。[16]

一九一九年の史蹟名勝天然紀念物保存法により桜の価値が制度化された。[17]一つには、南朝史蹟や修験道の本山であった吉野山(一九二四年指定)や平安朝以来貴族の別業が営まれ近世は天龍寺の保護の下に栄えた嵐山(一九二七年指定)の山桜などであり、そこでは史蹟および名勝としての歴史と景観の美が重視された。

もう一つは、巨樹・名木の天然紀念物としての桜である。史蹟名勝天然紀念物保存法で一九二三年までに指定された桜として、「巨樹」では石戸蒲桜(埼玉)、狩宿下馬桜《かりやどげば》(静岡)、山高神代桜(山梨)、三春滝桜(福島)、根尾谷薄墨桜(岐阜)、「名木」として、知足院奈良八重桜(奈良)、白子《しろこ》不断桜(三重)、揖斐二度桜(岐阜)、盛岡石割桜(岩手)があった。これらの巨樹・名木は植物学的な種の自然科学的価値にもとづくものであった。

一九一八年四月より雑誌『桜』が刊行された。刊行元の桜の会は、財界の渋沢栄一、紀州徳川家当主で史蹟名勝天然紀念物保存事業を担った徳川頼倫《よりみち》、旧幕臣で同事業に取り組んだ戸川安宅《とがわやすいえ》や植物学者の三好学らがたちあげ、一九四二年四月までに二二一号を数えた。「桜の会趣意」では、「桜は古来我国の国花と称せらる。〈中略〉晩近《ばんきん》急激なる物質的進歩に伴ひ、この花を顧るもの少なくなり行きて、名木次第に凋落《ちょうらく》せんとし、殊に東京及び近郊のごときに至りては、煙毒その他の障害の為に漸く衰残に赴かん」と論じ、第一次世界大戦後の資本主義の発達と、西欧の物質文明ではない、日本の固有の文化の振興をうたった。その後の軌跡では、一九三三年より梅の会が雑誌『梅』を発刊するが、一九四三年四月、大東亜共栄圏の時代には、『桜』と『梅』は合併した。合併号『梅と桜』の「巻頭言花守人」は、「富士山と共に我国土自然を代表し、国民精神を表現する桜花に対し、上代に渡来して東洋の倫理思想の真髄を表徴するものとなす梅花を神代以来の日本精神をもつて鑑賞愛植し来り、共に国民精神文化の上に国民思想の反映」するものとし、日本の固有の文化とされた桜と中国文化を象徴する梅は、「国民精神」のもとに包摂された。

なお雑誌『桜』には、朝鮮の桜の記事が一件だけあった。一七世紀の朝鮮王朝、孝宗のときに清に対抗する弓づくりのために京城近郊の牛耳洞に桜を植えたとする記事であった[18]。つまり、雑誌『桜』の論調は、日本内地の伝統種の桜に価値をおいていたため、朝鮮の在来種の桜はほとんど顧みられなかったと考えられる。

雑誌『史蹟名勝天然紀念物』にも桜の論説は多い。国文学者の芳賀矢一は「国華としての桜」を論じ、ナショナリズムの問題として桜を捉えた。三好学は「優れたる桜の品種」のなかで、「園芸上から見ても、或は名所旧蹟等に連関して考へて見ても、古来の桜の良い品種は、成るべく完全に遺したい」とするが、この「古来の桜」とは、内地の伝統種の桜であった[19]。

三好の「霞間ケ谷《かまがたに》の桜（美濃国揖斐郡）[20]」の論考の内容は、「霞間ケ谷の地理」「風景」「桜」「霞間ケ谷の保存」からなるが、「地理」「風景」や桜の歴史、あるいは保存といった要素に、近代の史蹟名勝天然紀念物保存法に影響を受けた、近代における新たな桜の価値づけが読み取れる。文政の頃から大垣の江馬細香などの画家・学者・文人が来訪していたこと、一八八九年に地元の有志が桜を植え、一九〇〇年にソメイヨシノ（吉野桜）を移植した来歴が語られる。岐阜県の養老の公園が、道路の開鑿《かいさく》、旅館などの設置により、「土地発展の為に風景が毀損され頗る俗化」された一方で、霞間ケ谷では徒歩者のための狭い道を諸所に通じて、「風景を眺める」ことに主眼をおくべきとされた。そして東京近郊のようなソメイヨシノの植栽に反対した。

同様に三好は、「桜の名所と其保存[21]」で、「山桜、里桜、彼岸桜、枝垂桜の類で、此外に明治維新の頃から次第に植ゑられ今日盛に繁殖した染井吉野がある」とする。代表的な桜の名所として、吉野山は「山地に於ける白山桜の名所として、区域の広いこと、桜の多いことで日本第一」とし、嵐山は「峡谷の風景によれる白山桜の名所として著しい」し、御室は「里桜の品種を灌木状に仕立て、特異の樹状を帯ばしめた点で古来著名の勝区」であり、東京の小金井は「武蔵の平野に於ける白山桜の一大集植で、吉野、桜川其他の産を交へ、天然変種に富んで居る」と評価した。

以上論じてきたように、物語や伝説に富んだ伝統種の桜は、史蹟名勝天然紀念物保存法（一九一九年）により、「天然紀念物」としての一本桜の品種と、「史蹟及名勝」（嵐山・吉野山）の山桜としての風景、との二様で保護された。一方、ソメイヨシノは、「開発」・「近代」を象徴する景観であり、一九二〇年代以降には、ソメイヨシノと伝統種の両者を使い分けた風景・景観の設計がなされた。そうした桜の品種による空間配置が、大衆社会状況下（一九二〇～三〇年代）におけるツーリズムの盛行にともない、名勝地・国立公園などとして、形づくられた。

大衆社会において、日本三景・近江八景など歌枕的な近世の風景ではなく、自然景観を重視した風景観が出てくると同時に、地域地域のご当地の「富士山」・「日本三景」を掘り起こす動向もあらわれてきた。[22]そして地域社会の固有な風景のなかに、桜の風景はいずれにおいても代表的なものとなった。

三　植民地・朝鮮の桜

(1) 朝鮮への桜の植樹

「桜花号」と銘打たれた『京城日報』の「桜花頌《しょう》」という記事(京18/4/25)では、植民地朝鮮の桜について宮中の桜から説き起こして、「半島の春も亦桜花の装ひあり、大和民族の住む処、桜の移し植ゑられざる無きは、民□(不明)花心に、契合し、朝日に匂ふ山桜は、大和心の徴象たればなり」と論じられた。『京城日報』は、主に日本人を読者とした日本字紙で、朝鮮総督府の御用新聞的な性格があった。また『朝鮮及満洲』に掲載された英夫生《ひでおせい》の「花の京城より——大阪に住む三人の弟へ」のエッセイ[23]では、「京城の桜は日本人と一伴に日本から移植されたものである、そして日本人の数が増すに連れてその数を増し、朝鮮に育ちつゝある日本少年が成長して行くやうに桜の木も大きくなつて来た」と評した。

京城師範学校教諭上田常一の「京城の桜の来歴(上)」(京33/4/27)では、動植物園長の下郡山誠一・奨忠壇《チャンチュンダン》公園の植地某・大和町の谷与市の三人から聞き取りをしている。上田は、京城には、吉野桜と山桜があるとし、「山桜は元々朝鮮に生えて居たものであるが、朝鮮の人々は内地の人達と趣きを異にし、古来桜には殆んど関心を持つてゐなかつた」とし、ソメイヨシノの済州《チェジュ》島原産説を紹介した。ソメイヨシノの京城への移植は、谷与市が、一九〇七年に児玉秀夫の命を受けて倭城台《ウエソンデ》(桜台)に五〇〇本ほど植樹したことが嚆矢であり、ソウルの桜の名所である昌慶苑へは、倭城台にならって一九〇八~〇九年(明治四一~四二)に、ソメイヨシノ桜三〇〇本ほどが苑内に植樹され、現在では一〇〇〇本以上であると報じられた。ソメイヨシノにかかわっては、一九二九年に全羅南道海南《ヘナム》半島でソメイヨシノの原生林が発見されたと報じられた（京29/4/18）。また京都帝国大学の植物学者小泉源一は、一九三二年にソメイヨシノの済州島原産説を唱えた。小泉が「朝鮮桜」と蔑視したソメイヨシノには、日本文化を表象する山桜のような気品がないとする、ナショナリズムとコロニアリズムに満ちた見解であった[24]。

また桜の植樹は、一九一一年四月三日、神武天皇祭にあわせて開かれた第一回「記念植樹デー」の社会的影響が大きかった。「記念植樹デー」は、「初代朝鮮総督故寺内（正毅）伯爵が治国の基は治山にありとし、一般民衆の愛林思想を涵養し植林を奨励するため」（京30/4/3）と位置づけられた。春川《チュンチョン》公園予定地に約八〇〇本の桜が、水原《スウォン》では八達《パルタル》山麓東南面に桜・萩数千本が、大邱府の墓地には「一般府民数百名参加し内鮮人共同墓地に松、桜等二万本が植栽」された（京26/4/8、京28/4/5、京30/4/5）。また朝鮮半島では豊臣秀吉の戦跡や倭城が顕彰・整備され、文禄・慶長の役で小早川隆景《たかかげ》と明軍との戦場となった碧蹄館《へきていかん》には「京城日報社」が桜・楓各五〇〇〇本を植樹した（京29/4/3）[25]。一九三二年四月一日の碧蹄館に山桜一万五〇〇〇本が植樹された記事では、「勇士の霊を慰めると同時に遊客」を満足させると報じられた。一九二六年四月三日の朝鮮総督府第一六回記念植樹では、斉藤実総督以下の官民家族連れ五〇〇余名が、龍山《ヨンサン》孝昌園で桜の植樹を行い、「荒涼たる地面に俄然桜の林が出来上つた」。また一九一一年から一九二五年までの記念植樹の面積は八万一二一二町、本数は約二億四三三六万本にのぼった[26]。一九二六年三月には「十二万本の桜苗」が釜山に陸揚げされた（京26/4/12）。

このように釜山に陸揚げされ朝鮮半島全土に植樹されていった桜の主体は、ソメイヨシノであった。

一九二六年度から大邱の測候所では、ソメイヨシノをもとに「開花期日を予報」してきたし、一九三〇年四月八日には、「仁川観測所構内の季節観測用の吉野桜の標準木が四・五輪開いた」とソメイヨシノの普及に基づく桜前線の成立を伝えた(京30/4/9、京34/4/3)。

群山《クンサン》の公園山には「京城日報社寄贈」のソメイヨシノが、公州《コンジュ》市外の錦江橋街道には数百本の吉野桜(ソメイヨシノ)が、大邱の連隊道路一帯にソメイヨシノ約一〇〇〇本が、大田神社《テジョン》には吉野桜の他、数百本が植樹された(京22/4/20、京29/4/5、京31/4/5)。龍山・旭川の堤防は吉野桜一〇〇〇本で埋められ、元山《ウオンサン》には一〇〇〇本の八年生以上の吉野桜が浦下川堤防に植樹された(京32/4/3、京33/4/1)。一九三三年のこの年には、平壌・慶州などでも染井吉野や山桜を植樹した記事がみられる。

内地からもたらされた桜はソメイヨシノを主体としつつ多様な種が移植されたが、その一方で朝鮮在来の種もあった。「京城の桜」(京33/4/20)では、染井吉野、てうせん山桜、山桜、毛山桜、彼岸桜、枝垂桜、京城ウハミヅザクラ、えどひがん、おほやま桜、ひめやま桜、と多様な種が紹介される。興味深いことに、京城近郊の牛耳洞に自生する在来種の朝鮮山桜や、京城近郊における山桜として、ビロウドヤマザクラ、アケボノザクラ、ヒメヤマザクラ、があがるなど、朝鮮在来種の多様さも指摘された。またここでもソメイヨシノの済州島原産説論争が紹介されている。前年の一九三二年四月には京都帝国大学の小泉源一が済州島でソメイヨシノを発見したとされた。一方、京城帝国大学予科教授で動植物学を研究した森為三は、朝鮮の主要都市や京城の昌慶苑、総督府官邸の谷間に植わっているものはいずれもソメイヨシノで、「総督府施政以来、内地から移植したもの」とし、オホヤマザクラ、テウセンヤマザクラ、アケボノザクラ、ヒメヤマザクラ、ビロウドヤマザクラ、カスミザクラ、ケヤマザクラといった七種の朝鮮在来の山桜もあげる。[27]

京城の小南門から約一里半の近郊にある牛耳洞は、『京城案内』[28]に「数千の桜樹参差《しんし》として遠く之を望めば雲かと疑ふ計りなり」と人びとが集う名所として紹介された。『朝鮮及満洲』の巻頭言には、「牛耳洞の桜林、加五里の桜林は古来よりの老林にして純然たる朝鮮桜なり、日本の山桜に似て而も更に淡なり」と紹介された。[29] しかし朝鮮総督府逓信吏員養成所の教員であった松田甲は、「桜を牛耳洞に移植せし洪良浩」[30]において、洪良浩《ホンヤンホ》の子孫からの言い伝えをもとに、一八世紀の英祖時代の文人・洪良浩が牛耳洞を開拓し「桜樹を日本より移植した」との説をだした。[31] 松田は、「日本の桜うつして野に山に、花見てあそふ韓人のむれ」と日本からの移植説を詠じた。それに対して森為三は、牛耳洞の桜はケヤマザクラ、テウセンヤマザクラ、ヒメヤマザクラ等、朝鮮在来種であり、内地から移植されたものではないと断じた。[32]

「釜山の桜」として、「会議所構内の下垂桜は今が見頃、龍頭山の松葉隠れの桜花は待つ間暫らく、八重丈に向陽園の桜花と対に樹数の多いのと遅咲きで有名」と、名所ごとの種が紹介される。また雪害で「吉野桜は死んで居る、朝鮮桜は被害尠し」とあるように、朝鮮在来種の桜の自然環境への適応性が指摘された(京 20/4/1、京 22/4/1)。

さて一九三三年八月九日に朝鮮宝物古蹟名勝天然記念物保存令(勅令第六号)が公布され、「動物植物地質鉱物其ノ他学術研究ノ資料ト為ルベキ物ニシテ保存ノ必要アリト認ムルモノ」を「天然記念物」

と指定した。これは内地の法律である史蹟名勝天然紀念物保存法（一九一九年）では用語が「史蹟」・「天然紀念物」であるのに対して、朝鮮では「古蹟」・「天然記念物」と差異化され、美術品・建造物も「国宝」ではなく「宝物」とされた。「大正」・「昭和」の元号案にかかわった漢学者で宮内省嘱託の国府《こくぶ》種徳《たねのり》は、「天然記念物」と「天然紀念物」との違いについて、「紀念」の方が、「重く強き意味を有する」と説明した[33]。文化財の用語をめぐっても、日本と朝鮮の階層化が図られた。

朝鮮の植物に関する天然記念物は、公孫樹・ケヤキ・エノキ・カヤ・白松・済州島の榧《かや》など一九三六年で二八件あるなかで、桜については、全羅南道求礼郡馬山面の華厳寺地蔵庵の「華厳寺の彼岸桜」の一件のみが指定されていた。根回周囲五・三五メートル、地上三メートル余であり、朝鮮王朝の仁祖《インジョ》大王のときの碧巌大師が植栽したとの言い伝えがあった。のちに咸鏡北道の巨樹である大草島のホクセンヤマザクラと、北限である西水羅のホクセンヤマザクラ群落が追加された[34]。

しかしこの「華厳寺の彼岸桜」とホクセンヤマザクラにかかわって重要なことは、新聞や地誌類のなかでその存在が広く喧伝されなかったことである[35]。すでに見てきた朝鮮半島の山桜も含めて、朝鮮在来種の桜の価値が等閑視され、朝鮮の民族には桜を愛する文化はなかったと日本人は見なした。確かに朝鮮時代の春を愛でる花としては、チンダレ（ツツジ）や梅や桃であり、大量にソメイヨシノを群なす景観として植樹する桜の花見は、日本人がもたらした植民地時代の文化であったことも事実であろう[36]。しかし一方で桜の花は日本文化固有という言説は、桜を同化の象徴とするイデオロギーと表裏一体にあったと考えられる。

植物学者の竹中要は、「朝鮮に於ける植物の天然紀念物㈠」[37]のなかで、「朝鮮に於ける愛林愛樹の思想は内地に比して頗る幼稚で、現在僅かに残存せる巨樹老木は自然愛のためではなく、多くは迷信伝説から来てゐる」とした。さらに朝鮮では松を愛するが、他を顧みない文化であり、薪炭材の欠乏、薬用の樹木などの伐採、火田民の焼き払いによって、山林の荒廃がもたらされたと一方的に見なした。竹中の論考には、桜について一切記述がない。そして戦後に、竹中は、交配実験によりソメイヨシノがオオシマザクラとエドヒガンの雑種であることを論証し、ソメイヨシノの朝鮮原産説を否定することになる。

『日本地理大系　朝鮮篇』[38]と『日本風俗地理大系　朝鮮篇』[39]は、内地や外地の大きな図書館に配架された代表的な地誌のシリーズで、これらの巻は朝鮮の風物を俯瞰するものであった。両巻の「植物」は中井猛之進(東京帝大教授)の執筆だが、桜の記述は一切なかった。また『京城日報』は朝鮮における新聞であるにもかかわらず、同紙に掲載された「各地に散在する名木の話」および「全国桜番附」の記事には、「内地」の桜しか登場しない。そこには桜をめぐる内地／外地のヒエラルキーが明らかに読み取れる(京 28/4/10)。朝鮮には、日本人が内地のソメイヨシノをはじめとする桜を移植した昌慶宮をはじめとする地方都市の神社・学校・公園・倭城・堤防などの桜の名所とともに、山桜の在来種の名所(牛耳洞、加五里など)も存在した。しかし朝鮮在来種の桜は学問的に十分には検討されなかった。

(2) 植民地時代、朝鮮の桜の名所

「韓国併合」前の統監府時代、京城の南山の倭城台公園（京城神社に隣接）には六〇〇本の桜が植樹された。この来歴について、「明治四十年総督府〔統監府の誤り〕庁舎が光化門から今の倭城台へ移転した時、日本的趣味を作る為め内地から桜の苗木を取寄せ今の総督府司法部、当時木内〔重四郎〕長官々舎の前に植付け」られたという（京 18/4/24）。南山の統監府は、一九一〇年の韓国併合後、朝鮮総督府となった（一九二六年に景福宮へと移転）。倭城台の総督府官邸と総督府裏門の間の桜谷は植民地統治初期からの桜の名所であり（京 16/4/25）、京城府主催の招魂祭が桜の下で毎年開催された（京 18/4/28 など）。

しかし、なんといっても当時の京城、そして朝鮮半島の桜の名所を代表していたのは、京城北郊の昌徳宮東園（昌慶苑）であった（図11）。一九〇九年に日本は、朝鮮王朝の離宮で廃宮のようにうち捨てられていた昌慶宮内に、動物園・植物園をつくり、一九一一年に昌慶苑と改名した[40]。朝鮮王朝のものから統監府・朝鮮総督府の手による「公共」の公園となった昌慶苑で、同時代の内地の公園や城址と同じく桜が積極的に「風致」として植えられ、それが「日本文化」になっていった。それは、「春は桜花の名所として満苑白霞の爛漫は正に一目千本の吉野山の美観にも譲らぬ程」と称された[41]。この昌慶苑の桜を頂点として、朝鮮各都市での名所がつくられた。早くは、「支那記者赴日団」が「京城観風、倭城台より昌徳宮秘苑」（京 18/4/14）をめぐっている。「倭城台」とは、豊臣秀吉軍の戦跡である倭城に桜を植

図11　昌慶苑の桜（戦前の絵葉書）

えて公園化した場所である。ここで朝鮮王朝のかつての王宮や倭城に桜を植え公共の公園として文化遺産化することが、王権と朝鮮の文化の否定という意味をもったことについて想起すべきだろう。それは朝鮮王朝の王権を歴史化することでもあった。

昌慶苑では、宮内の幹線道路に沿って二列にソメイヨシノが植えられ、池のほとり、花壇・休憩所には八重桜や枝垂れ桜が、山桜は雑木林のあいだに植樹され、一九二四年より夜の花見が行われた。『京城日報』記事では、夜桜が終わるまでに一シーズン一五万人を超える昌慶苑への人出が予想されている（京 24/4/26）。そして、昼夜を通じてもっとも花見客が多かったのは、日本の内地で大衆社会状況が頂点を迎え、朝鮮でも都市の消費文化が高まる一九三七年で、三三万人あまりにのぼった。(42)

ソウル南山では、朝鮮総督府の景福宮《キョンボックン》への移転が計画されるとともに、一九二四年、二五年に神苑が造営され、二六年に天照大神を祭神とする朝鮮神宮が創建された。神苑は玉垣内九二〇〇坪の〈内神苑〉、一〇万坪の〈外神苑〉からなり、公園とは峻別された。内苑の社殿敷地の風致林を中心にしたヒエラルキーが形成されたのである。(43) のちの一九三六年の「京城市街地計画」では、北側の景福宮・昌慶宮・徳寿宮を公園化し、南側でも南山公園（一〇万坪）を造成するなどして、京城の都市空間の南北の地域にそれぞれソメイヨシノをいだく公園を配することとなった。また奨忠壇公園近く、遊廓新町の夜桜も、内地の吉原同様に花街の名所であった（京 29/4/21）。

一九二八年には、京城日報社主催の桜の名所のスタンプラリーが行われた。京城北側の昌慶苑からはじまり、総督府医院、南郊の奨忠壇公園（京城府管轄）、倭城台、京城中学校庭、京城師範学校、往《ワン》十里《シムニ》電車終点、龍山孝昌園(京城府管轄)、麻浦電車終点、東郊の清涼里駅前に至る。京城電気軌道による観桜巡礼と銘打たれた(京 28/4/19)。

一九二三年の関東大震災以降に、日本では本格的な大衆社会状況と複製文化が到来するとされる。朝鮮でも、一九二〇年代後半になると第一次世界大戦後の世界的なツーリズムの勃興の影響を受けるようになった。

一九二九年には、世界一周中の客船リゾリュート号が朝鮮を訪れ、「朝鮮ホテルで妓生の踊り」が催され、三五〇台の人力車がでた。その後もリゾリュート号の記事は毎春のなじみとなり、一九三一年にはアルゼンチン旅行団もやってくる(京 29/4/14、京 31/5/2、京 34/4/3、京 35/4/9)。また第一次世界大戦後の世界的な登山ブームに呼応するように、「新緑五月に金剛山、山開き」との記事が出る㊹。妓生案内である『京城情緒㊺』では、「朝鮮名物と云へば一に金剛、二に妓生、三に人参」と評され、同時に「国立公園には金剛山が第一」と見なされた(京 28/4/17)。倭城や古都の史跡化も進み、東京帝国大学の造園学者本多静六は蔚山《ウルサン》の鶴城《ハッソン》公園を設計し、平壌では「公園を連ねて歴史の都を美化、大同江岸二里に亘《わた》る大公園、古蹟保存物にも大修理を加」えたと報じられた(京 28/4/17、京 33/4/25)。また一九三三年には京城や釜山にも観光協会が発足した(京 33/4/21)。京城府内におかれた京城観光協会は、「半島の宣伝紹介に、旅客接待の設備に統制と改善を図り、観光客誘致に力を致し、一は半島の繁栄一は国際親善の実を増進」することをうたった㊻。

朝鮮総督府鉄道局は、広域の花見の観光を宣伝した。朝鮮半島の鉄道は、一九〇五年に草梁《チョリャン》(釜山)

―京城の営業を開始し、併合後の一九一一年には、釜山―奉天間の直通運転をはじめ、日本・朝鮮・満州間の鉄道連絡輸送体系が確立した。(47) 以後、朝鮮半島の鉄道網が広がってゆく。一九三〇年の『京城日報』においては、「春郊彩霞」として、鎮海・馬山・公州・全州《チョンジュ》・水原・牛耳洞・京城・平壌の桜を、朝鮮総督府鉄道局が広告した(京 30/4/11)。朝鮮半島の「南先づ開き、平壌は五月始め」、と桜前線は朝鮮半島を駆けあがる(京 28/4/12)。一九三一年春の記事では、「全鮮にわたる花の名所をさぐる」として一望の下に、南鮮地方の東萊《トンネ》・鎮海・馬山・蔚山、湖南地方の群山・全州・扶余《プヨ》・長城《チャンソン》・木浦《モッポ》・清州《チョンジュ》、京城地方の昌慶苑・桜谿・奨忠壇・牛耳洞・仁川月尾島・水原・開城、そして北の西鮮地方の平壌・鎮南浦《チンナンポ》・義州《ウイジュ》・桂東・安東に至る(京 31/4/9)。これらの名所は、鉄道を使ったツーリズムで結ばれた。

桜の来歴がリアルに語られるのが、一九三二年春の朝鮮各地の「桜自慢」の連載である。慶州・仏《プル》国寺《グクサ》の「一目千本」の桜は、一五、一六年前、日本人が作った慶州古蹟保存会が植栽したものだという(京 32/4/12)。桜の名所一つなく恥ずかしく思っていると報じられた大邱では、連隊駐屯地の「軍人ざくら」が唯一の名所で、成興《ソンフン》の大和桜は、三代前に赴任した三浦真将軍(一九二七年には歩兵第二一旅団長、京 27/7/26)が連隊総動員で植樹したものだという(京 32/4/13、京 32/4/28)。大邱では、「サムライニツポンを表徴する営庭の桜」だとして、花吹雪のもと軍旗祭が執り行われた(京 34/4/19)。群山の一目数千本の吉野桜(ソメイヨシノ)は三〇年前の開港当時に居留民団の植樹になり、清州の桜馬場の数百株の桜並木は植えられてから一五年ものであった(京 32/4/19、京 32/4/24)。高興《コフン》では神社と小学校、公州では法院の夜桜が有名だった(京32/4/24、京32/4/25)。仁川・月尾島の桜は、日露戦後の軍艦引き揚げ時から記念植樹がはじまり、その後も府当局が記念植樹を継続し、二万本の古木の吉野桜が咲いていた。水原の隧道桜や農事試験場の桜は、二五年前の本田幸介場長時代に植樹された。また春川の神社は、約二〇年前、江原道長官の李圭完《イギュワン》が八重桜を主体に植栽したものであった(京32/4/26、京32/4/29、京32/5/1)。開化派として知られた李圭完は日本への亡命生活の後、統監府時代の一九〇八年に観察使になり、一九一八年まで江原道の長官となった典型的な親日派の人物であり、桜の植樹の主体となったこともうなずける。南川でも、一九二三年の大水害後の堤防に約一〇〇〇本が植樹された(京32/5/12)。安東県鎮江山では、一九〇五年頃に邦人が最初に桜を植栽し大礼などで増植し、現在は三〇〇〇本で、北限の桜の名所が形成された(京32/5/7、図12)。

図12　安東県鎮江山公園の桜(戦前の絵葉書)

官衙・神社・小学校・軍隊、そして堤防などの場のほか、堤防をはじめとする土木事業など、韓国併合後の植民地統治がもたらした「近代」と「開発」を象徴する場に、ソメイヨシノは植栽されていった。

朝鮮の桜の名所は、朝鮮在住の日本人にとって「内地」の名勝・天然紀念物のように「歴史」「物語」を想起する場所ではなく、クローンとしてのソメイヨシノの均質な景観を楽しむものであり、山桜などの「自然」を享受するものであった。それとともに桜の名所は、宴などの娯楽の場としての性格も強かった。

一方、金炫淑は、植民地時代の朝鮮人は、日本人の歌舞や飲酒の花見の文化には距離感をもち、ひややかに桜はながめ通りすぎるものだったとみる[48]。植民地時代の朝鮮人にとって、昌慶苑や朝鮮半島各地に植えられたソメイヨシノは、植民地支配とともにもたらされたモダンなものであるとともに、同化と一体となった日本文化の象徴であり、違和感もあったと思われる。だからこそ解放後に昌慶苑や鎮海などで桜は伐採されるのである。

しかし今日、朴正熙大統領時代に植樹された慶州や再び植樹された鎮海などにおいては、群れなすソメイヨシノの均質な景観に親しむ人々であふれる。そうした今日の韓国の花見の文化は、解放後にナショナリズムと相まって強調されたソメイヨシノ韓国原産説に裏づけられた大量のソメイヨシノの再植樹とともに、植民地時代の花見の文化が再構築された側面もあるだろう。

まとめ

本稿で論じてきたことを、まとめたい。まず同じ桜のなかでも、内地における史蹟名勝天然紀念物保存法(一九一九年)によって価値づけられたナショナルな伝統種の桜と「近代」「開発」を象徴するソメイヨシノとのあいだにはヒエラルキーがあり、それが国土、都市の空間配置においてそれぞれの役割と景観を形づくった。

そして朝鮮における桜の植樹はソメイヨシノが主体であった。枝垂れ桜や八重桜などの伝統種も植えられたが、朝鮮在来の独自の桜の種としての固有性に注目されることも、喧伝されることもなかった。朝鮮の桜には、天然記念物としての価値づけがほとんどなされず、名勝にいたってはまったく指定もされなかった。それは、内地の吉野山(名勝)や山高の神代桜(天然紀念物)などの、桜の文化的価値のヒエラルキーの底辺部に包摂された。「華厳寺の彼岸桜」やホクセンヤマザクラは、朝鮮半島で数少ない天然記念物として指定されたが、その文化的価値は等閑視された。ここに天然記念物制度がもつ植民地のイデオロギー性があった。

そうした価値のもと、京城あるいは朝鮮全土において、昌慶苑の桜を頂点とするヒエラルキーが形成された。そのヒエラルキーにもとづいて各都市において桜の名所がつくりだされ、旺盛な桜の植樹活動が行われた。第一次世界大戦をへて、関東大震災後の日本における本格的な大衆文化、複製文化、ツーリズムの興隆がおきたが、朝鮮を含む帝国日本全体がそうした新たな大衆的な消費文化の影響を受けた。東京、弘前、京都、ソウルで、ラジオや映画、新聞・出版などのメディアや複製文化を通じて、瞬時に同じ情報が大衆にゆきわたることとなった。かくして一九三〇年代に入ると、三月末に全羅南道・釜山から始まって五月はじめには北の安東・鎮江山にいたる朝鮮の国土を、ソメイヨシノの桜前線がツーリズムとともに駆け上がることとなった。そしてクローンであるソメイヨシノの薄桃色の風景も、帝国の記憶として共有された。

＊補注

小野芳朗は、『風景の近代史』（思文閣出版、二〇二三年）で「京都の桜」について、ソメイヨシノを植樹した主体である京都府・京都市の技術職員と学識経験者の価値づけによって、近代の「風景」が形成されたと論じる。また権錫永は、『からまりあい重なりあう歴史――植民地朝鮮の文化の力学』（北海道大学出版会、二〇二一年）のなかで、朝鮮民族にとっての無窮花《ムクゲ》と日本の桜とがもたらす花見文化をめぐる、朝鮮社会における「国花」の相剋を論じる。私には日本の花見文化が、「帝国」の大衆社会状況に重なった点が興味深い。

第III部　文化財

黒板勝美東京帝国大学教授(1874-1946 年)

黒板勝美は，1910 年の大逆事件，翌 1911 年の南北朝正閏論争後に，「国史」を担った学者である．史実より国民道徳に資する名分を重んじる「名教的史蹟」を顕彰した．また宮内省・文部省・内務省の政府委員として歴史学を行政に動員した．その一方で欧米の 20 世紀学知のもと，現地保存主義・郷土史編纂を重んじ，古文書学・文書館の基礎を整備した．現代に続く「国史学」の諸相が現れる．

第6章　二〇世紀の文化財保護と伝統文化

はじめに

第一次世界大戦(一九一四〜一八年、以下、大戦)前後には、日本の文化財保護をめぐる新しい潮流が生まれた。

さかのぼって大日本帝国憲法発布(一八八九年)の時期には、欧米の美術史の方法論が日本に導入され、同年に東京・京都・奈良に帝国博物館が設置された。また草創期の東京美術学校(一八八七年設立)において、岡倉天心は推古・天智・天平・空海・藤原時代などの時代区分を有する「日本美術史」を、作家の卵である学生相手に講義した。今日につながる彫刻(仏像)・絵画・書・工芸などのジャンルが生み出され、美術的価値により文化財の序列(ランキング)がつけられ、一八九七年の古社寺保存法では、最高位の文化財に対して国宝・特別保護建造物といった価値づけがなされた。一九世紀後半の草創期の文化財保護は、欧米の美術史の文法に学び、制度を直輸入する模倣の側面が強かった。

日清・日露戦争を経ると、総力戦に対応できる町や村(地域社会)の創出が国家の課題になってくる。

青年団や在郷軍人会といった統合団体の整備とともに、郷土史編纂や身近な地域の史蹟の顕彰、一村一社の神社体系の整備と神社祭祀の画一化、御真影礼拝・君が代歌唱など学校行事の浸透、といった生活文化に関わる統制や画一化が地域社会で進行した。とりわけ文化財問題に即して言えば、大戦から一九一九年の史蹟名勝天然紀念物保存法が制定される時期までには、欧米の物質文明への懐疑のなかに、日本独自の文化財のありようを求める動向が出てくることが重要だ。真正性《オーセンティシティ》よりも伝説・由緒を重視し南朝史蹟・赤穂浪士などの国民道徳に資する「名教的史蹟」を顕彰したり、開発万能ではなく自然との調和をめざす動向があらわれた。また陵墓や正倉院御物《ぎょぶつ》など皇室財産系の文化財の荘厳さを演出しその管理制度を整えたり、明治神宮の神苑を造る過程で欧米由来の近代造園学・林学を背景として、あらまほしき日本的な聖域の景観を創ろうとする技術が生まれた。こうした新しい潮流のなかから日本の伝統文化が模索されることとなった。

一　第一次世界大戦前後の史跡・名勝

日本で最初の文化財保護法である一八九七年の古社寺保存法では、国宝や特別保護建造物を頂点とする美術品や社寺などの建築物は保存の対象となったが、名所・旧蹟・古蹟のたぐいは、保護の網の範囲外であった。一九〇〇年には帝国古蹟取調会が民間で設立され、一九一一年から『史蹟名勝天然紀念物保存協会報告』が六回発刊された。大正期に入ると、従来、民間で保存されていた史蹟に対して、府県による補助金が出されるようになった。

一九一一年一二月、史蹟名勝天然紀念物保存協会が発足する。一九一四年九月には雑誌『旧幕府』等を編集した旧幕臣戸川安宅《とがわやすいえ》を編輯兼発行者として、会報雑誌『史蹟名勝天然紀念物』が発刊された。会長徳川頼倫《よりみち》、副会長徳川達孝《さとたか》・阪谷芳郎《さかたによしろう》（大蔵官僚出身）、幹事に戸川のほか漢学者の国府種徳《こくぶたねのり》（犀東《さいとう》）や橘井《きつい》清五郎、評議員として内務官僚で地方改良運動を主導した井上友一《ともいち》をはじめ床次《とこなみ》竹二郎・九鬼《くき》隆一などの官僚、宮内省諸陵頭の山口鋭之助、東京美術学校校長正木《まさき》直彦、伊東忠太・本多静六・黒板勝美・三好学・三上参次・白井光太郎《みつたろう》・関野貞《ただし》などの学者がかかわって、政財界、学界を網羅した史蹟名勝天然紀念物保存協会の活動が展開することとなる。「旧蹟」・「古蹟」に代わって「史蹟」という言葉が使われるようになる一方で、植民地朝鮮では「古蹟」の語を使い続けた。

本稿では、大戦時の文化財をめぐる論調を、雑誌『史蹟名勝天然紀念物』を中心にみてゆきたい。

東京市長の阪谷芳郎は「国民精神の宿れる貴重品」（『史蹟名勝天然紀念物』一巻四号、一九一五年[1]）のなかで、欧米各国を巡遊して羨ましいのは、「列国何れも競ふて其の国史を尊重し、其国の特色を愛護し、其の郷土の美を発揮」しようとする姿勢とみる。現在、欧米は大戦に直面し忙殺され余裕がないが、遅かれ早かれ平和は回復されて文化財保護をはじめとする「文明の事業」が重視されるに違いない。したがって「我日本の精神、日本の魂を宿せる、我邦貴重品の保存」が急務であると論じた。また同協会会長で紀州徳川家当主、南葵《なんき》文庫を主宰する徳川頼倫は「愛郷心の保護」（一巻一四号、一九一六年）のなかで、「御皇統と郷土と国民道徳」の連関について論じて、西欧の相争ってきた文明に対して、インドの詩人「タゴール翁」の言葉をもって、日本は万世一系の「人格ある文明」であることの独自性を打ち出す。岩手県東磐井郡長坂村村長である佐藤衡は「名勝と事業」(三巻三号、一九一九年)において、「近来事業熱の勃興により、眼中名勝古蹟なく偏に物質文明に傾くの風潮あるは、社会政策上黙過すべからざること」として、欧米の物質文化に対置して日本固有の名勝古蹟の保存を、佐藤の地元にある平泉と猊鼻渓《げいびけい》に即して主張した。

こうした議論からは欧米の物質文明への無条件の礼賛ではなく、欧米の文明を相対化し、大戦下の日本において独自の日本の国体や「文明」を模索していることがわかり、新たな思潮として注目すべきであろう。

一九一九年三月に史蹟名勝天然紀念物保存法案が貴族院に提出される。法案では史蹟名勝は内務大臣が指定すること、史蹟名勝の現状変更については府県知事の許可を必要とすること、史蹟名勝の破壊行為に対する罰則規定などが定められていた。内務大臣の水野錬太郎は趣旨説明において、「是等ノ史蹟、紀念物等ハ、国ノ歴史ヲ偲《しの》ヒ、国家ノ精華ヲ発揚スルニ於テ最モ有力」であると論じた。また保存立法は欧米の制度に学ぶとして、日露戦後の地方改良運動以来の国民教化と史蹟名勝保存をリンクさせ、国際社会のなかで日本の独自の伝統文化の発現を模索してゆくこととなる。同法は同年六月に施行された。この年に同時に、衆議院では「外客ノ招致及待遇ニ関スル建議案」が出され、大戦後の大衆社会状況下の観光への施策が立案された(三巻三号、一九一九年)。

さて大戦の終結とともに、文化財保存事業を日本において早く推し進めるべきであるとの議論がでてくるが、同時に大戦後の論調では、平和事業として文化財保存が論ぜられることと、民衆台頭の思潮があることも指摘しておきたい。

「内務省の保存宣伝」（五巻五号、一九二二年）では、「平和博覧会教育館」が構想されたが、そこで史蹟名勝をめぐり、「史蹟名勝天然紀念物の愛護は即ち郷土の愛護」であり「郷土を愛する心は即ち国を愛する心である」として、郷土愛と愛国心を結びつける結節環としての史蹟名勝の役割がうたわれた。また「名勝は国の装飾であり、我等に精神的慰安を与へ」（傍線、引用者。以下、同じ）、「史蹟名勝天然紀念物の保存は平和に伴ふ文化事業である」とされた。

さらに民衆の台頭を背景に、東京帝国大学の林学者である本多静六は「風景の利用と天然紀念物に対する予の根本的主張」（四巻八号、一九二一年）として、「大にしては世界全人類、小にしては一国国民の全体即ち民衆が出来るだけ合理的に、出来るだけ平等に文化の利便と悦楽とを享受すべき」とした。宇治川水力電気の発電所建設にともなう樹木保護の問題、諸所のケーブル敷設や日光の中禅寺から湯本への電車敷設にともなう「俗化毀損」の問題が取り沙汰されるなかで、開発と保存との折り合いをつけつつ、「民衆的利用」の優先を説いた。また岩田衛《まもる》鳥取県知事も「史蹟名勝天然紀念物保存訓示」（五巻二号、一九二一年）において、史蹟名勝保存の等閑視は遺憾とした上で、「史蹟は我か地方民衆の発展上重要なる意義を有する」とした。こうした本多静六に代表される大戦後の思潮は国民の厚生や観光を重視するものであり、黒板勝美・上原敬二などの史蹟名勝や景観保存優先派と対立し、一九二〇年代以降には、開発を優先する国立公園設置論を展開することとなった。

二　黒板勝美と文化財保護

黒板勝美は、第一次世界大戦前後から一九二〇年代にかけて、東京帝国大学の国史学講座を牽引する学者であった。黒板は二〇世紀欧米の新しい古文書学や古文書館制度を紹介するとともに、大戦後には文化財保護行政の思想をドイツから移入し、一九一九年の史蹟名勝天然紀念物保存法の制度をつくりあげた。その一方において、黒板は、一九一一年の南北朝正閏《せいじゅん》論争では南朝正統の立場に立ち、皇室を戴き家族国家観や祖先崇拝を尊重し名教性を重んじる国民道徳を重視した。(2) このような黒板のありようは何よりも歴史学が社会と切り結ぶ新しい二〇世紀の歴史段階を象徴するものであった。今日につながる戦後歴史学の評価では、黒板勝美が一九三六年に脳溢血で倒れて以降、戦時下において東京帝国大学の国史学を担った平泉澄《きよし》の皇国史観ひとりに、戦争責任を帰せしめる傾向がある。しかし問題は、平泉個人の資質だけではなく、日露戦争から第一次世界大戦を経る時期には、明治期のようにアカデミズムの世界に学者が充足し完結するのではなく、社会を対象にした国民教化の責務が、学者や歴史学に対して求められるようになったことにある。

たとえば黒板勝美は、湊川の戦いに臨む楠木正成が息子の正行《まさつら》に対して生きて天皇に仕えることを説いた『太平記』の桜井の別れの記述は、史実ではなく伝説にすぎないと見ていた。しかしながらスイスのウィリアム・テルの伝説に正当性を求めて、「南北朝時代の史蹟としては何等歴史的の価値なしとしても、幕末に於て国民を感奮」せしめたとして、国民道徳上の意義から、史蹟指定し顕彰することが社会に対して意味があると説いた（一巻三〜六号、一九一五年）。また『国史の研究』[3]では、『古事記』『日本書紀』の史料上の「信用」に疑問を呈しながら、その疑義はアカデミズム外部に対しては決して明らかにしない。そして黒板は架空の神武天皇の建国神話を顕彰する一九四〇年の紀元二千六百年祝典の事業に深く関わる予定だった。

もし黒板勝美が一九三六年に病に倒れなかったら、紀元二千六百年事業をはじめ戦時下の歴史学動員の大部分を、平泉よりも黒板が担うことになったであろう。それは歴史家個人の問題ではなく、二〇世紀の学問と社会のあり方の変容を背景に、帝国大学と宮内省・内務省・文部省が結びつき、植民地・国内を問わず、文化財や歴史学に関わる国家的な行政である顕彰事業や教科書編纂などに、東京帝国大学国史学講座の教授が動員される構造へと変化したことに根本的な原因があろう。

黒板勝美は一八七四年、長崎県に大村藩士の長男として生まれ、帝国大学文科大学国史科を卒業、一九〇一年に東京帝国大学史料編纂員となり、一九一五年に東京帝国大学文科大学国史学第二講座を担任した[4]。そして「各地美術館博物館における陳列古画器物保護法取調べを嘱託」され欧州留学する。一九〇八年二月から二年間、太平洋を渡りアメリカからイギリス・フランス・ドイツを中心にロシア・ギリシャ・イタリア・トルコなどに滞在し、帰路エジプトを経て、一九一〇年二月に帰国した。黒板は、ギリシャ・ローマといった古典古代の文明に現地で触れ、レオポルト・フォン・ランケ流のギリシャ文明の世界への伝播という、一九世紀列強の文法を身をもって体験するとともに、大戦前の欧米の社会を見聞した。[5]

京都帝国大学に着任する同世代の考古学者の浜田耕作や西洋史家の坂口昂《たかし》同様に、文明の源流とされるアテネに遊んだ黒板はフランス・ドイツ・アメリカ・イギリスの列強がギリシャで発掘事業を「互に相競争せる有様」であり、各国が研究所をアテネに設けていることに着目した。[6] 興味深いのは、パルテノン神殿にたたずんだときに、神殿から大英博物館にエルギン・マーブルを運ぶことによって研究が進んだことは認めるが、「若し旧のまゝにこのアクロポリスの上、崇厳なるドリア式の建築と共に之を観るを得たならば〔彫刻家の〕フイディアスの霊腕神工更に数段の光彩を加ふることであらう」と、エルギン・マーブルはギリシャにおいて現地保存すべきであったとの感想をもらしていることである。

さらに黒板の文化財保護の方法論に関わるヨーロッパ観察で重要なのは、ドイツとフランスとの間の、国家やナショナリズム形成の違いに注目した点である。「彼の巴里《パリ》が仏国に於けるすべてのもの、中心たる地位」を占めている中央集権的なフランスに対し、「風俗人情より政治文学等」に至るまで、ベルリン・ミュンヘン・ドレスデン・ハンブルク・ライプツィヒなど地方地方により固有の特色を有するドイツを対比させて論じた。ドイツにおける、ブドウの房のように多様な地方色を基礎にしてナショナリズムを積み上げる国家形成のありようを、日露戦後の日本の村や町の地方改良と郷土色や史蹟の顕彰とをむすびつける政策の模範にしようとした。[7]

帰国後の一九一二年には「史蹟遺物保存に関する意見書」[8]を著わし、「史蹟遺物保存の根本義」として、すべての史蹟遺物は等価であり差別すべきではなく、古代から現代まですべての史蹟遺物を対象として、そのままの現状を保存すべきと論じた。また「郷土保存について」[9]では、フランスの優品主義（優れた文化財のみを選択的に保存する）のクラスマン法より、網羅的にできるだけ多くの文化財を登録するドイツの台帳法の方が優れていると論じた。そこには現代の価値観で文化財を価値づけるのではなく、学問の進歩にともなって文化財の価値は変化するものだから、現状を記録し、加工したり復元せずにそのままに保存しようとする方法がうかがえる。

また黒板は郷土保護（Heimatschutz）をドイツから学び、一九〇四年にザクセン地方のドレスデンで郷土保護協会が設立されたことを紹介するが、当時の日本においては工業化の進展とともに、たとえば神戸市付近や奈良の春日山などの登山鉄道の設置について、開発か保存かをめぐる、郷土保護の構想上の対立が生じてきた。世紀転換期のドイツでは二〇〇〇万人を超える激しい人口流動が生じ、人々は郷土を喪失するなかで、一九世紀末以来の民俗学などの郷土研究、郷土保護運動が高まってきた。一九〇四年に設置されたドイツ郷土保護連盟では、ロマン主義の再評価のなかで、①紀念物保存、②伝統的な農家や町家の建築工法の保存、③廃墟を含めた風景の保存、④コンヴェンツによる原産の動植物とその環境の保護、⑤可動物件である民芸の保存、⑥慣習、風俗、祭礼および民俗衣装の保存、といった活動がなされた。一九〇六年にはプロイセン天然紀念物保存局が設立し、一九〇七年にはプロイセンで景勝地保護法が成立した。[10]

この時期の黒板の文化財保護論を集約しているのが、一九一七年二月の「史蹟遺物保存の実行機関と保存思想の養成」[11]である。ここで黒板はドイツに学んだ現地保存主義を展開する。黒板は、「遺物の中央集権が廃れて、地方々々に遺物を保存するのが、遺物保存上尤《もつと》もよい」とし、「史蹟にあつてこそ遺物の価値は最も多く発揮せらるゝ」ものであると主張して、ギリシャのアクロポリス・オリンピア・デルフィなどにおいて、それぞれの古代の都市国家跡に博物館が建てられ、現地保存される先進的な例を紹介した。また今日の社寺に附属する宝物館の創設を説いたのも黒板であった。高野山霊宝館のほかにも、法隆寺、醍醐寺三宝院、東寺、仁和寺、宮島などに建造することを説く。これは東京帝室博物館に全国から仏像などを美術品として集積するのではなく、社寺が置かれた現地の宗教的環境を尊重しつつ、保存施設をつくるべきとする、二一世紀につながる提言である。さらに明治期の九鬼隆一・岡倉天心らによってつくられた東京・京都・奈良の三帝室博物館や、文化財の大都市への集積と東京帝室博物館における古代偏重の優品主義の鑑査事業を批判しつつ、東京以外にも全国でも八、九カ所の博物館を新たに設置し、郷土主義を尊重して現地保存の理念を豊かに実現しようとした。さらに帝室博物館を補完するものとして、府県の中学校、師範学校による文化財の調査・保存機能にも着目した。こうした地方ごとに設ける帝室博物館の分業体制は、国内では実現できなかったが、植民地朝鮮においては、京城・慶州・扶余・開城・平壌などの総督府博物館の分館や府立博物館が設置された。黒板構想の「「その地のものはその土地へ」といふ現地保存主義」が、二〇世紀を通じて朝鮮で地方色豊かに全面展開してゆくこととなった。[12]そして史蹟遺物の保存の根底において、「国民の公徳心を養成し、国土を愛し、家郷を愛」するとし、ドイツの「郷土保護」が模範とされた。

続いて、黒板勝美における日本固有の文化財保護論を考えたい。一九一九年の「史蹟としての法隆寺」(三巻八号)において、黒板は、史蹟には、活きた史蹟と死んだ史蹟があり、活きた史蹟は「国民の歴史が続いてその場所に演ぜられて居る」とし、「其当時からの遺物、其当時の人間の活動そのものが其中に成るべく沢山遺《のこ》つて居る」方が史蹟としての価値は高いとした。したがってパルテノン神殿は、「精神的には古代世界地図の大部分を蔽ふ」意義が過去にはあったが、ギリシャ滅亡後、教会(寺院)からモスクへと改変された死んだ遺跡である。それに対して法隆寺は「創立当時の儘《まま》立派に遺つて居る」活きた遺跡であり、パルテノン神殿より価値は上であると断じた。日本の文化財のみが社寺の信仰とひとり密接に関わってきたと見る伝統文化論である。

「保存事業の根本的意義」(復刊四巻一号、一九二九年)においては、第一次世界大戦後の「同じ血液を持ち、同じ言葉を持ち、同じ信仰を持つ所の人々が一つの社会団体を組織」する民族主義高揚の思潮を指摘する。そして文明の理想を世界平和の実現と見るとともに、平和の建設には欧米文明のような、「天然の破壊征服の代りに、此の天然其のものと同化し、天然其のものの中に完美なる文化生活が出来るやうに文明を進めて行かねばならぬ」として、大戦後に問題が顕在化するケーブルカー敷設問題によって、「神聖なる場所」である山岳が破壊されている事態を批判した。「物質文明に禍《わざわ》ひされ破壊され」た天然の保護は、「人類としての理想的世界建設」に必要であり、「皇室と国土と国民」が不可分な歴史を有する日本では特に重要であると主張した。ここで黒板は、開発には批判的であり、欧米の物質文明に、日本の自然と同化した文明のありようを対置させた。同様に厳島神社の事例に言及し、

「十九世紀迄は大体その文明が殆んど物質的方面に重きを置いて科学隆盛の時代」であったのに対し、厳島は「自然に対する崇敬崇拝が国初以来今日まで引続いて来て居るもの丶最も好い標本」であると見た(五巻四・五号、一九二二年)。

また陵墓も史蹟一般と見なす浜田耕作と、陵墓と皇室を崇敬する黒板との間には温度差があった。一九一二年一二月に、有吉忠吉宮崎県知事が、宮内省諸陵寮・京都帝国大学・東京帝国大学に委嘱し、西都原《さいとばる》古墳群の共同の発掘事業がはじまった。⑬ 黒板は、ヨーロッパの古代墳墓と、国民道徳の立場から祖先を崇拝する日本の古墳とは違っており、「況《いわ》んや現に古墳として多く我が国に存せるものは古来国民に信仰せられ尊敬せられたるもの之が発掘は余程心すべきものなるはいふを待たず」とした。また一九一二年に帝国大学理学部の坪井正五郎《しょうごろう》が関与した仁徳天皇陪冢《ばいちょう》(塚廻《つかまわり》古墳)の発掘事件に際して、黒板は「古来我が法律にては山陵を発《あば》くを以て大不敬罪となせり、現行法に於てまた然りとす、殊に我が国は祖先崇拝の国なり、建国以来子々孫々相伝へて今日に至れり、欧米諸国の人種を異にせると同じく論ずべからず」と直截に批難した。⑭

以上、第一次世界大戦前後の黒板勝美の文化財保護論は、物質文明・科学技術万能の欧米文明を相対化し、日本独自の文化財保護の道を探ろうとした。その特色をまとめると、「万世一系」の皇室を崇敬し、精神性を重んじ自然との共存をうたい、見えない意味や物語を読み込もうとする志向がみられた。

三　天皇制と文化財

第一次世界大戦後の文化財における日本固有の伝統文化の発現をめぐって、最初に天皇制と文化財のかかわりを考える。それは皇室財産系の文化財の荘厳化の進行や、国家神道と文化財をめぐる問題である。

一八八〇年代に、正倉院御物や京都御所や桂離宮、陵墓などの皇室財産系文化財が、国民一般に開かれた社寺の宝物や博物館の陳列品、史蹟名勝などの文化財とは別の「秘匿された」体系として成立した。

天皇陵を例にとってみたい。天皇陵においては、幕末以来、鳥居と灯籠、参道が整備され、前方後円墳や二重壕があらまほしき形態とされ、一八八九年に長慶陵をのぞく一二〇代を超える天皇陵が治定された。しかし一八九〇年代には、いまだ陵道に田畑が入り組んでいたり、門扉が壊れていたりと天皇陵は荘厳な空間ではなかった。たとえば京都東山の後白河天皇陵（法住寺陵）において、後白河天皇命日に頭痛治しに訪れる参詣者に京都府や宮内省は陵の門扉を開けることを許した[15]。奈良県山辺の道の行燈山《あんどんやま》古墳（現崇神《すじん》天皇陵）には、文久の修陵時に名所として桜並木が植えられ、明治中期まで茶店がでて花見のどんちゃん騒ぎが繰り広げられた。しかし世紀転換期の一八九九年の新聞論説には、「又従来御陵墓には梅桜等の花樹を植附けられしも開花の候遊客群集して冒瀆せん恐れもあればとて、花樹は総て之を取払ひ常磐木《ときわぎ》を植附けらるべしと聞く[16]」と報じられた。陵墓に桜はふさわしくなく、冬でも落葉しない常磐木を植えるべきとの議論が生じた。

また天皇家の宝物としての御物《ぎょぶつ》は、江戸時代には天皇の経済力はわずかに約三万石にすぎず、ほとんどが近代に集積されたものであった。一八七五年に正倉院宝物が東大寺より内務省へ移管され、一八七八年に疲弊した法隆寺から皇室へ三二二点の宝物（聖徳太子画像や「法華義疏《ほっけぎしょ》」など）が献じられたことにより近代の御物は出発した。「御物」はここに近世までの室町幕府や江戸幕府の将軍の宝物（御物《ごもつ》）ではなく、近代皇室の私的な宝物としての語意に限定して使われるようになった。正倉院御物も次第に高官や外賓のみが拝観できる「秘匿」された存在となってゆく。また一八八四年に正倉院御物は農商務省から宮内省に移管された。

天皇陵や御物管理の法的な整備が進むのは、一八九九年の帝室制度調査局の設置後、皇室祭祀令（一九〇八年）・登極令（一九〇九年）などの皇室令が制定されてからであった。大正天皇が「明治大帝」のようなカリスマ性のない病弱な体質であったことが、大正期の皇室法令の制度的整備を促した。そして大戦後の一九二六年には、皇室喪儀令・皇室陵墓令が公布され、陵形は上円下方墳か円墳とされた。大正天皇以降は旧都である畿内を離れ東京近郊に天皇陵は営まれることとなった。そしてなんと御物についての定義と管理規定ができるのは、明治期から遥かに下った一九三〇年の御物調査委員会規程をもってであった。そこで御物とは、宮内大臣が指定した「帝室ニ属スル書画図書其ノ他ノ物品ニシテ、帝室ニ由緒アルモノ、歴史ノ証徴トナルヘキモノ及美術的鑑賞ノ価値アルモノ」[17]とされた。

天皇制と文化財との関わりを考えるうえで重要な国家神道においても、第一次世界大戦後に日本的な具現がある。私は国家神道とは、神社神道に限定したものではなく、教育勅語などの学校儀礼や皇室祭祀をも含み込んだ広い概念であると考えたい[18]。

内務省で神社考証事務に携わった宮地直一は「神社と史蹟」(五巻一一号、一九二一年)において、「すべての神社は大なり小なり国史と関連を保つ生きた史蹟」と述べる。具体的に滋賀県の観音寺の城山(観音寺城)は史的記念物の価値しかないが、その山下の佐々木明神(沙沙貴神社)は古墳の埋葬者はわからないものの「啻《ただ》に地方歴史の結晶たる許《ばかり》でなく、今でも信仰の日々に新たなる」価値を持つと、史蹟に対する神社の優位性を論じた(六巻三号、一九二三年)。この時期の雑誌『史蹟名勝天然紀念物』にあらわれる議論は、神社は生きているものであり単なる美術・文化財ではないとし、国民道徳としての国家神道のあり方を強調するものであった。

一九一五年に起工、一九二〇年に竣成し、一九二六年に公園的施設の外苑が完成した明治神宮の造営事業は、皇室や神社の景観をめぐる大きな画期となった[19]。ここでは従来あいまいであった神苑と公園が峻別された。記念碑・桜梅などの記念樹や娯楽遊園施設などと分離されて、境内地の神苑においては社殿敷地の風致林を中心とする、ゾーニングされたヒエラルキーができた[20]。また本多静六や明治神宮造営局技手上原敬二らの主導により神社の「森厳さ」が生み出され、針葉樹ではなく常緑の樫・椎・楠などの照葉樹林こそが、日本の天然林としてふさわしい「鎮守の森」とされた[21]。

また古墳や陵墓をめぐっても、神社景観の造園技術と連動して、景観の荘厳さが求められた。一九一五年に宮内省諸陵頭の山口鋭之助は「古墳保存の必要」(一巻七号)をとなえ、山林原野の開墾や耕地

図 13　明治神宮空撮(PIXTA 提供)

整理、神社合併などのために破壊の危機にある古墳について、「万世一系の皇室を戴く我国体」においては、考古学上、古代の史蹟として保存の必要があるとした。山口は、古墳を史蹟一般と見なす京都帝国大学考古学講座の浜田耕作の論説「歴史記念物の保存」[22]を批判し、古墳の発掘については、「日本人の祖先崇拝といふ観念からして古墳に対する考へは外国人と趣を異にして居る(中略)我国情に適する完備する規則」の必要を説いた[23]。また山口は「神社の杜と御陵墓に就きて」(四巻七号、一九二一年)において、神社植生の放任主義をすすめ、いつも鬱蒼とした杜《もり》であるには除草や落ち葉掻きは不可とした。そして上原敬二の神社植生論と同じく、「外苑とか遊園地なら松林でも宜しいが、神社は濶葉樹(広葉樹)がないと何《ど》うもいけない」とし、さらに「陵や御墓の監守者の心得」(四巻七号、一九二一年)では、「種々の樹木殊に常緑濶葉樹(広葉樹)の繁茂したる数百年間人工を加へざる森林で昼尚暗く永年堆積したる落葉は厚き腐蝕土となり、下木も多く常に湿気があつて原生林の如き相貌を呈するものは他より望みても最も美しく神々しき感じを与へる」と述べた。植物学者で帝室林野局に勤める川村清一は「適当なる樹種を選びて、密林を造るは、啻に御陵墓に関するのみではなく、一般に古墳、神社、仏閣の境内の森林を造成する上に同様考慮すべき問題」と論じた

（五巻一〇・一一号、一九二二年）。常緑広葉樹を植える造園思想が、第一次世界大戦後の陵墓や社寺をつらぬく天皇制をめぐる聖なる景観を創りだしたことがわかる。明治神宮造営にかかわった本多静六と上原敬二は、山口鋭之助から、「仁徳天皇陵」（大山《だいせん》古墳）の墳丘内部の極相状態の原生林に秘密裏に案内され、その常緑広葉樹の植生を明治神宮の森のモデルにしていった（図13）。そしてそれは全国の村々の鎮守の森として広まり、再構築し創られた伝統文化となった。

四　日本的な文化財の発現

次に第一次大戦後の日本的な文化財の発現として、国民道徳を史実よりも重んじる「名教的史蹟」と、もう一つは伝統種の桜が天然紀念物として尊重されたことをとりあげる。

国民道徳とは井上哲次郎の『国民道徳概論』[24]（一九一二年）の発刊を一つの契機とし、この時期に称えられて教育や国民教化のスローガンとなり、皇室を中心とする祖先崇拝と家族国家観を体現する思想であった[25]。日露戦後に「名教的史蹟」として顕彰される東の横綱が赤穂義士関連史蹟であり、西の横綱が『太平記』の世界を視覚化する南朝史蹟である。

一九一九年の史蹟名勝天然紀念物保存法にともなう「史蹟名勝天然紀念物保存要目」の「史蹟部」においては、「都城阯、宮阯、行宮阯、其他皇室ニ関係深キ史蹟」や「重要ナル伝説地」といった国民道徳とかかわる史蹟群も含まれていた（四巻一号）。そして一九二〇年から一九五〇年の文化財保護法制定までに史蹟名勝天然紀念物一五八〇件（史蹟六〇三件、名勝二〇五件、天然紀念物七七二件）が指定された。指定された史蹟六〇三件のうち、三七七件までが明治天皇聖蹟である。明治天皇の足跡を顕彰して北海道の島松行在所《あんざいしょ》から鹿児島港まで、極めて政治性の高い聖蹟のほとんどが一九三三年から一九三七年にかけて指定された㉖。

史蹟・名勝をめぐる名教的な色彩が強まるのは、一九二八年の大正から昭和への代替わりが契機となる。不況から満州事変へと進むなかで、大正天皇の死を契機として「明治大帝」の顕彰や明治維新への回帰がはじまった。京都市教育会が系統的に坂本龍馬や池田屋事件などの幕末史蹟の顕彰碑を建て始めるのは、この頃であった。一九二八年一二月には、史蹟名勝天然紀念物保存に関する事務が内務省から文部省へと移管され、この傾向はさらに強まった。一九三〇年に文部省内に明治天皇聖蹟保存会が設置され、全国的に地域の保存会ができていった㉗。

一九三四年三月には建武中興六百年を紀念して、一挙に南朝・建武中興関係史蹟（金胎寺《こんたいじ》境内・金剛寺境内・観心寺境内・千早城阯・赤坂城阯・稲村ケ崎・金剛山・隠岐国分寺境内・一宮など）一七件が指定された。また一九三七年からは、歴代天皇の聖蹟である藤原京跡、仁和寺御所跡、大覚寺御所跡、住吉行宮《あんぐう》跡、栄山寺行宮跡などが指定された㉘。

一九三五年の新年に文部大臣松田源治が、「古来口碑伝説に又は地方史家に依りて伝唱せられ、之が正史と符号するものに就いては、速かに之を調査研究して、保存顕彰の途を樹立致したい」（復刊一〇巻一号）と述べた。こうした「口碑伝説」の重視は、一九三八年に発足した記紀神話の神武東征を顕彰する神武天皇聖蹟調査委員会を、先取りするものであった。神武聖蹟は、『古事記』や『日本書紀』などの重要文献に記載される神武天皇の事蹟について「後世ノ文献口碑伝説等ノ考証資料ニ拠」るとの方針により、一九三九年一〇月から一九四〇年八月までに、福岡の遠賀《おんが》、奈良の鳥見山《とみやま》・菟田《うだ》、和歌山の竈山《かまやま》・新宮など七府県一九カ所にわたって指定された[29]。

神武聖蹟は第二次世界大戦後の改革のなかで指定解除となるが、たとえば大阪府島本町の楠公父子の別れた「桜井駅阯」は史実ではないにもかかわらず、現在も国指定史跡である（図14）。

「名教的史蹟」の西の横綱と私が呼ぶ、河内長野の南朝史蹟にそくしてみれば、一九〇三年に大阪府知事の菊池侃二《かんじ》・西村捨三などが設立した楠氏紀勝会による『楠氏遺蹟志』が刊行され、一九〇八年には河内長野中心の市新野《いちしんの》小学校で小楠公・大楠公追慕式がはじまった。そして大戦後には一九二六年の大日本楠公会の設立、一九三四年の建武中興六百年祭の挙行を経て、一九三五年には大阪府都市計画課によって楠公史蹟などをめぐるハイキングの九コースが設定された[30]。

図14　史蹟桜井駅阯（1921年指定．大阪府島本町）

また現在、史実としての根拠はないが、伝説や物語上の名所である東京都の旧跡として、赤穂義士関連史蹟や新宿区のお岩さんの田宮稲荷神社跡、大手町の将門首塚などが、東京都の文化財保護条例のなかで保護されているが、その起原も第一次世界大戦後にあった[31]。

一九一八年の東京府の「史的紀念物天然紀念物勝地保存心

得」において、「史蹟トハ先史時代ノ貝塚・遺物包含層ト歴史時代ノ神社・寺院・墳墓・公署・城砦・都邑・民屋・学堂・市場・関所・駅場・橋梁・戦場・園池及其ノ遺址ヲ云ヒ、其ノ他著名ナル事件及人物ニ由縁アル土地ヲ含ム」と規定された。具体的な調査における「東京府史的紀念物天然紀念物勝地調査票記入心得」では、「来歴及伝説欄ニハ其ノ史料タリ史蹟タリ天然紀念物タリ勝地タル由縁ヲ明ニスヘキ一切ノ口碑伝説ヲ記」すべきと、調査方法が明記された[32]。

こうした第一次世界大戦後の東京都の史蹟指定方法は、アジア・太平洋戦争後においても「東京都指定旧跡の指定基準」(一九七七年)の「著名な伝説地及び特に由緒ある地域の類」のジャンルとして残っている。現在の「旧跡」の例として、「古墳及びこの類に関する遺蹟」には将門塚(千代田区、一九七一年指定)があり、一〇件にのぼる「旧赤穂藩士に関する遺蹟」には大石主税《ちから》以下切腹跡、大石良雄外十六人忠烈の跡(いずれも港区、一九一八年指定)、浅野内匠頭切腹跡(港区、一九二〇年指定)、赤穂義士元禄義挙の跡(墨田区、一九一九年指定)などがあり、「社寺の跡」として田宮稲荷神社跡(新宿区、一九三一年指定)が保護されている。南朝史蹟やこれらの東京都の旧跡は、今日に残る「名教的史蹟」であり、戦前との歴史意識の連続に支えられている(なお「東京都文化財情報データベース」(二〇二三年八月閲覧)では、港区における赤穂事件関係の「都指定　旧跡」は、「浅野土佐守邸跡」のみ確認できる)。

もう一つの日本的な文化財である天然紀念物の事例として、枝垂れ桜や山桜など、伝統種の桜が第一次世界大戦後に尊重される問題はすでに言及した(本書第5章)。

桜には古来の山桜や里桜としての八重桜・枝垂れ桜など多様な品種があり、江戸時代までの日本に幅広く分布していた。江戸時代には群として植えられた隅田川畔、飛鳥山などの桜の名所で人々は花見を楽しんだ。しかし幕末に江戸近郊の染井村において創り出されたソメイヨシノの出現によって日本の春の風景は一変することとなった。ソメイヨシノは、里桜エドヒガンザクラと山桜オオシマザクラの交配種で、接ぎ木で増え活着率（成木となる率）が高いため、実生《みしょう》から育てられ活着率が低い伝統種の桜とは違い、二〇世紀への世紀転換期に、全国へと爆発的に普及した（そのため、現在植えられているすべてのソメイヨシノは遺伝子組成が同じクローンである）。それを後押ししたのは、葉に先駆けてまず花だけが咲くソメイヨシノが創りだす、薄桃色の単色で豪奢な景観にあった。何よりも東京から広まる、近代／文明を象徴するものとして、学校・官公庁・城跡・公園・河川堤・郊外住宅地などにソメイヨシノは植えられた。伝統種の桜が、西行桜や吉野から移植された嵐山の山桜のように、由緒・物語に意味づけられた名所を形成するのに対して、ソメイヨシノは近代的な画一化した風景を生み出してゆくこととなった。かくして国内・朝鮮半島を問わずソメイヨシノの普及に伴う桜前線が、一九二〇年代の大衆社会状況下に成立した。

天然紀念物保護制度も、前出のドイツの植物学者コンヴェンツの影響を受けた東京帝国大学の植物学者三好学により導入された。一九〇六年に設置されたプロイセン天然紀念物保存局における天然紀念物の目録作成、地域における天然紀念物保護、天然紀念物についての広報活動などが紹介された。天然紀念物保護も、ドイツでは郷土保護と連関していた。早くも一九〇六年に、三好学は巨樹・老木は郷土のシンボルであるとの論を展開していた(33)。

一九一九年に史蹟名勝天然紀念物保存法が制定されるが、ここではソメイヨシノではなく、伝統種の一本桜のみが天然紀念物に、あるいは山桜の嵐山・吉野山などが名勝として指定された。

五　国立公園の登場

今まで見てきたようにドイツを中心とした史蹟名勝天然紀念物保護の思想と制度が、大戦期の日本に紹介された。それに対して大戦後にはアメリカ由来の、国民の健康に資する厚生運動や、観光や開発を重視する国立公園の設置を、内務省嘱託の田村剛《つよし》が促した。

国立公園設置の前提としてツーリズムの隆盛を見ておきたい。大戦後の大衆社会の到来とともに、欧米を中心とする国際観光ブームが起き、日本国内のツーリズムも盛んとなった。

それ以前の一九一二年三月にはジャパン・ツーリスト・ビューロー（本部鉄道院内）が、「外客」（外国人観光客）誘致と彼らへの便宜提供を目的に発足した。一九一六年四月には、第二次大隈重信内閣が経済調査会（内閣直属の官民合同の機関）を設置し、同年八月には、ホテル建設・ガイド養成・交通機関改良・国立公園の経営などの決議案を出した。大戦後には史蹟名勝天然紀念物保存法とセットで、衆議院で「外客ノ招致及待遇ニ関スル建議案」が出された。そして来訪外国人数の推移も、一九一二年一万六九六四人から、大戦後には一九一九年二万九二〇二人、一九三五年四万二六二九人と激増した。アメリカを中心に世界一周の旅行団も多く来日した。

大戦後の工業化と都市への集住にともない、日本の都市人口は総人口の二〇%近くになり、大衆社会状況下の観光や行楽を下支えした。また大戦後には、保健衛生制度の整備、次の戦争に向けての体力と精神の発揚がはかられ、鉄道発達を受けて保養や遊覧を目的とした温泉ブームもはじまった[34]。

一九三〇年四月、「外客」誘致を目的とした鉄道省の国際観光局が設置され、初代局長に鉄道省国際課長・新井堯爾《ぎょうじ》が就任し、民間でも国際観光協会の活動がはじまった。新井は、「人力車、芸者ガール、浮世絵式の女、藁屋根等」浅薄な日本イメージをもっていた「外客」に対して、近代的な大都会や「建国三千年来の文化」である史蹟名勝天然紀念物や古美術こそを、誘致の「資本」「商品」として保護すべきと論じた(復刊六巻三号、一九三二年)。日中戦争前夜の一九三六年に国際観光はピークを迎え、訪日した外国人観光客は四万二五六八人、消費額一億七六八八万円、外貨獲得額は綿織物・生糸・人絹織物に次ぐ第四位となった。

こうした観光の興隆した大戦後において、日本で国立公園設置運動が盛んになった。国立公園の設立は一八七二年のアメリカのイエローストーン国立公園にはじまり、一九三〇年代に世界的指定ブームが到来した[35]。大戦後にはアメリカ発で、自然と人間をめぐる新しい関係性が模索されるなかで国民の健康増進、衛生思想の普及が進められ、ツーリズムと地域開発の問題、人事と切り離された自然に特化された風景であったり、風景を計測し価値づけようとする風景観が登場した。大衆社会状況に照応した新しいうねりであった。大自然の価値を世界戦略として利用しようとするアメリカのスタンスは、のちの一九七二年にニクソン大統領が世界遺産に自然遺産をねじ込んだ事件にもあらわれた。ギリシャ・ローマ文明以来のヨーロッパ至上の文化遺産に対して、アメリカの取り柄であるグランド・キャニオンなどの自然遺産をユネスコに認めさせ、あわせて世界遺産の制度となった。

大戦後の新しい風景観について述べれば、ドイツ・イタリアでは大戦後に山岳が賛美され、登山の善行や道徳性が喧伝された。[36] 日本でも一九一七年一〇月一三、一四日に、関野貞「朝鮮の名山と史蹟」、川瀬善太《ぜんた》郎《ろう》「大台ケ原山の森林観」、脇水鐵五郎「名山と勝景」、白井光太郎「名山と天然紀念物」といった名山に関する連続講演会がもたれた（一巻二五号、一九一七年）。地質学者の井上禧之助は、「風景は、人工を加へない天然の景色」であり、「名所」は著名人の詩歌にうたわれるのに対して、「風景」は「主体は天然紀念物、自然現象」であると規定した（五巻六・七号、一九二二年）。柳田国男は弟子に車窓からの景色をしっかり観察するように促したが、奈良女子高等師範学校の一九一〇年代の修学旅行の記録からも、事前に「汽車より善く視察をなすこと」が注意され、実地に体験する「直観教授」が重んじられたことがわかる。[37] 前近代の歌枕などの定式化された風景ではなく、車窓に流れる風景を観察し写実的に記録することが教育された。

一九二七年には大阪毎日新聞社・東京日日新聞社主催の「新日本八景」が選出された。「われ等の郷土」のために寄せられた九三〇〇万票の「国民」の推薦葉書をもとに黒板勝美・本多静六・田村剛・脇水鐵五郎・国府犀東ら一〇名の審査委員によって、山岳（温泉《うんぜん》岳・長崎）、渓谷（上高地渓谷・長野）、瀑布（華厳滝・栃木）、河川（木曽川・愛知）、湖沼（十和田湖・青森秋田）、平原（狩勝峠・北海道）、海岸（室戸岬・高知）、温泉（別府温泉・大分）が選出された。[38] ここでは風景のジャンルが成立しているが、国立公園を推進する田村剛は、風景の利用・開発、その資源化と経済利用のために、「造園的装飾美の名のもと、科学的なモノサシで計測可能な風景」を生み出すことを主張した[39]。

さて日本でも明治末年から帝国議会に請願する国立公園設置運動が始まり、大戦後には地域おこしと関わって議会への請願運動はますます盛んとなった。この一九二〇年代初頭には、内務省内で二つの国立公園観が相克した。ひとつは史蹟名勝保存を管轄する官房地理課の大屋霊城《れいじょう》・上原敬二・武田久吉らの思潮であり、大自然、大風景、天然紀念物、史蹟、名勝地の保護を尊重した。それに対して、アメリカに国立公園制度を学んだ田村剛や林学の本田静六らが拠る衛生局は、国民的利用のために開発を重視した[40]。

雑誌『史蹟名勝天然紀念物』を繰ってゆくと、道路、公園、上下水道などの整備を行う一九一九年の都市計画法及び市街地建築物法が制定された後、一九二一年には芝離宮に隣接した汐留駅の敷地拡張への反対運動や、一九二二年には天橋立の砂州に郡道をつくることへの保勝会による反対、同年の京都市高瀬川保存をめぐり都市計画路線が変更となった事件など、開発か保存かをめぐる抗争がうかがえる。

たとえば上原敬二は、内務省衛生局の田村剛の国立公園調査を批判して、「真の国立公園は貴重なる天然紀念物の保存を目的としたる区域にして、同時に雄大なる代表的風景地たることを要する」と論じた(五巻八・九号、一九二二年)。それに対して、青森県史蹟名勝天然紀念物調査委員の小笠原松次郎は、十和田湖を貯水池として三本木平の水田開発を行い、同時に十和田湖、奥入瀬《おいらせ》に外国人観光客を誘致することに賛成した。そして小笠原は、「風景は現代に於いて一種の経済的資源である、風景地が開発せられて避暑客や遊覧者が増加するとその地価は増加し、その地方には鉄道、電車、ケーブルカー、自動車等交通運搬事業が起り宿泊や享楽設備も要求せられて所謂ツーリスト事業」が勃興することを良しとする田村剛に賛同した(復刊四巻九号、一九二九年)。

結局、国立公園の設置に向けては内務省衛生局が主導して、大沼公園、雄阿寒、登別、十和田湖、磐梯山、上高地、立山、白馬岳、富士箱根、日光、大台ケ原、瀬戸内海、大山《だいせん》、温泉《うんぜん》(雲仙)公園、阿蘇山、霧島の一六候補地の調査を行った。とりわけ一九二八年に史蹟名勝天然紀念物の所管が内務大臣官房地理課から文部省へと移ったあとは、内務省衛生局が一手に国立公園の選定、設置作業を行った。かくして一九三一年に国立公園法が公布され、第二次世界大戦前の一二の国立公園である、阿寒・大雪山・十和田・日光・富士箱根・中部山岳・吉野熊野・大山・瀬戸内・阿蘇・雲仙・霧島が設定された。しかし一九三〇年代になると文部省では「名教的史蹟」の顕彰が進むなかで、内務省衛生局の田村剛も、「大自然」を保護する国立公園の事業、観光事業、保存事業の三つが密接に連関することを説き、開発と保存の調和をめざすようになってくる(復刊七巻二号、一九三二年)。

おわりに

一九〇八年から一九一〇年までドイツ・フランスをはじめギリシャ・ローマなどの博物館や史跡を

めぐり文化財保護を観察した東京帝国大学の黒板勝美は、ドイツの郷土保護主義に学びながら、地域社会で文化財を保存する「現地保存」の思想を日本に紹介した。それは明治期以来、帝室博物館や帝国大学に美術品や歴史資料を集積してきた中央集権的で優品主義のありようとは違う、新たな提起であった。一八九七年の古社寺保存法の中央集権的な優品主義に対して、黒板勝美が影響力をもった一九一九年の史蹟名勝天然紀念物保存法においては、地域社会と関わりをもち、府県に主体性をもたせる新たな文化財行政が模索された。

第一次世界大戦後には、府県や町村がかかわる史蹟名勝の保存がはじまり、地域社会において郷土史が編まれ、ローカルなアイデンティティがナショナリズムを下支えしてゆくことになった。また神社の神苑を公園と峻別し、常緑広葉樹を「鎮守の森」の伝統的景観とする日本文化論があらわれ、国民道徳に貢献する南朝史蹟などの「名教的史蹟」が顕彰され、桜に関してもソメイヨシノではなく天然紀念物や名勝である山桜や枝垂れ桜などの伝統種に「日本文化」を見てゆく思潮が生まれた。皇室財産系の文化財(陵墓や御物)も、制度として整備されて権威をもってゆく。さらに欧米の物質文明ではなく、「万世一系」の皇室をいただき精神性を重んじ自然と共存する「日本らしい」史蹟名勝のありようや、景観に見えない意味・物語を読み込んでゆく実践(今日の文化的景観や古都論議につながる)がこの時代にあらわれた。

一方で歴史や物語を背負った名所(史跡・名勝)と純粋な自然の景観である風景を分離する動向も生まれ、内務省において国民の厚生や衛生とも関わる国立公園設立運動が展開してゆく。この国立公園はアメリカからの制度輸入により、大衆社会状況下のアメリカニズムとともに、風景の価値の計量化、画一化をもたらし、メディアを使ったツーリズムが国民を動員していった。開発に重きを置く内務省と史蹟名勝を保存しようとする文部省との対立も、一九二八年以降には顕在化する。

大戦後の大衆社会状況下において、ドイツやアメリカなどの学問や制度を参照して創り出されてきた史蹟名勝天然紀念物や国立公園などの文化財の保護は、一方で欧米を参照し相対化しつつ伝統文化としての文化財のありようを模索するが、日中戦争以降は、しだいに国民道徳や名教論のスローガンに包摂されていった。

＊補注

大正期から現代につながる文化財行政がかかえる問題については、高木博志「史蹟名勝天然紀念物保存法の時代――政治と文化財」『遺跡学研究』(一七号、二〇二〇年)を参照されたい。

第7章　現地保存の歴史と課題

はじめに

二〇一〇年春に欧米の大博物館・美術館に対する文化財の返還運動が報じられた。四月七・八日に「文化遺産の保護と返還のための国際協力に関する会議」がカイロで開かれ、エジプトの考古最高評議会のザヒ・ハワスが中心となり、帝国主義時代の文化財略奪の「被害国（原産国）」であるギリシャ・中国・インド・韓国・ナイジェリア・ペルー・リビア・シリア・グアテマラなど二〇カ国以上が共闘し、文化財の母国への返還を求めた。[1] 今までは、たとえばギリシャから大英博物館に対して行われたエルギン・マーブル（パルテノン神殿の彫刻）の返還要求にみられるように、かつての「被害国」である各国が、個別に旧宗主国などの先進国に働きかけるのみであった。この共同行動では、大英博物館のロゼッタストーン（エジプト）、エルギン・マーブル（ギリシャ）、女王イダの仮面（ナイジェリア）、ドイツ新博物館のネフェルティティ胸像（エジプト）、ルーブル美術館のベンガジ発掘の女性像（リビア）、エルミタージュ美術館のパルミラ（シリア）の大理石板、そしてアメリカのイェール大学ピーボディ博物館のマチュピチュ・コレクション（ペルー）など三一一点の返却希望品リストを、「保有国」七カ国に対してつきつけた。

ここでも報じられるように、大英博物館は来館するとそこであらゆる文明が展観でき「世界中の文化的成果を示す」という文化財の普遍性をその存在意義にあげ、またドイツ新博物館は「正当に入手」したとの合法性を主張する。さらに帝国主義時代に不当に入手したことの証明が困難であることや、当時における合法性などを主張する「保有国」と、「被害国」とのすれ違いが報じられた。

私自身は、文化財が国境を越えた普遍性を有することと、帝国主義を通じて文化財が移動したあとの「保有国」の保護によって長期間にわたり文化財の破壊が防がれてきたこと、また移動後に「保有国」で新たに発生し展開する「文化」の意義を全く否定するものではない。たしかに一九・二〇世紀における文化財移動の当時には法律の合法性があったかもしれない。また当時の「被害国」には発掘し研究する主体も、保有する博物館・美術館という「箱」も、主権のある国家それ自体もなかった場合が多いことも事実である。しかし、返還国の政情不安などにより文化財に破壊の恐れがない場合は、「被害国」の振興のために、保存のための施設を現地につくり文化財を返還して、現地保存の理念をなるべく尊重すべきであろうと考える。一九七三年にザイールのモブツ大統領が主張したように、文化財の略奪は単なるモノの移動だけではなく、「言語、文化などの伝統が系統的に破壊」されることを意味する。すなわち地域の文化の破壊であり、文化財の現地保存の理念は、地域文化の保存の問題でもあるからだ。(2)

このような文化財の南北問題に関わる新聞報道に接し私が考えたことは、これは明治維新以来、帝室博物館・宮内省・帝国大学などを擁する東京・京都に国内の文化財が集中してきた、日本における中央と地方との問題と通底するのではないか、ということである。[3]

多くの国宝・重要文化財をはじめ約一二万件を収蔵する東京国立博物館は、二〇一一年一月に「平常展示」から「総合展示」にその名称を替えた際に出した「館長メッセージ」において、「すべてのジャンル、すべての時代にわたって日本の美術をお楽しみいただける世界で唯一の博物館として、また、東洋諸地域の文化を概観できる世界有数の博物館として、日本と東洋の文化を総合的にとらえる」意義を誇っている。[4] また京都大学総合博物館の三〇万点を超す考古資料は、「日本、朝鮮、中国はもとより、インド、アフガニスタン、エジプト、ヨーロッパ、アメリカなど世界各地にわたり、各地域の代表的な文化の遺物に接することができるように配慮され」、国内の発掘調査に基づく「収蔵資料には標準資料として学史上重要なものが多く含まれる」とされる。[5]

これら国内大博物館における、あらゆる時代・ジャンル・地域（この二つの博物館は、国内のみならずアジア等を含めたコレクションも誇る）の代表的な優品の文化財を来館して鑑賞できるという特色と、明治期以来一九七〇年代の高度経済成長期まで、丹後や若狭の事例をはじめ地方には発掘の主体も保存施設もなく、まさに合法的に中央の大博物館や帝国大学に文化財が集中してきた歴史をみるとき、問題の所在は同根であると思う。そして中央と地方との格差と国による文化政策切り捨ての効率主義によってもたらされた、指定管理者制度による「民営化」や市町村合併にともなう博物館の統廃合にみられるように、文化財を保存・活用・公開する博物館などの「箱」や学芸員といった人材も不足する地方の現況がある。たとえば、橋下徹大阪府政のもとで、大阪府立泉北考古資料館は廃されて、その遺物は堺市博物館に移管され、平成の市町村合併が進む滋賀県では、滋賀県立琵琶湖文化館が休館に追い込まれた⑥。

一方、世界では、二〇〇五年にイタリア政府がエチオピアにオベリスク(アクスムの塔)を返還し、二〇一〇年三月にはエジプトの新博物館の建設にあわせ、ロンドン大学からエジプトに約二万五〇〇〇点の古遺物を返還することが決まった。さらに二〇一一年二月にアメリカのイェール大学は、カイロ会議での返還希望リストにも上がっていたマチュピチュ遺跡の約四万点の遺物を、ペルーの首都リマではなく旧都クスコにサン・アントニオ・アバド大学と共同で展示博物館をともなう収蔵センターをつくって返還することを決めた。日本でも二〇〇六年には東京大学がソウル大学に『朝鮮王朝実録』を「寄贈」し、二〇一〇年五月には菅直人政権が宮内庁所蔵の『朝鮮王朝儀軌』を韓国政府へ「お渡し」することを決めた⑦。このように世界ではじまった、なるべく本来あった地域に文化財を返還し保存・公開・活用していく「現地保存」の理念を、国際社会と日本国内とを貫く視点から考えること、それが本稿の提言である。

一　文化財返還をめぐる世界の動向

第二次世界大戦後にユネスコが関わった返還問題の発端は、一九四七年にポーランドのクラクフ王宮の疎開先カナダに対する美術品返還運動へのユネスコの援助をポーランドが要望したことにあった。続いて一九六〇年にはコンゴ・ブラザヴィルからアフリカ外へ持ち出された文化財の買い戻しのためにユネスコに財政援助を求める決議案がコンゴ共和国からだされた(8)。ユネスコが作成した関連する条約は、一九五四年五月一四日に採択された「武力紛争の際の文化財の保護のための条約(ハーグ条約)」が最初であり、戦時の文化財保護(戦闘による破壊や略奪などの防止)を規定し、その目的のため平和時にとるべき方策が定められた。一九七〇年一一月一四日には「文化財の不法な輸入、輸出及び所有権移転を禁止し及び防止する手段に関する条約」が採択され、盗難、盗掘、略奪などによる文化財の外国への流出防止と、流出品の原所有国への返還を促進することをうたった。しかしこの条約は条約加盟国の批准以降の事例にのみ適用され、それ以前の帝国主義の時代の大規模な文化財移動については無力であった。

そして、一九七二年一一月一六日には「世界の文化遺産及び自然遺産の保護に関する条約(世界遺産条約)」が採択され、世界的な価値のある遺産を守るために、この条約の下に世界遺産委員会(世界遺産条約締約国総会で選出された二一カ国の政府代表により構成)が設置され、委員会が締約国政府が申請する遺産を審査し、価値の高いものを世界遺産に指定して世界遺産リストへ登録する。そして破壊の危険がとくに大きいものは「危険にさらされている世界遺産リスト」に登録されることとなり、「普遍的な価値(universal value)」のもとに、国境を越えた文化遺産の保護がはかられることとなった。

この「普遍的な価値」については、石材を中心とした真正性(authenticity)をはじめとする欧米中心の価値観の問題点などがあったが、一九九四年の「オーセンティシティに関する奈良ドキュメント」において、「文化の多様性と遺産の多様性」の尊重が主張され、木の文化や伊勢神宮の造替など形を保存すれば材質を問わないことの修正がなされた。その修正は文化多元主義の世界的思潮とも関わる。そこでは、「文化遺産とその管理に対する責任はまず、その文化をつくりあげた文化圏に、次いでその文化を保管している文化圏に帰属する」と文化遺産の帰属に「現地保存」の理念が盛り込まれたことも重要であろう。⑨

旧宗主国の主張をみると、COE(欧州会議)もEC(欧州共同体)も、エルギン・マーブル(パルテノン・マーブル)はギリシャの国民文化としてだけでなく、ヨーロッパ共通遺産、すなわち、ヨーロッパの地域籍の概念として考えるべきとの立場であった。⑩また一九九三年五月二一日の国際文化交流シンポジウム(東京)においてロバート・アンダーソン大英博物館館長は、「博物館の価値は、作品を創作の脈略から切りはなすことにある」とし、博物館には「作品そのものの価値」を公開、鑑賞、観察、研究し、保存する機能があり、他の作品との比較も可能であると発言した。これは文化財がもつ国境を越えた普遍性に力点をおき、かならずしも原産地に存在する必要がないという主張に通じる。同じ会議でのスミソニアン研究所長官ロバート・マック・アダムスの「偉大な文化は普遍性」をもち「世界の偉大な博物館は国際理解を深めるために重要な役割」を担っているとの発言も、原産地に保存機関がないことや帝国主義時代において先進国が合法的に所有したとの主張とともに、先進国の博物館・美術館が「被害国」の要求に応じない、今日のもっとも基本的な根拠となっている。

二〇〇二年にベルリン国立博物館、ルーブル美術館、メトロポリタン美術館、ボストン美術館、プラド美術館、エルミタージュ美術館など一八館が共同でだした「普遍的博物館の重要性と価値に関する宣言(Declaration on the Importance and Value of Universal Museums)[11]」では、古典古代のギリシャ彫刻が、その意義をイタリア・ルネサンスにおいて再発見され、その後に他の欧米に広まっていった例をあげて、大博物館において他の偉大な文明と比較されることによりギリシャ彫刻の美学的な価値が形成されてきたことを指摘する。さらに、世界的な博物館は一国民のためではなくすべての国の人々のものであり、その使命は文化を発展させ、常に再解釈され続ける知識を養うためのものであるとの見解を示した。これはまさに一九世紀前半の歴史家レオポルト・フォン・ランケが主張するように、古典古代のギリシャにはじまった文明がヨーロッパから世界に伝播するという、欧米先進国の国民国家形成に関わる文法にもとづくものであった。

日本も明治維新以降、ギリシャを起原とする世界史の文法に組み込まれることとなった。ランケの弟子であるルートヴィヒ・リースに教えを受け、『世界に於ける希臘文明の潮流』(岩波書店、一九一七年)を著した京都帝国大学西洋史学講座初代教授の坂口昂は、一九一一年にアテネを訪れて西欧列強の「学問の国際戦争」の場となる現地の出張研究所に学び、黒板勝美とともに宮崎県西都原《さいとばる》で古墳に隣接した「西都原史蹟研究所」の設置をはかった。こうした古代文明の研究施設の構想が、藤原宮趾調査などの事業を手がけた一九三四年からの黒板勝美の日本古文化研究所につながるだろう[12]。

文化財返還をめぐる具体的な例として、パルテノン神殿の彫刻であるエルギン・マーブルを紹介したい。紀元前五世紀に完成したパルテノン神殿は、本来女神アテネを祀った神殿であり、彫刻は古代ギリシャの、地上、神話の世界、神の世界という三つの宇宙を象徴的にあらわしていた。しかし五世紀頃にはキリスト教(ロシア正教)の聖堂となり、一四五八年にオスマン帝国のアテネ征服にともないモスクへ改装されるなど変転した。そして一八〇一年にどんな彫刻も碑文も持ち去る自由を与えた勅令をオスマン帝国のスルタンから得たイギリスの外交官エルギン卿(トマス・ブルース)が、一八〇三年から一二年の間に、ロンドンへ運んだ。エルギンの「英国の芸術を啓蒙するという発想」によるものだった⑬。ちなみにエルギン・マーブルとならんでのちの大英博物館の二大至宝となるロゼッタストーンも、同じ時期にエルギンが絡んでイギリスが獲得している。一八一六年、政府はマーブルを買い上げて大英博物館(ハンス・スローン卿のコレクションからはじまり一七五三年に創設された)に寄託した。大英博物館には二〇〇八年時点で、約八〇〇〇万点の収蔵品があり、年間約六〇〇〇万人が訪れ入場は無料である⑭。

「被害国」ギリシャのメリナ・メルクーリ文化科学大臣は、ユネスコ世界文化政策会議で、「エルギンはトルコ政府の許可を得たといっても、トルコ占領軍はギリシア国民の意思を代表していなかった。パルテノン神殿はギリシア国民の歴史の原点であり、統合のシンボルであるから、マーブル返還によるパルテノンの復元は、ギリシアの歴史の原点の完成である」と発言した。それに対する一九八六年のイギリス政府の見解は、「英国政府はエルギン卿からマーブルを買って、それを保存するために博物館へ与えた。それは英国議会によって承認された法律にもとづくものである」とその合法性を主張した。当初、ギリシャには返還後の充分な保存・公開する施設がないことがイギリス側の返還を拒絶する論拠の一つであった。その後二〇〇九年にギリシャがオリンピックにあわせて、アクロポリス保存事業としてパルテノン神殿に隣接しそれと一体となった新アクロポリス博物館をつくり、エルギン・マーブルを受け入れる陳列室を完成させた。しかしイギリスは今度は文化財がもつ普遍性の主張を表に出すようになり、未だに返還されていない[15]。

二　近代日本の文化財の移動

二〇二三年一二月現在、文化庁のホームページの「国指定文化財等データベース」[16]によると、不動産である建造物の国宝・重要文化財は全国で二五八四件、そのうち、東京都八八件、京都府三〇七件、奈良県二七〇件と、京都・奈良の圧倒的優位であるのに対し、美術工芸品の国宝・重要文化財においては一万八四八件のうち東京都二五一三件、京都府一八四〇件、奈良県一〇一二件と、東京優位へと逆転している。明治期以来、古代偏重の優品主義にもとづく国宝指定が行われてきた歴史があったため、奈良・京都の指定文化財が本来多いのは当然であるが[17]、動産である美術工芸品は明治期以来、その多くが東京に移動し集積されたと考えられる。そして国立博物館における明治以来の寄託制度も地方から中央への文化財の移動を促した。

一八七六年の「遺失物取扱規則」と、翌年の「中古ノ沿革ヲ徴スルモノ」を博物館で購入するという太政官布達により、東京の博物館に埋蔵文化財が集中する制度ができた。そして一八九九年三月に遺失物法がだされ、同年一〇月の内務省訓令第九八五号により「古墳関係品其ノ他ノ考古ノ資料トナルヘキモノ」は宮内省（諸陵寮と博物館）に、「石器時代遺物」は東京帝国大学で取り扱うことが決まった。こうして閉鎖的な帝室博物館と非公開の東京帝国大学に遺物が集中し、「遺物と国民の乖離を決定的なものとし、中央権力による地方文化の略取ともいえる結果」がもたらされた[18]。東京国立博物館には、かつて私たちが整理に携わった、一八七四年から一九四二年までの事務処理の終わった書類の綴りである「埋蔵物録」一一九冊が残されている[19]。ここには、埋蔵文化財をめぐるその時代の学知を反映する各地からの諸報告も含まれる。

また美術品などの文化財が東京へ集中した原因として、東京遷都や廃藩置県にともなう皇族・旧華族（大名）の移住や、益田孝（鈍翁《どんおう》）・原六郎・井上馨・根津嘉一郎などの政治家や財閥関係者が東京に集住してきたことが考えられる。

まず文化財流転の象徴として、奈良国立博物館を代表する名品である平安時代の仏画・十一面観音像（国宝）をあげたい。奈良の法起寺にぼろぼろの状態で伝来していた仏画をフェノロサが見いだし、その後東京の井上馨の所蔵となり、一九〇五年二月に明治期のコレクターである三井財閥の益田孝（鈍翁）の手に渡り、さらに鈍翁の死後、戦後の混乱のなかで鈍翁コレクションは四散し奈良国立博物館に落ち着いた[20]。また五島美術館の国宝「源氏物語絵巻」は阿波の蜂須賀家より益田孝、高梨仁三郎をへて五島美術館に入り、高野山に伝来した「孔雀明王画像」も明治になって井上馨から三渓・原富太郎をへて東京国立博物館の所蔵となった。

『東京国立博物館百年史　資料編』[21]には「主要列品年次別収蔵一覧」が掲載されているが、ここに主なものを列挙する。一八七八年二月一八日には法隆寺から三二二点の献納宝物が皇室にもたらされた。宝物のうち「唐本御影」や「法華義疏」などは御物として宮中に留め置かれたが、「聖徳太子絵伝」（国宝、秦致真筆）一〇面、「天平勝宝八歳七月八日　法隆寺献物帳」（国宝）一面、「銅造如来坐像」（重文）一軀ほか多数は博物館に収蔵された。一九二〇年には一六世紀の「伝狩野永徳・檜図屛風」（国宝）一双が宮内省主殿寮より引き継がれ、一九二七年には音楽学者でもある徳川頼貞から「アツシ・ノロ頸飾」などのアイヌ民族の文化財が寄贈された。一九三八年には、松江藩主・松平不昧《ふまい》に由来する一三世紀の国宝、「平治物語絵巻」の「六波羅御幸の巻」が松平直亮《なおあき》より寄贈された。戦後の混乱のなかで、一九四七年には一六世紀の「松林図屛風」（国宝、長谷川等伯筆）一双や一二～一三世紀の「餓鬼草紙」（国宝）が岡山市河本（勝平）家より移り、翌年には「法華経」（竹生島経）一巻が東京国立博物館のコレクションとなった。

また京都国立博物館コレクションの目玉である雪舟の「天橋立図」（国宝）も江戸後期までは土佐山内家の品川屋敷にあったものが、購入した文化庁から戦後に京都国立博物館に管理替えされたものである。[22]

次に明治維新以来の地方から中央への埋蔵文化財の移動についていくつかの事例をあげたい。たとえば、福井県では、一八九七年に獅子塚古墳（美浜町）が発掘され、古墳の副葬品の玉類、馬具、鉄剣などは、宮内省から東京帝室博物館に収蔵され、のちに上田三平が調査の報告をした(23)。上田三平は、一八八一年福井県遠敷郡《おにゅうぐん》国富村羽賀に生まれ福井師範学校を卒業し、一九一七年福井県史跡勝地常任委員になり一九二〇年『福井県史跡勝地調査報告』（福井県）を編集したのち、一九二四年に奈良県嘱託に転じて平城京址などを調査し、一九二七年には東京で内務省嘱託となった。上田は内藤湖南の推薦で、一九一六年に小浜線敷設工事にともなう西塚古墳の発掘に携わり、その結果、発見された中国製神人画像鏡・仿製四獣鏡、金製垂飾付耳飾などの副葬品は一九一七年に宮内省諸陵寮に収蔵された(24)。一九〇〇年に遠敷郡上中町《かみなかちょう》堤の向山古墳で発掘された銅鐸も同年に東京帝室博物館に収められた。また一九六九年に向笠《むかいがさ》・仏浦遺跡で発掘された銅鐸も一九七〇年に国から国立歴史民俗博物館に移管された(25)。

一九一六年九月には京都帝国大学文学部に日本ではじめて考古学研究室が設置され、浜田耕作が初代教授になった。一九一七年の京都帝国大学文学部考古学研究報告第一冊『肥後に於ける装飾ある古墳及横穴』（浜田耕作・梅原末治執筆、臨川書店、一九七六年復刻）を皮切りに、第七冊『吉利支丹遺物の研究』（新村出・浜田耕作・梅原末治執筆、一九二三年）、第八冊『近江国高島郡水尾村の古墳』（浜田耕作・梅原末治執筆、一九二三年）など、一九四三年までに、京都帝国大学文科大学考古学講座では一六冊の報告書が刊行された(26)。二〇一二年九月段階の京都大学総合博物館ホームページでは、「考古資料」の学史上重要な標準資料とされるものを、以下のように説明する。

代表的なものとして、医学部に属した研究者であった長谷部言人、清野謙次らとともに、総合調査を行った大阪府国府《こう》遺跡・岡山県津雲《つくも》貝塚・熊本県 轟《とどろき》貝塚・鹿児島県出水《いずみ》貝塚など縄文人骨が出土した遺跡、層位学研究の典型例となった鹿児島県指宿《いぶすき》遺跡、弥生時代の甕棺墓調査の嚆矢である福岡県須玖《すく》岡本《おかもと》遺跡、弥生土器の編年研究を大成させた奈良県唐古《からこ》遺跡、古墳時代では金銅製装身具で著名な滋賀県鴨稲荷山《かもいなりやま》古墳、傑出した巨石古墳の奈良県石舞台《いしぶたい》古墳などがある。また、各地の史跡調査を委嘱されることも多く、地元の京都府では、縄文時代の北白川小倉町《きたしらかわおぐらちょう》遺跡、弥生時代の函石浜《はこいしはま》遺跡、古墳時代の寺戸《てらど》大塚《おおつか》古墳・妙見山《みょうけんやま》古墳・椿井《つばい》大塚山《おおつかやま》古墳、寺院跡では北《きた》白川《しらかわ》廃寺・高麗寺《こまでら》など、重要な遺跡の出土資料が多い。

このなかで滋賀県高島市の鴨稲荷山古墳は、一九〇二年に宮内省諸陵寮が最初の発掘を行って一九二一年に主要な出土品が東京帝室博物館に送られ、その後、一九二三年に京都帝国大学考古学研究室による再調査が行われた。現在、「金銅製冠」(京大)、「金銅製沓右足」(京大)・「同左足」(東博)、「金銅製魚佩」(京大)、「金製垂飾付耳飾」(東博)、「内行花文鏡」(京大)、「玉類」(京大・東博)、「双鳳環頭大刀把頭」(東博)などの朝鮮半島との交流をうかがわせる副葬品は、京都大学総合博物館と東京国立博物館とに分かれて収蔵される。[27] また、京丹後市久美浜町の函石浜遺跡は、地元の名望家である稲葉市郎右衛門・宅蔵兄弟と織田幾二郎が中心となって発見、調査された。彼らは東京人類学会にも報告し、織田が郵便局長であった久美浜郵便局舎に私設の「織田考古館」を一九〇三年に開設したが、織田の退職を契機として、古墳や貝塚などの遺物や古文書など一四八五点の所蔵資料を一九一二年に京都帝国

図15　1881年大岩山銅鐸発見想像図（安芸早穂子画，野洲市歴史民俗博物館所蔵）．1988年の野洲市歴史民俗博物館開館時に展示監修の佐原真は，1881年の最初の銅鐸発見者が少年2人であったこと，銅鐸が「入れ子」埋納であったことを描き込むよう，画家安芸に依頼した．

大学に寄贈して閉館した経緯があった。(28)

さらに別の事例として、滋賀県の大岩山《おおいわやま》の銅鐸について具体的にみたい（図15）。滋賀県野洲郡小篠原《こしのはら》村字大岩山で一八八一年八月二〇・二一日に発見された一四個の銅鐸は「埋蔵物録」（東京国立博物館）にも高さ重さなどの記録があるが、国内最大の一三四・七cmの銅鐸と水鳥二羽の絵のある銅鐸の二個は一八八二年八月に四〇円で博物局が買い上げた後に東京帝室博物館の所蔵となった。その他は「遺失物取扱規則」で、一八八三年三月に地元に払い下げられたのち売却され、天理大学・ケルン東アジア美術館・サンフランシスコアジア美術館・ミネアポリス美術研究所・國學院大学・知恩院・MOA美術館・辰馬考古資料館・個人などに散逸した。さらに一九六二年七月に大岩山の新幹線土砂採取場で銅鐸一〇口が発見されるが、土地所有者桜生区長・発見者・古物商に対して現物譲与通知がだされ滋賀県所蔵となり、一九八八年の重要文化財指定をへて、現在は地元の野洲市歴史民俗博物館と滋賀県立安土城考古博物館との両館で展示されている。(29)

したがって福井県出身の上田三平が県の事業の一環として大正期に行った発掘調査の遺物は、当時は県に保存施設がないこと、また制度として宮内省に吸い上げられるシステムであったことにより中央に流出した。そして開発を行うものが調査費用を負担する原則は一九六〇年代前半にはじめて確立し、一九六〇年代後半から埋蔵文化財を担当する職員を都道府県・市町村に配置するようになり、一九七六年には全国で一〇〇〇〇人以上の担当職員に増えた。京都府でいえば一九六一年にはじめて京都府教育委員会に文化財担当技師が配置され、一九八〇年代の大規模開発にともない丹後地域でも市町教育委員会に埋蔵文化財担当者が置かれるようになった[30]。たとえば京都帝国大学が重要な発掘を府県や宮内省から依嘱されていた戦前においては、地元には発掘の主体も保存施設もなかったのである。さらに文化財における戦後改革は不徹底であり、文化庁や宮内庁、旧帝国大学の官の強さ、そして文化財に対する官の認識は戦前から今日に至るまで変わらない。一八八一年に地元大岩山から出土した国内最大の銅鐸は、野洲市歴史民俗博物館が東京国立博物館に借用を申し出ても許可されなかったが、二〇一三年になって里帰り展示が実現した[31]。

三　現地保存と文化財保護

日本の文化財保護行政は、廃仏毀釈の反省のもとに明治四年（一八七一）の古器旧物保存方の布告、翌年の壬申の宝物調査としてはじまり、立憲制の形成期に制度化された。一八八八〜九七年には、全国で網羅的な臨時全国宝物取調局の調査が行われ、二一万五〇九一点の鑑査表が作成され、美術品のジャンル、等級、年代、作者などが確定されていった。一八八九年五月に東京で行われた鑑査事業の後、「日本美術」展覧のセンター的な機能を持つ帝国博物館と、奈良や京都の地域の社寺から寄託を受け、密接に関わる帝国奈良博物館・帝国京都博物館の設置が決まった。文化財を所蔵する社寺を保護する一八九七年六月の古社寺保存法では、名所旧蹟は保護の外であった。一八九九年には先述の遺失物法がだされ、翌年には民間の帝国古蹟取調会が活動をはじめ、帝国博物館は所属を明瞭にするため帝室博物館と名称が変更された。

さて日本において史跡名勝の保存や博物館のありようと関わって、文化財の現地保存主義を最初に紹介し展開したのは、本書第6章で紹介したように東京帝国大学教授で国史学専攻の黒板勝美である が、彼は日露戦後の行政と密接に関わりつつ文化財保護制度をつくりだした。この時代には、町や村といった地域社会の側にも文化財への関心や歴史意識が芽生え、また国家も地方改良運動から民力涵養運動への展開のなかで地域の統合に文化財の問題を介在させようとし、史跡名勝という新たなジャンルが国の文化財行政の対象となった。また奈良・京都・滋賀をはじめ全国的に府県の保勝会・史蹟会の活動も盛んになった[32]。一九一四年には会長徳川頼倫のもと戸川安宅を編輯兼発行者に、戸川をふくめた官僚の井上友一・九鬼隆一・正木直彦、学者の伊東忠太・本多静六・黒板勝美・喜田貞吉・三好学らを評議員として機関誌『史蹟名勝天然紀念物』が発刊された。一九一九年四月に公布された史蹟名勝天然紀念物保存法では、内務大臣が指定し、地方長官が仮指定や現状変更する権限を設定するとともに、破壊行為を禁止し、罰則規定が定められた。

黒板勝美は、一八七四年に長崎県で生まれ東京帝国大学文科大学国史科を卒業し、一九〇五年東京帝国大学文科大学助教授兼史料編纂官に任じられた[33]。黒板は、一九〇三年の学位論文「日本古文書様式論」をはじめ古文書の様式論を大成するとともに、史料編纂官として奈良・京都をはじめ史料採訪を精力的に行った。また東京帝国大学教授として、古社寺保存会委員(一九一七年)、史蹟名勝天然紀念物調査会委員(一九二〇年)、朝鮮史編修会顧問(一九二四年)、朝鮮総督府宝物古蹟名勝天然記念物保存会委員などの、文化財保存、歴史編纂の要職についた。欧米の実証的な歴史学や文化財の紹介者であるとともに、一九一一年の南北朝正閏論争以後の天皇や臣民の名分論を旨とする「名教的」な歴史学を国民教化上、重んじた。一九三六年に脳溢血を発症しなければ、嘱託を受けた紀元二千六百年奉祝会常議員をはじめ戦時下での役割も大きかったと思われる。

ドイツ型の地方文化の保存を基盤としたナショナリズムにより生み出された「現地保存主義」の紹介者である黒板勝美は、最先端の文化財保護論を紹介するとともに、村や町の地域社会から積み上げるナショナリズムの媒体としての文化財保存を考えた。その集大成が、一九一七年二月の「史蹟遺物保存――実行機関と保存思想の養成[34]」の論説である。ルーブル美術館や大英博物館による略奪、「中央蒐集」が批判されている現状を紹介し、「遺物の中央集権が廃れて、地方々々に遺物を保存するのが、遺物保存上尤もよい」とし、「史蹟にあつてこそ遺物の価値は最も多く発揮せらるゝ」と論じる。また代々家に伝えられた宝物も、他へ持ち出されると家との関係が切れて「歴史的価値」はなくなる。また奈良にあった平安時代の遺物は、東京に持ってきたら「藤原時代の奈良の面影」が浮かぶ陳列方法が必要であり、現にギリシャではアクロポリス・デルフィ・オリンピアのように遺跡と隣接した博物館をつくっており、古代ギリシャ人と対話できる現地のありように学ぶべきことを提案する。また高野山霊宝館の他に、法隆寺、醍醐寺三宝院、東寺、仁和寺、宮島など、社寺の博物館（宝物館）を現地につくる構想を示した。また東京以外にも全国でも八、九カ所の地方の博物館を、帝室博物館の他に建造することを提案するが、結局これは国内では実現しなかった。しかし植民地朝鮮の統治と関わって、「黒板先生の「その地のものはその土地へ」という現地保存主義」が全面展開し、京城・慶州・扶余・開城・平壌等の博物館として地域の文化財が展示されることとなった(35)。またイタリアにおける地方から調査報告や台帳などを積み上げてゆく事例を紹介し、日本のような古社寺保存会による中央からの下達型ではなく、中央局に対する地方局の設置や、府県における調査保存活動など、地方の役割を重視すべきことを説いた。そしてここでも史蹟遺物の保存には「国民の公徳心を養成し、国土を愛し、家郷を愛」する意義があり、「国民の自覚」を喚起すべきことを説いた。

さらに戦前期の地域社会における現地保存主義の影響とその展開の事例を、いくつか紹介したい。

まず一九二〇年以降に大阪府三島郡でみつかったキリシタン遺物をめぐる問題である。大阪府立茨木中学の地歴科教師、天坊幸彦の教えを受けた、山間部の小学校教師、藤波大超が、千提寺で「キリシタン墓碑」、「ザビエル画像」（現・神戸市立博物館所蔵）、下音羽で「マリア十五原義図」（現・京都大学総合博物館所蔵）、「どちりいなきりしたん」（現・東京大学総合図書館所蔵）などのキリシタン遺物を発見した。

現地の藤波大超や、『吉利支丹遺物の研究』（新村出・浜田耕作・梅原末治）の報告をした後発の京都帝国大学は、積極的に研究資料として現物を現地から大学へ持ち去ろうとした。それに対して黒板勝美の東京帝国大学での一年後輩でその影響を受けていた天坊は、三島郡の大阪府史蹟名勝保存委員として遺物を現地において保存しようとする。天坊は、一九二〇年一〇月五日付で千提寺のザビエル画像の所有者の東藤次郎《ひがしとうじろう》に宛てて、

小生之考ふる処ニよれは、右石碑ハ可成《なるべく》、現在之場所を離さゝるをよしと存し候、就而ハ彼附近之樹木の下、仮令《たとえ》ハ山桃之樹の下へなりとも、立直し出来得るならハ屋根を作り置度、其傍へハ大阪府に申告して、史蹟地標石（現ニ茨木城址、芥川城址ニ立てあるものと同一のもの）を建たらはよろしからんと存し候、大正十年度右標石建設協議会之際ニハ、是非申出す積ニ御座候、右之次第ニつき是非〳〵小生希望之通、当地ニ残し置候様取斗はれ度、呉々も希望候[36]

と、書き送り、キリシタン墓碑のクリス山における現地保存を訴えた。ここには史蹟名勝天然紀念物保存法制定期の思潮があった。さらに天坊は、一九三二年に「私はこの遺物（キリシタン遺物全般）を他に持つてゆくことは絶対に反対で、この土地にあつてこそ面白いのだと思ふ、研究家はどし〳〵山へ来るべし」と発言した[37]。ちなみに現在、京都大学総合博物館には、同時期に京都市内（上京区・南区・下京区・北区）で発見されたキリシタン墓碑一一基（一七世紀前期）が集められ展示されている[38]。もっとも明治期以来、現物の研究資料を集積してきた東京帝国大学においても同様で、『切支丹宗門の迫害と潜伏』（同文館、一九二五年）の著者で東京帝国大学初代附属図書館長でもある宗教学者・姉崎正治は、

同じくキリシタン文学を研究する京都帝国大学の新村出と藤波大超の斡旋により、「どちりいなきりしたん（写本）」「きやとへかとる（写本）」や「厨子入　銅板油彩キリスト画像」などを一九三一年七月以降に購入し東京帝国大学に収めた[39]。

また奈良県葛下郡王寺村の保井芳太郎（一八八一〜一九四五年）は、六万四〇〇〇点の古瓦・古文書コレクションを集積し、『大和国郷土研究史料図書目録』（一九三二年）を発刊して不特定の研究者への公開体制をとった。地方に文書館や博物館がなかった戦前期において、地方における史料保存・公開・活用のひとつの形であり、このような文化財の現地保存の可能性もあった[40]。

むすび

以上、本稿で論じてきたことをまとめたい。第一に日本の特性として、「文化財」行政をめぐる戦後改革の不徹底と、一貫する文化庁・国立博物館・旧帝国大学などの官の強さがある。そして官における歴史意識の戦前以来の連続性が指摘できる。第二に文化財の現地保存の思想は、二〇世紀初頭のドイツの郷土保護思想と一体になって黒板勝美らにより日本に紹介された。こうした来歴をもつ現地保存の思想であるが、今後、その思想を戦前とは違う形でナショナリズムとは切り離して、地域の文化の展開のために鍛えてゆけばよいと考える。第三に今日、国際社会、国内社会を貫くものとして、文化財は本来あった場所において、地域社会の文化とともにあるべきとの立論が必要であろう。文化財の略奪は単なるモノの移動ではなく、地域の文化の破壊をともなう。したがって現地保存は地域の文化を復権し地域を振興することにもつながるだろう。(41) 今日の効率優先の文化政策を転換し、現地保存のために博物館や学芸員を充実させようとする世界の動向に学ぶことによって、日本の地方にも若者の雇用が生まれ地域の文化を考える拠点ができうるであろう。

もし京都国立博物館所蔵の国宝の雪舟「天橋立図」の本物が、天橋立を見下ろす京都府立丹後郷土資料館に所蔵（あるいは貸与）され、それにふさわしい保存施設を整えて定期的に展覧されたならば、室町時代に雪舟が天橋立を訪れて描いた、その籠《この》神社や成相寺《なりあいじ》などの社寺と一体になって、地域の文化、歴史への関心も高まり地域の振興にも資するであろう。(42)

補　論　近代天皇制と「史実と神話」

非合理な神話を必要とする天皇制

二〇一九年一一月一四日と一五日、皇居に造営された大嘗宮において徳仁天皇は、神となる儀式(大嘗祭)を行った。その後、徳仁天皇および雅子皇后は、即位の礼や大嘗祭など一連の天皇就任儀式を終えたことを報告する「親謁の儀」を、一一月二二日に皇祖天照大神を祀る伊勢神宮内宮、同月二七日には神武天皇陵(図16)と泉涌寺の孝明天皇陵、二八日には桃山の明治天皇陵、一二月三日には八王子の昭和天皇陵、大正天皇陵で行った。

水や災害の問題や社会福祉にも関心を持つ徳仁天皇は、先の明仁天皇とともに日本国憲法を尊重する。また七割を超える国民の支持を得ており、象徴天皇制はいまや現代世界でもっとも「うまく」機能する君主制の一つであろう。しかし、グローバル化する現代社会に適合したその徳仁天皇が、なぜ皇室の神話上の皇祖天照大神が祀られる伊勢神宮内宮に天皇就任を報告し、天照大神の孫であるニニギノミコト(瓊瓊杵尊)として生まれ変わる大嘗祭を行い、一八六三年に造営された架空の初代神武天皇の陵を参拝するといった、非合理な神話に基づく就任儀式を行うのか。

私は、「序論」でも述べたように、天皇制とは近現代における身分制だと考える。なぜなら特定の

図16　神武天皇陵の前で「親謁の儀」を行った徳仁天皇（共同通信社提供）

家が、生まれながらに貴種とされ、天皇位を世襲するからである。近現代の天皇制は、人は生まれながらに平等であり等しく人権が尊重される民主主義の原理とは矛盾する、非合理な制度である。非合理な天皇制は、血統の正統性や世襲を担保するために、非合理な神話を必要とする。そして「万世一系」の陵墓の体系を必要とする。したがって今問われるべきは天皇個人ではなく、天皇制という制度をどう考えるか、ということであろう。

部落解放運動家で戦前・戦後と国会議員をつとめた松本治一郎は、「貴族あれば、賤族あり」（一九六六年対談『松本治一郎対談集　不可侵不可被侵』解放出版社、一九七七年）と喝破したが、まさに現代の身分制を問うことは民主主義の課題であろう。

神武陵は二度創られた

さて最近の研究では、神武陵は大和盆地の南部、畝傍《うねび》山の周辺に、七世紀と一九世紀と、二度にわたって創り出されたとされる。『日本書紀』が言うように、弥生時代前期の紀元前六六〇年に、神武天皇が即位したわけでは決してない。七一二年に『古事記』が、七二〇年に『日本書紀』が編纂されるが、その編纂が本格化する七世紀後半には神武陵が造営されていた。古代の神武陵の場所としては、現在の神武陵のあるミサンザイと、その北の現在の綏靖《すいぜい》陵の四条塚山の二説がある(図17)。

六七二年七月条の『日本書紀』には、大海人皇子(のちの天武天皇)が、壬申の乱の勝利を祈願して、神武陵に馬と武器を奉納したとの記述がある。これを考古学者は史実と考える。すなわち神武天皇を始祖とする記紀編纂がはじまるときに、神話上の始祖を視覚化する神武陵が造営されたということだ(造営時期については諸説ある)。天武天皇は、大王《おおきみ》に代わる天皇号が定着する時期の天皇である。天皇の「血統」が重視され、「血統」を荘厳化し世襲を正当化する神話が不可欠となった。天皇位の正統性を担保するためには、非合理な神話を必要とする。そして壬申の乱後、天武天皇の大嘗祭が登場し、次の持統朝に大嘗祭の儀式が整ったという。

つまり、『万葉集』に「神にしませば」と称された天皇の大嘗祭と、世襲する天皇位を正当化する記紀神話は、律令制、古代国家の形成とともに成立するのである。そして七九四年の平安京遷都以降、古代天皇制が変質するなかで、畝傍山の麓にあった始祖陵としての神武陵は荒廃し忘れ去られていく。

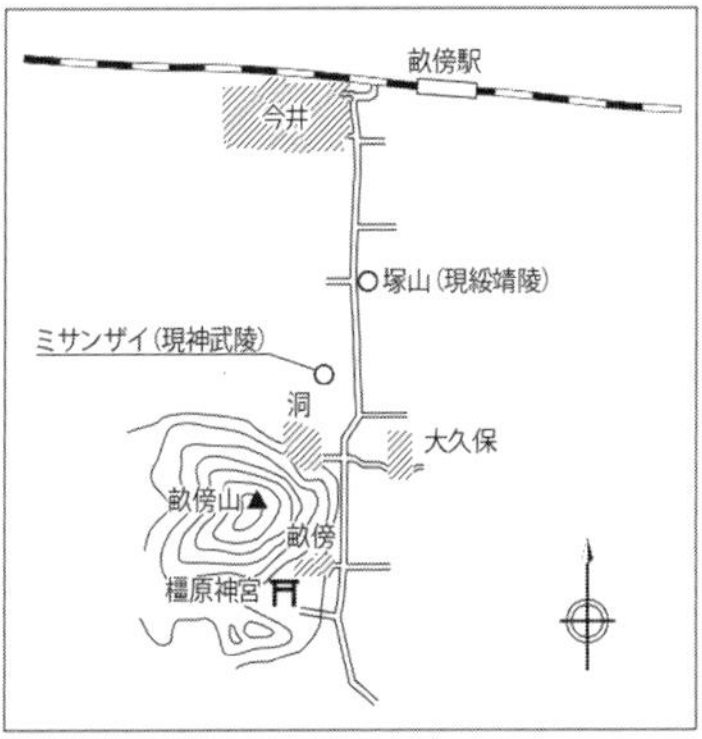

図17　畝傍山周辺図(1908年．岡恵子氏作図)

江戸時代における天皇家の系譜意識では、平安京の桓武天皇以下の歴代天皇がクローズアップされ、桓武天皇の曽祖父である天智天皇が始祖と位置づけられていたが、幕末になると国学や水戸学の影響により、それに代わってふたたび記紀系譜上の始祖神武天皇が浮上する。一八六三年、公武合体運動のなかで、孝明天皇の勅により、字ミサンザイ(現・橿原市大久保町)が畝傍山東北陵・神武天皇陵と定められ、一万五〇〇〇両以上をかけて盛り土をして墳丘が創出された。そして一八六七年一二月、朝廷によるクーデター、王政復古の大号令で「神武創業」が明治維新の理念となった。大日本帝国憲法発布の翌年一八九〇年には、神武天皇が即位したとされる橿原宮址に始祖を祀る橿原神宮が創建されるのである。

「日本遺産」と観光

敗戦後の一九四六年一月一日、昭和天皇は「人間宣言」を行い、自らが「現御神《あきつみかみ》」であることを否定したが、二一世紀になって社会のあちこちで非合理な神話が復権してきている。政府見解では大嘗祭は農耕祭祀とされ、神になる神学の本質が隠されてしまっているが、私は今の社会で起きている「史実と神話」の曖昧化はその問題が同根であると考える。

二〇一九年七月に、倭の五王の一王墓でしかない大山《だいせん》(大仙)古墳が「仁徳天皇陵古墳」として世界遺産登録された。しかし「仁徳天皇」は、その存在すら疑わしい天皇である。単に事実と異なるから問題なのではない。戦前の国定教科書が、高台から民のかまどの煙を見てその生活に思いをいたす仁徳天皇の姿(図18)を通じて、「天皇の赤子《せきし》」としての日本国民の在り方を描いたように、神話の復権には、天皇中心の道徳的価値観が入り込むのである。

二〇一九年四月の文化財保護法の改正法施行にともない、「活用」という美名のもとに観光至上主義がはびこり、学問や文化財の商品化が進んでいる。そこでは、歴史の真正性より、神話や物語が優先する。そもそも二〇〇六年の観光立国推進基本法からはじまった観光振興策の延長線上に、文化財保護法の改正法がある（岩崎奈緒子「歴史と文化の危機——文化財保護法の「改正」」『歴史学研究』九八一号、二〇一九年）。

たとえば、二〇一五年度から始まった文化庁による日本遺産認定は、観光立国が前面に出たものであった。従来の文化財行政を、「保存」重視で「地域の魅力が十分に伝わらない」と批判し、「活用」を重視して「ストーリーの下に有形・無形の文化財をパッケージ化」し、「地域のブランド化・アイデンティティの再認識を促進」するものである（文化庁ホームページ）。認定第一号は「明治維新以降のいち早い近代化の原動力」となり、「礼節を重んじる日本人の国民性として受け継がれ」る、旧弘道館（水戸市）・足利学校跡（足利市）・旧閑谷《しずたに》学校（備前市）などの「近世日本の教育遺産群——学ぶ心・礼節の本源」である。その外にも「鎮守府　横須賀・呉・佐世保・舞鶴——日本近代化の躍動を体感できるまち」の遺産とともに、近代化や富国強兵が無批判に賛美される。

図 18　国定教科書の仁徳天皇
（『尋常小学国史 上巻』文部省，1935 年）

日本遺産は、二〇二三年度現在、全国で一〇四のストーリーが認定されている。

二〇一六年に四條畷市・島本町など六市町村は、「摂津・河内に生き続ける楠公《なんこう》さん――中世のサムライヒーローが遺した聖地を巡る旅」を日本遺産に申請した。同年一一月二二日の大阪府三島郡島本町の文化推進委員会会議録では、同委員会会長が、「史蹟桜井駅阯」は「伝説地」であるが日本遺産に認定されるのか、と疑問を呈している。その質問に、島本町の事務局は、「日本遺産」は、歴史的な事実を重要視するものではなく、そのストーリーが現代にどのように息づいているかが重要視されるものである」と答えた。結局、この六市町村の案は通らなかったが、二〇一九年度に河内長野市が単独で「中世に出逢えるまち――千年にわたり護られてきた中世文化遺産の宝庫」として、楠木氏一族ゆかりの金剛寺と観心寺を中心に登録された。

そもそも楠木正成が息子の正行《まさつら》と別れて湊川の戦いに向かう「桜井の別れ」は架空の『太平記』上の物語であり、日露戦争後の社会に現れた、歴史の史実より名分論を重んじ、国民道徳を優先する「名教的史蹟」と呼べるものである。国民道徳とは、皇室をいただく祖先崇拝や家族国家を尊重する倫理である。

日露戦争後には、帝国大学の教授が内務省・宮内省・文部省などの委員となって文化財行政に携わるシステムができあがってくる。その担い手の一人が、東京帝国大学の国史学者・黒板勝美であった。黒板は史実ではないので、桜井駅を「南北朝時代の史蹟としては何等《なんら》歴史的の価値なし」と明言する一方で、「幕末に於て国民を感奮せしめた一の史蹟」として、国民道徳上から史蹟保存を説いたのである（黒板勝美「史蹟遺物保存に関する研究の概説」『史蹟名勝天然紀念物』第一巻第三号、一九一五年）。それから一〇〇年経ても、島本町当局の歴史意識は日露戦後から変わらない。

なお、最近の発掘調査では「桜井の別れ」の舞台となったとされる場には、一四世紀の考古学的な遺構はまったくないとのことである。しかし一九二一年の国指定「史蹟桜井駅阯」は、戦後改革でも解除されずに、今日に至っている。

また二〇一九年からは、日本遺産「神武東遷——古と現在をつなぐ、遥かなる道のり」が宮崎市を代表とし、橿原市・岡山市・新宮市など二二市町村から文化庁へ申請された。アジア・太平洋戦争のさなか一九四〇年に、神武天皇の即位から数えた紀元二六〇〇年を記念して行われた神武天皇聖蹟調査のリバイバルである。

学問の否定——世界遺産「仁徳天皇陵古墳」

ゆゆしきは、世界遺産をめぐる昨今の動向である。

二〇一四〜一五年に「富岡製糸場と絹産業遺産群」や八幡製鉄所などの「明治日本の産業革命遺産」が、世界遺産に登録された。その登録の経緯も、文化庁による下からの推薦ではなく、安倍晋三内閣の官邸主導によるトップダウンの決定であった。今回の登録は、一九六〇年代前半のエドウィン・ライシャワー、ウォルト・ロストウによる近代化論の再来である。明治維新以来、急激な産業革命や「富国強兵」を達成した日本の「近代化」をバラ色に描くのみではなく、劣悪な労働条件やアジアの植民地の問題なども含み込んだ複合的な評価が必要になるだろう。世界遺産に登録された産業遺産を説明する施設「産業遺産情報センター」(内閣官房所管)が二〇二〇年につくられたが、今後そのありようが試される。歴史を複眼的に評価することは、今後続くであろうアジア諸国における近代化遺産の世界遺産登録に際しても有効な見方になるだろう。

図19　大山古墳(現仁徳天皇陵．PIXTA 提供)

さらに二〇一九年七月六日、ユネスコ世界遺産委員会は、百舌鳥《もず》・古市《ふるいち》古墳群の世界遺産登録を決定した。私自身は、百舌鳥・古市古墳群の世界遺産登録に反対するものではない。しかし、たとえばその代表的な巨大前方後円墳である大山古墳(図19)は、構成遺産名を「仁徳天皇陵古墳」のみとしており、「仁徳天皇」が被葬者だと確定しているかのような、疑義のある先入観を与えることとなった。

国内法の枠組みも問題である。百舌鳥・古市古墳群について文化庁は、国有財産法上の皇室用財産として宮内庁が保護しているとの立場である。しかし本来、一九九二年の日本の世界遺産条約批准以降、世界遺産に推薦されてきたのは、文化財保護法下の国宝や史跡などである。国有財産法には、史跡として指定した上で、保存・公開・活用を進める文化財として陵墓を考えるという基本理念が欠落している。

大山古墳の「仁徳天皇陵古墳」としての世界遺産登録に先立つ二〇一七年七月三一日、文化庁の文化審議会世界遺産部会における呼称をめぐる見解、記者会見の記録を紹介したい。

記者　仁徳天皇陵は、学術的には違う墓ではないかという意見もある。世界遺産として推薦するとき、日本として、どういう名称でいくという議論はあるのか。どういう方針でいくのか。

部会長・佐藤信　大山古墳、仁徳天皇陵古墳については、陵墓として資産に入れるという場合は、それなりに、宮内庁で呼んでいる陵墓名というのは、オーソライズドされたものじゃないのかなと思っている。今回は、推薦書で地元の大阪府あるいは堺市、羽曳野市、藤井寺市で、そういう形で推薦書を書いている。

文化庁・事務方　今回、仁徳天皇陵古墳であれば、「仁徳天皇陵古墳」という構成資産名を今の段階で付けている。世界遺産の目的は、保護するのが目的。保護を主体として行うところが宮内庁であるということなので、宮内庁として、どういう形でこの古墳を認識しているのか、保存管理しているのかということをまず第一に考えていく必要があるだろう。なので、仁徳天皇陵の場合は、仁徳天皇に対する祭祀、管理を行っている古墳ということが前提なので、今回は仁徳天皇陵古墳という形で名称をつけるのが適当だという判断だ。

部会長　ただ、推薦書もわかる範囲で学術的に古墳の年代観は書かれていると思う。

本来、文化庁は、文化財保護の立場から陵墓を「文化財」と位置づけるべきであるが、江戸時代以来の史料批判のない『古事記』『日本書紀』の解釈にもとづく「万世一系」の天皇系譜や考古学上の齟齬を無視して、宮内庁の陵墓呼称をそのまま追認してしまっている。さらに文化庁の委員で古代史家の佐藤信は、「宮内庁で呼んでいる陵墓名(仁徳天皇陵)というのは、オーソライズドされたものじゃないのかなと思っている」と答えている。この文化庁や部会長の発言を、歴史的記録として残したい。一〇〇年後の読者はどう考えるだろうか。

今から一〇〇年前の大正期、津田左右吉は、『古事記』『日本書紀』は五〜七世紀の政治思想を反映しているにすぎないと、歴史書の史料批判の方法を提起した。一九四五年の敗戦により、初めて津田左右吉の史料批判の方法が歴史学や学校教育で公認となった。「仁徳天皇陵古墳」を構成遺産名にすることは、こうした戦後歴史学・考古学の営み、そして私たちが自己を形成してきた学問の否定そのものではないか。

いわば「仁徳天皇陵古墳」呼称とは、記紀の「仁徳天皇」と歴史上の倭王の王墓が結合したものであり、「万世一系」神話を創り出す、古代と近現代に現れた天皇制の支配の物語であろう。しかし宮内庁の歴代皇位では、一六代仁徳天皇、一七代履中天皇とされているが、考古学が示す築造順位は、ミサンザイ古墳(現・履中陵)が古く、大山古墳(現・仁徳陵)が新しいという矛盾があるし、そもそも五世紀にはいまだ天皇号は成立していない。歴史学者や考古学者が自らの研究書や論文に使わない「仁徳天皇陵」呼称を、世界標準となる世界遺産の構成遺産名に決定して良いのか。一般市民の多くは、「仁徳天皇陵古墳」には「仁徳天皇」が埋葬されていると思うだろう。学校教科書の記述でも、現在の大山(仙)古墳・仁徳天皇陵の併記が、「仁徳天皇陵古墳」に一本化される危険がある(今尾文昭・高木博志編『世界遺産と天皇陵古墳を問う』思文閣出版、二〇一八年）。

実際に、教育現場で起きていることを紹介したい。二〇一九年五月八日、大阪市立泉尾北小学校で全校集会「新天皇御即位記念集会」がもたれたのである。同年四月二二日の文部科学省通知「天皇陛下の御退位及び皇太子殿下の御即位に際しての学校における児童生徒への指導について」における、「天皇の即位に際し、国民こぞって祝意を表する」（「天皇の即位の日及び即位礼正殿の儀の行われる日を休日とする法律」二〇一八年法律第九九号）の趣旨を踏まえたものである。「愛国の歌姫」と称される歌手・山口采希《あやき》が、唱歌「神武天皇」、唱歌「仁徳天皇」（「民のかまど」の話を歌詞にしたもの）、「行くぞ！　日の丸」、「令和の御代」などを熱唱し、小田村直昌校長は新天皇を「一二六代」と呼んだ。ふたたび仁徳天皇が「かまどの煙」を国見するような歴史意識を、肯定するのか。

考古学の危機――天皇陵問題の諸相

二〇一九年七月五日、歴史学研究会や日本考古学協会などの陵墓関係一六学協会と宮内庁との間で陵墓問題をめぐる懇談がもたれた。それに先だち、重要な新聞報道があった。文化庁世界文化遺産特別委員会、百舌鳥・古市古墳群登録有識者会議委員などをつとめる考古学者・白石太一郎が、「仁徳天皇陵古墳」呼称は「宮内庁が乗ってくるギリギリの線」であると発言した（『朝日新聞』二〇一九年七月三日夕刊）。この白石発言を受けて、宮内庁との懇談での席上、私たちが書陵部長に問いただしたところ、「仁徳天皇陵古墳」という呼称について、白石発言のような事実はないと明言した。すなわち

「仁徳天皇陵古墳」呼称について、宮内庁は何ら意見表明をしなかった。要は、文化庁や考古学者ら政府委員による、宮内庁への「忖度《そんたく》」にすぎなかったのである。

二〇一九年一二月刊行の『月刊文化財』（文化庁文化財部監修、第一法規）の特集は、「世界遺産　百舌鳥・古市古墳群——古代日本の墳墓群」である。大阪府の「百舌鳥・古市古墳群世界文化遺産登録推薦書作成検討委員会」において「仁徳天皇陵古墳」呼称で推薦した考古学者の和田晴吾は、『月刊文化財』の寄稿論文では「学術的」に「大山古墳（仁徳天皇陵古墳）」と呼称し、同じ委員の福永伸哉も「大仙陵古墳（仁徳天皇陵古墳）」とする。しかし同じ『月刊文化財』において、現場の堺市の担当者はその論考で「仁徳天皇陵古墳」のみの構成遺産名を使わざるをえない。

　そもそも宮内庁が治定した天皇陵は非公開であり、大山古墳も陵墓関係一六学協会による公開運動を経てようやく、二〇〇七年より年に一度、学会代表者が「古墳第一段目テラス部」まで立ち入ることができるようになったにすぎない。それに対し、白石太一郎をはじめとする宮内庁陵墓管理委員会委員の考古学者は、保全や修理の検討のために、もっと墳丘頂上部に立ち入ることができるらしい。二〇一一年二月一九日には、誉田《こんだ》御廟山古墳（現・応神陵）の前方部頂上に巨大な方形の土壇があることを、陵墓管理委員のひとり河上邦彦が証言した（『日本経済新聞』ほか）。

　つまり今日、陵墓公開運動を推し進めてきた考古学の学界自体に、深刻な亀裂が入っている。宮内庁の委員にさえなれば、公開運動をしなくても保全や修理の目的で墳丘部に立ち入ることができる。より開かれた陵墓をめざした先学の方向性とは異なる、こうした一部の学者たちの姿勢が、学界内外の亀裂をまねき、史実より神話や物語を尊重し「活用」や「観光」を優先する、世界遺産をめぐる政府の戦略に巻き込まれる一因になっていると近代史研究者である私は思う。

戦前期の神武聖蹟調査や南朝顕彰・明治天皇聖蹟史蹟指定などは、アジア・太平洋戦争後の戦後改革のなかで否定された。歴史学の戦後改革のポイントは、「史実と神話」との腑分けにあったはずである。しかし今再び、進行する日本遺産や「仁徳天皇陵古墳」呼称にみられる歴史意識は、「史実と神話」の曖昧化をもたらしている。

二〇一九年の代替わり儀式

代替わり儀式は、大きく分けると、天皇位の象徴である三種の神器を受け継ぐ践祚《せんそ》、オープンに華やかに執り行われる天皇位に就いたことを高御座に上り内外に宣言する即位式、そして秘儀として大嘗宮の神座で神になる大嘗祭という流れで行われる。

二〇一九年の天皇の代替わり儀式は、四月三〇日の明仁天皇の生前退位をうけて、五月一日に新しい元号である「令和」となり、そして同日、践祚にあたる「剣璽等承継の儀」、総理大臣をはじめとする「国民」(戦前は臣下)への「即位後朝見の儀」が執り行われた。

一〇八六年の白河上皇以来の院政は、一八四〇年の光格上皇の死まで続き、江戸時代の京都御所には天皇の禁裏御所と上皇(院)の仙洞御所が、空間的にも並立していた。その後、仁孝天皇以降から近代の王権は天皇だけで完結するようになった。そして「令和」の生前譲位により、上皇と天皇の並立という新たな段階に入ったことになる。また一世一元制は明治から始まった。世界の君主制にもみられるように、時間(歴史)も空間(国土)も、天皇一人の身体のもとに支配するものであることが、明治以降に明確化されてきた。

一〇月二二日、皇居での「即位礼正殿の儀」、すなわち即位式は、高御座と御帳台にそれぞれ天皇、皇后が並び、憲法と皇室典範特例法の定めで即位したことを宣言し、安倍晋三首相が祝いの言葉である寿詞《よごと》を読み上げて、万歳を三唱した。そもそも高御座に安置される剣や璽や、高御座そのものも、天照大神の命を受けた孫のニニギノミコトが斎庭《ゆにわ》の稲穂をもって日向の高千穂に降り立つという天孫降臨神話を体現すると解釈されてきた。即位式の意義とは本来、神話世界のもとに臣下が服属する儀礼なのである。

即位式の起原については、諸説あるが六世紀以前からはじまるとされる。それに対して、七世紀後半の天武天皇の時に現れ、次の持統天皇の時に儀式として整えられた大嘗祭は、秘儀として、律令制の形成とともにはじまった後発の儀式である。大嘗祭の東国・悠紀《ゆき》国、西国・主基《すき》国の点定も、国郡制の成立に照応する。

二〇一九年五月一三日、アオウミガメの甲羅を焼いた占いで、東国の悠紀田(栃木県)・西国の主基田(京都府)が決まり、米が植えられ、九月二七日には「斎田抜穂の儀」により収穫された。そして一一月一四日、一五日と、新穀を天皇が神と共食する大嘗祭が皇居で執り行われた。

大嘗祭は単なる農耕祭祀ではない

この大嘗祭の法的根拠は曖昧である。一八八九年の旧皇室典範には規定されていたが、一九四七年の新皇室典範には、一世一元制とともになくなった。現行の皇室典範では、「即位の礼」のみが規定され、大嘗祭は皇室の私的な宗教行事とされた。一九四六年一二月五日の衆議院本会議皇室典範案の審議で、金森徳次郎国務大臣は、大嘗祭は「やはり信仰に関する点を多分に含んでおりまするが故に、皇室典範の中に姿を現わすことは、或は不適当であろう」と発言した。

「令和」の大嘗祭は、一九八九年一二月二一日の閣議の見解を踏襲するとされた。その閣議では「大嘗祭の意義」について「古くから伝承されてきた収穫儀礼に根ざしたものであり、天皇が即位の後、初めて、大嘗宮において、新穀を皇祖及び天神地祇にお供えになって、みずからお召し上がりになり、皇祖及び天神地祇に対し、安寧と五穀豊穣などを感謝されるとともに、国家・国民のために安寧と五穀豊穣などを祈念される儀式」とする。伝統ある農耕儀礼としての大嘗祭解釈である。そして国事行為としては困難であるが、皇位は「世襲制」をとるので、公的な費用の宮廷費から支出することが適当であるとの、支離滅裂な見解であった。それに対して、秋篠宮が「天皇家の「私費」にあたる「内廷会計」で賄うべき」と批判したことは、記憶に新しいところである(『朝日新聞』二〇一八年一一月二〇日)。

しかし大嘗祭は単なる農耕祭祀ではない。

大嘗祭の江戸時代以来の変遷とその神学の形成については、すでに宮地正人が一九九一年に記念碑的な論文を著している（「天皇制イデオロギーにおける大嘗祭の機能」『歴史評論』四九二号、一九九一年）。

一八世紀の本居宣長に起原し、近代に公定化された大嘗祭神学の核心は、大嘗祭の大嘗宮の神座の儀において、天照大神から高天原の斎庭の稲穂を授けられた天孫＝ニニギノミコトが天孫降臨する神話をくり返すことにある。すなわちすべての天皇は、ニニギノミコトとして生まれ変わるとの系譜意識である。

それを受け継いだのが、昭和大礼（一九二八年）の大礼使事務官として大嘗祭を取り仕切った掌典の星野輝興の公式見解である。「大嘗祭において、皇祖より皇祖の霊徳のこもった、斎庭の稲穂たる新穀をお承けになる、皇祖の霊徳をお承けになる、皇祖の霊徳を肉体的にお承けになる、この時に当って神の御生活は必然のこと〻拝察される」（星野輝興「大礼本義」『官報』一九二八年一一月七日）。この星野見解は、登極令にもとづく昭和大礼を踏襲した「平成」、そして「令和」へと、本来の大嘗祭の神学として生きつづけている。

明仁天皇、徳仁天皇は、自らを天孫として生まれた「神の裔《すえ》」であるとは信じていないだろうが、昭和の裕仁天皇までは、本気で信じていたと思われる。

その証拠は、一九四六年一月一日の「天皇の人間宣言」にある。人間宣言は、「現御神」としての天皇を「架空ナル観念」と否定した詔書であるが、実はＧＨＱが最初に示した原案は違っていた。

侍従の木下道雄は書き残している。「Emperor を神の裔とすることを架空とすることは断じて許し難い。そこで予〔木下道雄〕はむしろ進んで天皇を現御神とする事を架空なる事に改めようと思った。

陛下も此の点は御賛成である」(木下道雄『側近日誌』文藝春秋、一九九〇年)。裕仁天皇にとっては、抽象的な「現御神」の否定は許容できるが、天照大神の系譜につながる「神の裔」の否定は、天皇位の根幹にかかわる神学として許しがたいものであった。これがまさに二一世紀においても、天皇が即位後に天照大神を祀る伊勢神宮内宮に「親謁」する神学である。

天照大神の孫であるニニギノミコトからはじまる「万世一系」の系譜につながる、その身体をもった天皇という近代天皇制の核心の神学は、象徴天皇制においても不可分に継承されている。

「史実と神話」の峻別

まとめたい。今日、進行する「史実と神話」の曖昧化は、様々な局面で起きている。天照大神以来の「万世一系」の天皇制の「血統」を視覚化し、国民にやわらかく確認させる大嘗祭・「親謁の儀」などの代替わり儀式もそうである。百舌鳥・古市古墳群の世界遺産登録では、江戸時代以来の『古事記』『日本書紀』の無批判な考証にもとづく「仁徳天皇陵古墳」呼称に一本化した。そして南朝史蹟である大阪府島本町の桜井駅阯は、戦後も史跡指定を解除されていない。なぜ戦前そのままの『太平記』の物語を相対化しないのか。あるいは一九四〇年の紀元二千六百年紀念事業のリバイバルとして、「神武東遷」を日本遺産に登録しようとする動きが、近年噴出するのか。これらは「史実と神話」の未分離という二一世紀の同根の問題群である。戦後の歴史学や社会科改革の核心は、「史実と神話」の腑分けにあったはずなのに、再び、今日、アジア・太平洋戦争を経た戦後改革による歴史研究の到達点がないがしろにされている。

天皇制の代替わりや文化財問題にみられる「史実と神話」の曖昧化は、普遍性のない内向きのナショナリズムをもたらす。それに対して、「史実と神話」の峻別にもとづく人文学の知は、東アジアや世界に開かれたものになるだろう。

世界において自国第一のナショナリズムが強まるなかで、他者への理解や共存する力が弱まってきている。歴史のなかでくり返された戦争や惨禍を経験することで生み出されてきた人文学の知は、様々な国や集団が共存し人類が生きるためにあるだろう。

＊補注

『百舌鳥・古市古墳群　世界遺産登録記念誌』（百舌鳥・古市古墳群世界遺産保存活用会議、大阪府・堺市・羽曳野市・藤井寺市、二〇二〇年三月）に世界遺産、百舌鳥・古市古墳群のイコモス評価書（仮訳）が掲載されている。イコモスは、「応神天皇陵古墳」における応神天皇のための地域社会の祭祀の継続、そして象徴天皇制下の応神天皇のための式年祭や正辰祭といった陵墓祭祀を世界遺産として評価する。すなわちイコモスは、「万世一系」の「〇〇天皇陵古墳」名称とその皇室祭祀を、被葬者の真正性と結びつけて理解している。その背景には、現代に「生きている文化財」として評価される文化財保護の指標がある。これに対して、日本政府の修正意見では「古代王権の社会・政治構造を表すモニュメント」がOUV〔Outstanding Universal Value〕の根拠であり、「今日的な儀礼としての使用については直接的には価値として見倣すべきものではない」としてイコモスの評価に反論している。

日本が百舌鳥・古市古墳群を古代のモニュメント・文化財と主張するのであれば、なぜ「〇〇天皇陵古墳」という、記紀批判のない「一九世紀の学知」の名称で推薦するのか。文化財であるのに、記紀系譜にもとづく「〇〇天皇陵古墳」の名称は矛盾するのである。

実際に二〇一九年七月六日、第四三回世界遺産委員会における審議におけるオーストラリア委員の発言は明快である。イコモスは、「応神天皇陵古墳」(誉田御廟山古墳)に応神天皇が埋葬されているという真正性を評価しているのである(傍線、引用者)。

古墳独自の幾何学的な形態に魅了されました。そして都市化された環境におかれているにもかかわらず、その保全状況、完全性が良好な状態にあることに大変感銘を受けました。特に皇室の祖先のお墓である陵墓というのは尊崇の対象と理解をしております。今後もその無形遺産的側面についても保存を続けていただきたいと思います。

またこのオーストラリア委員の「保全状況、完全性が良好な状態」の評価の背景には、一九六四年のベニス憲章における、考古遺跡の復元は原則として排除すべきであり、世界遺産条約のOUVでは有形的な復元が真正性に悪影響を与えるとの見解がある(マルティネス・アレハンドロ「ヨーロッパにおけるリコンストラクション〈復元〉——再建建築の世界遺産登録」(『文化遺産と〈復元学〉』吉川弘文館、二〇一九年)。

歴史的にみれば、一九世紀の文久修陵の形状を「凍結」した「近代化遺産」としての陵墓という問題がある。そこでは、近代天皇制における「御霊の宿る」聖域が形成されてきた。一方で、世界の文化財保存は「現状保存(保全)」の趨勢にある。すなわち「一九世紀仕様」の陵墓とその宮内庁管理は、一周遅れのトップランナーであるという皮肉な結果となっている(高木博志「近代天皇制と陵墓問題——世界遺産「イコモス評価書」を読む」『歴史科学』二五六号、二〇二四年参照)。

注

序論

(1) 大嘗祭における『延喜式』以降の神座のしつらえも、一一世紀以降に宮中祭祀における伊勢神宮の浮上とともに、神宮にむいた御座の第二の神座と、南北の二行敷の八重畳の第一の神座とが分離してゆく(牟禮仁『大嘗・遷宮と聖なるもの』皇學館大学出版部、一九九九年)。そして近世の文治政治の時代に復元・再構築されるし、明治維新の中絶・復興は、近代国家に沿った理念がその儀式に新たに盛り込まれた。

第I部

第1章

(1) 森浩一『古墳の発掘』中央公論社、一九六五年。
(2) 近代の陵墓も正倉院御物も大嘗祭も、古代から近世までのありようを再構築して、新しく創り出された伝統文化である。近年の研究では、天皇や天皇像をめぐり、多木浩二『天皇の肖像』(岩波新書、一九八八年)、飛鳥井雅道『明治大帝』(筑摩書房、一九八九年)、安丸良夫『近代天皇像の形成』(岩波書店、一九九二年)、佐々木克『幕末の天皇・明治の天皇』(講談社、二〇〇五年)などが、文化的要素については高木博志『近代天皇制の文化史的研究――天皇就任儀礼・年中行事・文化財』(校倉書房、一九九七年)が、近代の国民国家形成のなかでの、近世朝廷のありようを前提とした新しい伝統文化の創造について論じている。また羽賀祥二は『史蹟論』(名古屋大学出版、一九九八年)のなかで、一八世紀の社会から生成した歴史を掘り起こす力が近代を推し進める原動力になるという見通しを示し、市川秀之は『「民俗」の創出』(岩田書院、二〇一三年)において、明治初期の神武祭や巡幸時の神社の創出について民俗世界との葛藤のなかから明らかにした。立憲制の形成とともに国際社会に対して日本の伝統文化をうちだす戦略が、勲章・服制・外交儀礼・年中行事など宮中の諸側面において実行されたことは、坂本一登『伊藤博文と明治国家――「宮中」の制度化と立憲制の導入』(吉川弘文館、一九九一年)、牧原憲夫『日本の歴史13 文明国家をめざして』(小学館、二〇〇八年)、ジョン・ブリーン『儀礼と権力――天皇の明治維新』(平凡社、二〇一一年)、中山和芳『ミカドの外交儀礼――明治天皇の時代』(朝日新聞社、二〇〇七年)、西川誠『天皇の歴史7 明治天皇の大日本帝国』(講談社、二〇一一年)などが明らかにした。

(3) たとえば西川長夫『国境の越え方――比較文化論序説』(筑摩書房、一九九二年)は、一つのモデルをしめす。

(4) 多田好問編『岩倉公実記 下』岩倉公旧蹟保存会、一九〇六年。

(5) 春畝公追頌会編『伊藤博文伝 中』春畝公追頌会、一九四〇年。

(6) 万延元年「泉涌寺維那私記」『泉涌寺史 資料篇』法蔵館、一九八四年。

(7) 東京大学史料編纂所編『復古記』第四冊、東京大学出版会、一九七四年、武田秀章『維新期天皇祭祀の研究』大明堂、一九九六年、外池昇『幕末・明治期の陵墓』吉川弘文館、一九九七年、上田長生『幕末維新期の陵墓と社会』思文閣出版、二〇一二年。

(8) 『太政類典』2A-009-00 太 00488100、国立公文書館、岩橋清美「豊島岡墓地設定にみる歴史的空間の変容」明治維新史学会編『明治維新と歴史意識』吉川弘文館、二〇〇五年。

(9) 本書では皇霊祭祀を国家神道のなかで考える。国家神道とは、「神道は国家の宗祀」であって宗教ではないとし、皇室神道と神社神道の結合を基本とした国家宗教であると規定した村上重良(『国家神道』岩波新書、一九七〇年)に対して阪本是丸は、一九四五年一二月一五日のGHQによる神道指令の規定をもって、国家神道は「神社神道」であると限定的にとらえた(『国家神道形成過程の研究』岩波書店、一九九四年)。しかし島薗進『国家神道と日本人』(岩波新書、二〇一〇年)が論証したように、神道指令には天皇制の問題を棚上げし「神社神道」に国家神道を限定しようとするアメリカの「政治」性があったことは重要で、国家神道は皇室祭祀や天皇崇敬のシステムと神社神道とが結合したものと考えたい。二〇世紀の国家神道については、高木博志「初詣の成立――国民国家形成と神道儀礼の創出」(西川長夫・松宮秀治編『幕末・明治期の国民国家形成と文化変容』新曜社、一九九五年)、岩本通弥「可視化される習俗――民力涵養運動期における「国民儀礼」の創出」(『国立歴史民俗博物館研究報告』一四一号、二〇〇八年)、赤澤史朗『近代日本の思想動員と宗教統制』(校倉書房、一九八五年)、畔上直樹『「村の鎮守」と戦前日本――「国家神道」の地域社会史』(有志舎、二〇〇九年)、樋浦郷子『神社・学校・植民地――逆機能する朝鮮支配』(京都大学学術出版会、二〇一三年)を参照。

(10) 今井堯「明治以降陵墓決定の実態と特質」『歴史評論』三二一号、一九七七年。

(11) 『公文録』2A-009-00 公01206100、国立公文書館。

(12) 時枝務「近代国家と考古学――「埋蔵物録」の考古学史的研究」(『東京国立博物館紀要』第三六号、二〇〇〇年)は内務省(のち宮内省)に府県より埋蔵物が届けられる起点に同規則をみる。

(13) 『明治天皇紀』一八七八年二月二八日条。

(14) 注10今井文献、注7外池文献、福尾正彦『陵墓研究の道標』(山川出版社、二〇一九年)。

(15) 『公文録』2A-011-00 公2365100。

(16) 『桂宮日記』宮内庁書陵部、四六六函一号、『明治天皇紀』一八八一年一〇月三日条。

(17) 山口鋭之助「明治神道史の一節――神祇伯再設問題に就きて(一)」『神社協会雑誌』二七巻二号、一九二八年。

(18) 『泉涌寺史』法蔵館、一九八四年。

(19) 『明治十一年一月廿二日、宮内省御玉串料分配御達写、泉涌寺』泉涌寺文書F・M709。

(20) 岡佳子編『日本の宗教とジェンダーの研究――近世社会における尼僧と尼寺の役割』二〇一三年、科学研究費補助金研究成果報告書、青谷美羽の指摘。

(21) 阪本是丸「春秋二季皇霊祭の制定過程」『神道学』一一八号、一九八三年。

(22) 草繋全宜『釈雲照』徳教会、一九一三年、『公文類聚』2A-011-00 類00061100。

（23）『公文録　宮内省』内閣記録課、明治天皇紀資料稿本（『泉山陵墓地と泉涌寺に関する年表』宮内公文書館 41093所収）。
（24）本願寺史料研究所『本願寺史 3』一九六九年。
（25）一八八三年二月四日「佐伯旭雅・村田寂順の内務卿山田顕義宛請願」『明治十六年謚号宣下書類』泉涌寺文書F・O706。
（26）注７外池文献、外崎覚『山陵御治定の調査』宮内公文書館 40105。
（27）武知正晃「天皇巡幸と「陵墓」の確定――弘文天皇の確定を素材に」鈴木良他編『文化財と近代日本』山川出版社、二〇〇二年。
（28）『公文録』2A-010-00 公 3121100。
（29）宮内公文書館 32960、注７上田文献。
（30）『明治天皇紀』一八八九年六月九日条、『法規分類大全』七五。
（31）『顕宗天皇外十二方御陵御治定の際、足立諸陵助より其意見を陳せられたる書類』宮内公文書館 646（『仏教大学総合研究所紀要』二〇〇四年八月号に史料翻刻）。
（32）外池昇『事典　陵墓参考地――もうひとつの天皇陵』吉川弘文館、二〇〇五年。
（33）『陵墓沿革伝説資料』宮内公文書館 41047。
（34）青井哲人『植民地神社と帝国日本』吉川弘文館、二〇〇五年、高木博志『陵墓と文化財の近代』山川出版社、二〇一〇年、畔上直樹「戦前日本の神社風致論と明治天皇の「由緒」」歴史学研究会編『由緒の比較史』青木書店、二〇一〇年。
（35）堀田謹吾『名品流転――ボストン美術館の「日本」』ＮＨＫ出版、二〇〇一年。
（36）『東京国立博物館百年史』一九七三年、編集・発行東京国立博物館。
（37）鈴木広之『好古家たちの一九世紀――幕末明治における「物」アルケオロジー』吉川弘文館、二〇〇三年。

(38) 蜷川式胤『奈良の筋道』中央公論美術出版社、二〇〇五年、解説米崎清実。
(39)『宝物調査、奈良県』東京国立博物館、歴資一〇九〇、注38蜷川文献。
(40) 宮内公文書館 476〜479。
(41) 西洋子『正倉院文書整理過程の研究』吉川弘文館、二〇〇二年。
(42) この点、東野治之『正倉院』(岩波新書、一九八八年)が明確に指摘する。明治期の正倉院の制度化については、由水常雄『正倉院の謎——激動の歴史に揺れた宝物』(徳間書店、一九七七年)、山上豊「正倉院「宝物」の「御物」化の過程に関する研究ノート」(中塚明編『古都論——日本史上の奈良』柏書房、一九九四年)、杉本一樹『正倉院——歴史と宝物』(中公新書、二〇〇八年)などを参照。
(43)『(東大寺正倉院宝物保存ノ件)』東京国立博物館、館史一七六四。
(44) 高橋隆博「明治八・九年の「奈良博覧会」陳列目録について(上・下)」『史泉』五六・五七号、一九八一・八二年。
(45)「明治十年、行幸ニ付諸陵墓、諸神社御祭典一件」『京都府庁文書』明九—二六—一、京都府立京都学・歴彩館。
(46)『明治天皇紀』一八七七年二月九日条。
(47)『岡本愛祐関係文書』一—三一、東京大学大学院法学政治学研究科附属近代日本法政史料センター。
(48)『明治天皇紀』一八七八年二月一六日条、高田良信『近代法隆寺の歴史』同朋舎出版、一九八〇年。
(49) 宮内公文書館 72501〜72506。
(50) 村山修一『京都大仏御殿盛衰記』法蔵館、二〇〇三年。
(51)『明治天皇紀』一八八〇年七月一六日条、『みともの数』五、宮内省、一八八二年、『明治十三年七月十六日、御幸書類 妙法院』宮内公文書館、34955。
(52)『明治天皇紀』一八七九年二月二七日、伊藤之雄『京都の近代と天皇——御所をめぐる伝統と革新の都市空間 一八六六〜一九五二』千倉書房、二〇一〇年。

（53）山崎幹泰「松室重光「京都府古社寺建築調査報告」について」『日本建築学会計画系論文集』五六四号、二〇〇三年、同「京都府「四百年前社寺建築物取調書」について」『学術講演梗概集』F2、建築・歴史・意匠、二〇〇八年。
（54）『公文録』2A-011-00 公 02873100。
（55）『公文録』2A-010-00 公 02433100。
（56）「正倉院宝庫風入之儀ニ付伺」『正倉院宝庫一件』東京国立博物館、一〇八〇。
（57）「正倉院秋期曝涼並拝観者概則」『正倉院宝庫一件』東京国立博物館。
（58）小杉榲邨「寧楽の宝庫」『好古類纂』第二編第二集、一九〇四年、『明治天皇紀』参照。
（59）注47『岡本愛祐関係文書』、注36『東京国立博物館百年史』。
（60）明治天皇の代替わり儀式については、村上重良『天皇の祭祀』（岩波新書、一九七七年）、高木博志「明治維新と大嘗祭」（『日本史研究』三〇〇号、一九八七年）、武田秀章「明治大嘗祭の一考察――国民国家の成立と大嘗祭の転換」（『國學院雑誌』九一巻七号、一九九〇年）、宮地正人・安丸良夫『宗教と国家』（岩波書店、一九八八年）、三谷博「天皇の即位儀礼――孝明・明治・大正三天皇の比較」（甚野尚志編『歴史をどう書くか』講談社、二〇〇六年）、などを参照。
（61）宮内庁書陵部、二六二函五号。
（62）宮地正人「天皇制イデオロギーにおける大嘗祭の機能」『歴史評論』四九二号、一九九一年。
（63）「明治十年行幸書類」M10-2、奈良県行政文書、山本平兵衛『皇室と国栖』昭文堂印刷所、一九四〇年。
（64）「英国帝室諸礼観察報告」『長崎省吾関係文書』一三九―四、国立国会図書館憲政資料室。
（65）「帝室基本書類」『岩倉具視関係文書』二一八、国立国会図書館憲政資料室、T. Fujitani, *Splendid Monarchy: Power and pageantry in modern Japan*, University of California Press, 1996.
（66）一八八二年二月一七日尾崎三良宛柳原前光書翰『尾崎三良関係文書』106-94、国立国会図書館憲政資料室。
（67）『公文録』2A-011-00 公 02932100。

（68）「帝室基本書類」『岩倉具視関係文書』218、国立国会図書館憲政資料室。
（69）『公文類聚』明治一五年一六年公文別録太政官一、国立公文書館。
（70）注４『岩倉公実記　下』。
（71）「宮内省支庁設置関係」『三条家文書』64-1～24、国立国会図書館憲政資料室。
（72）小林丈広『明治維新と京都』臨川書店、一九九八年。
（73）『現行宮中年中行事調査部報告十八、賀茂祭』宮内公文書館 26225。
（74）大山喬平監修『上賀茂のもり・やしろ・まつり』思文閣出版、二〇〇六年。
（75）『現行宮中年中行事調査部報告二十三、石清水祭（上）』宮内公文書館 26230。
（76）注４『岩倉公実記　下』、および「明治十六年四月七日、編纂局設置書類」『岩倉具視関係文書』433、国立国会図書館憲政資料室。
（77）宇野日出生『八瀬童子――歴史と文化』思文閣出版、二〇〇七年。
（78）『蹴鞠保存会沿革草稿』宮内庁書陵部、一六三函八六八号。能楽の保存については、竹本裕一「久米邦武と能楽復興」（注９『幕末・明治期の国民国家形成と文化変容』）を参照。
（79）『井上馨関係文書』665-4、国立国会図書館憲政資料室。なお「内外交際宴会礼式私会之部」（『長崎省吾関係文書』70-1、国立国会図書館憲政資料室）には、新年宴会から観桜会までの春季と、天長節に始まり一二月中旬日までの秋季を「交際ノ季節」とすべきとする草案が残る。
（80）『現行宮中年中行事調査部報告二十八、観菊会』宮内公文書館 64235、『現行宮中年中行事調査部報告十六、観桜会』同 26224。
（81）注80『現行宮中年中行事調査部報告十六、観桜会』。
（82）『福羽逸人回顧録』一九一六年執筆、財団法人国民公園協会新宿御苑、二〇〇六年。
（83）以下、森忠文「明治初期における京都御苑の造成について」（『造園雑誌』四一巻三号、一九七八年）、高木博志

「近世の内裏空間・近代の京都御苑」(『岩波講座　近代日本の文化史　2』岩波書店、二〇〇二年)、注52伊藤文献、吉岡拓『十九世紀民衆の歴史意識・由緒と天皇』(校倉書房、二〇一一年)を参照。

(84) 清水重敦「創建神社の造営と近代京都」高木博志編『近代日本の歴史都市——古都と城下町』思文閣出版、二〇一三年。

(85) 「京都御所保存関係書類」宮内公文書館 34666、京都国立博物館編『京都国立博物館百年史』便利堂、一九九七年。

(86) 財団法人函谷鉾保存会『函谷鉾町百年史』二〇〇一年。

(87) 『明治天皇紀』一八七三年五月一五日条。

(88) 岩井忠熊『近代天皇制のイデオロギー』新日本出版社、一九九八年、羽賀祥二「天皇制と稲作儀礼」『名古屋大学文学部研究論集　史学』五九、二〇一三年。

(89) 『尾崎三良関係文書』106–93、国立国会図書館憲政資料室。

(90) 『伊藤博文関係文書　書類の部』27、国立国会図書館憲政資料室。

(91) 『三峰日記』一八八〇年一一月一一日、宮内公文書館 35361。

(92) 小野木重勝『明治洋風宮廷建築』相模書房、一九八三年、山崎鯛介「明治宮殿の建築経緯に見る表宮殿の設計経緯」『日本建築学会計画系論文集』五七二号、二〇〇三年。

(93) 山崎鯛介「明治宮殿の設計内容に見る儀礼空間の意匠的特徴」『日本建築学会計画系論文集』五七八号、二〇〇四年、小沢朝江『明治の皇室建築——国家が求めた〈和風〉像』吉川弘文館、二〇〇八年、恵美千鶴子「明治宮殿常御殿襖画の考案——正倉院鴨毛屛風模造・平家納経模本の引用と山高信離」『MUSEUM』六一七号、二〇〇八年。

(94) 金井紫雲「還暦の鞆音翁」『中央美術』一一巻二号、一九二五年。

(95) 注93小沢文献。

(96) 刑部芳則『洋服・散髪・脱刀——服制の明治維新』講談社、二〇一〇年。
(97)『明治天皇紀』一八八九年二月一一日条、「憲法発布式録一」宮内公文書館 568-1。
(98) 注96刑部文献。
(99) 塚原康子『明治国家と雅楽——伝統の近代化/国楽の創成』有志舎、二〇〇九年。
(100) 山室信一『近代日本の知と政治——井上毅から大衆演芸まで』木鐸社、一九八五年。
(101) 成田龍一「帝都東京」『岩波講座 日本通史 16』岩波書店、一九九四年、牧原憲夫「万歳の誕生」『思想』八四五号、一九九四年。
(102) 本書第4章、高木博志『近代天皇制と古都』岩波書店、二〇〇六年。
(103) 注2西川文献。
(104)『明治天皇紀』一八七六年四月四日条。
(105) 山川三千子『女官——明治宮中出仕の記』実業之日本社、一九六〇年。
(106)『山階宮三代 上』山階会、一九八二年。
(107) 注105山川文献。
(108)『明治天皇紀』一八九〇年四月一一日条。
(109) 坊城俊良『宮中五十年』明徳出版社、一九六〇年。
(110) 嗣永芳照編『図説宮中行事』同盟通信社、一九八〇年、『年中恒例御儀式』東京国立博物館 QA4000-32。
(111) 注109坊城文献。
(112) たとえば『熾仁親王日記』一八九三年六月二九日条。
(113)『近代年中御行事要略』宮内庁書陵部、一七三函一四一号。
(114) 注109坊城文献、石野孝司『石灰壇「毎朝御拝」の史的研究』皇學館大学出版部、二〇一一年。
(115) エリザ・R・シドモア『シドモア日本紀行』外崎克久訳、講談社、二〇〇二年(原書は、*JINRIKISHA DAYS IN*

JAPAN, 1891)。

(116) 泉涌寺文書F-M-873。

(117)『明治廿八年自九月七日初夜、至同十四日々中一七ケ日之間、不動明王供御祈之事、小御修法』泉涌寺文書F-M-180-1。明治期における宮中の仏教信仰については、石川泰志『近代皇室と仏教――国家と宗教と歴史』(原書房、二〇〇八年)、小倉慈司・山口輝臣『天皇と宗教』(講談社、二〇一一年)、本書第2章を参照。

(118)『明治天皇紀』附載。

(119) 注105山川文献。

第2章

(1) 慶応四年(一八六八)三月の神仏判然令にはじまり民衆の宗教的権威の破壊運動が展開したとする村上重良の先駆的な研究(『国家神道』岩波新書、一九七〇年、『天皇の祭祀』岩波新書、一九七七年)に続き、「神仏分離と廃仏毀釈を通じて、日本人の精神史に根本的といってよいほどの大転換が生まれた」とみる安丸良夫の研究(『神々の明治維新――神仏分離と廃仏毀釈』岩波新書、一九七九年)や、「明治初期の排仏政策は政府の根幹」であり、その背景には仏教の「堕落」観をみたジェームズ・エドワード・ケテラーの研究(『邪教/殉教の明治――廃仏毀釈と近代仏教』岡田正彦訳、ペリカン社、二〇〇六年、一九九〇年原著)がある。それに対し最近では、神仏分離と廃仏毀釈を一体にみない視点がだされている。たとえば田中秀和『幕末維新期における宗教と地域社会』(清文堂、一九九七年)は東北地方における近世社会からの神仏分離の進行を検証し、近世修験と折り合いをつけながら進む神仏分離の地域社会像を提示し、阪本是丸は神仏分離と廃仏毀釈は別物であると、村上専精他編『明治維新神仏分離史料』(東方書院、一九二六~二七年)がもつ「法難史観」の側面に言及し(『近世・近代神道論考』弘文堂、二〇〇七年)、またジョン・ブリーンは明治初年に津和野派国学者や官僚は仏教に一定の役割を与えようとしたことを明らかにした(「明治初年の神仏判然令と近代神道の創出」『明治聖徳記念学会紀要』四三号、二〇〇六年)。

(2) 阪本健一「皇室の神仏分離」(『明治維新神道百年史』第四巻、神道文化会、一九六六年)、羽賀祥二「明治神祇官制の成立と国家祭祀の再編(下)」『人文学報』五一号、一九八二年、武田秀章『維新期天皇祭祀の研究』(大明堂、一九九六年)、阪本是丸『近世・近代神道論考』(前掲)。

(3)『明治天皇紀』明治四年四月六日条。

(4) 前掲阪本健一「皇室の神仏分離」、注2羽賀文献。

(5)『明治天皇紀』明治四年五月三〇日条、京都国立博物館『京都国立博物館百年史』(便利堂、一九九七年)。

(6)『泉涌寺史』、『明治天皇紀』明治九年六月一日条。

(7)『明治天皇紀』一八八四年一一月二八日条。

(8)『明治天皇紀』一八九五年八月八日条。

(9)「明治廿八年自九月七日初夜、至同十四日々中一七ケ日之間、不動明王供御祈之事、小御修法」泉涌寺文書 F-M-180-2。

(10)(11)(12)(13)「東宮明宮殿下御悩御祈小御修法書類」泉涌寺文書 F-M-180-1。

(14)『明治天皇紀』、『風俗画報臨時増刊』(一三六号、一八九七年)。

(15) 村上重良は、国家神道とは、「神道は国家の宗祀」とし皇室神道と神社神道の結合を基本とした中身を欠いた国家宗教であると規定し、明治維新から敗戦までにわたり体系的に叙述した(注1『国家神道』)。それに対して阪本是丸は、一九四五年一二月一五日の神道指令の規定をもって、国家神道は「神社神道」であると限定的にとらえる(『国家神道形成過程の研究』岩波書店、一九九四年)。しかし島薗進『国家神道と日本人』(岩波新書、二〇一〇年)が論証したように、神道指令にはGHQが天皇制の問題を棚上げし「神社神道」へと国家神道を限定しようとするアメリカの「政治」があったことは重要で、その規定を一九四五年以前の国家神道にあてはめることには問題があるだろう。島薗の言うように、国家神道は皇室祭祀や天皇崇敬のシステムと神社神道とが結合したものと考えたい。村上・島薗の視点を引き継ぐなかで、皇室の神仏分離も国家神道の問題として位置づくだろう。さらに国家神道の近現代における段階性の検討も必要である。

今日、国家神道の研究でもっとも克服すべき課題は、村上重良が岩波新書で『国家神道』（注１）と『慰霊と招魂』（一九七四年）とを別々に論じたことを嚆矢として、靖国や慰霊の問題が、「国家神道」から切り離されて論じられてきたことである。すなわち日清・日露戦争からアジア・太平洋戦争にいたる「戦争」がもたらす膨大な死者に、国家神道がいかに向き合ってきたのかを構造的に捉える必要があろう。それは前掲の島薗進の国家神道論にも抜け落ちる視点であるし、赤澤史朗が『近代日本の思想動員と宗教統制』（校倉書房、一九八五年）で指摘したように一九二〇年代以降の神社や神道の宗教性を押し出す議論の隆盛や、畔上直樹が描いた地域社会の神職がそれを受けとめる動向（『「村の鎮守」と戦前日本』有志舎、二〇〇九年）も、まさに「戦争」がもたらす大量死に「国家神道」がいかに向き合うのか、という課題の解明と不可分であろう。この点、近著の羽賀祥二『軍国の文化――日清戦争・ナショナリズム・地域社会』上下（名古屋大学出版会、二〇二三年）も問題意識を共有する。

(16) 宮地正人・安丸良夫編『日本近代思想大系５　宗教と国家』（岩波書店、一九八八年）、井上順孝・阪本是丸編『日本型政教関係の誕生』（第一書房、一九八七年）、羽賀祥二『明治維新と宗教』（筑摩書房、一九九四年）、山口輝臣『明治国家と宗教』（東京大学出版会、一九九九年）、磯前順一『近代日本の宗教言説とその系譜――宗教・国家・神道』（岩波書店、二〇〇三年）など。

(17) 原武史は、『松本清張の「遺言」――『神々の乱心』を読み解く』（文春新書、二〇〇九年）のなかで、大正天皇葬儀時の貞明皇后による「南無妙法蓮華経」との書き写しの事実を指摘するとともに、貞明皇后が一九二四年以降に法華宗から「神ながらの道」へと傾斜した信仰の内実を論じ、大正天皇や貞明皇后の葬儀における仏教儀式の関与は形骸化したものとみる。しかし来世観が稀薄な国家神道のもとでの葬儀における「仏教」の役割とそれへの帰依の問題は根深いと私は思う。

第Ⅱ部

第3章

(1) 高木博志「帝の「伝統」を視覚化する〈京都〉〈奈良〉聖地化計画」『別冊宝島・帝都東京』宝島社、一九九五年。
(2) 高畑イク「〈戦時体制〉下の修学旅行――昭和一四年滝川高女」『女性史研究ほっかいどう』二号、二〇〇五年。
(3) 西田秀子「戦時下・女学生の修学旅行」『女性史研究ほっかいどう』二号、二〇〇五年。
(4) 大礼記録委員会編『大礼記録』清水書店、一九一九年。
(5)『神苑会史料』(神苑会精算人事務所、一九一一年)、『奈良公園史』(第一法規出版、一九八二年)、高木博志『近代天皇制と古都』(岩波書店、二〇〇六年)など。
(6)「自明治四十四年四月八日至明治四十四年七月廿日、学級日誌、地理歴史部第一学年」奈良女子大学所蔵校史関係史料目録 13-30。以下、目録番号のみを記す(オンラインで公開)。
(7) 各地の教育会雑誌等を博捜し、天皇制の学校行事における浸透を跡づけた基礎研究として、山本信良・今野敏彦による『近代教育の天皇制イデオロギー』(新泉社、一九七三年)、『大正・昭和教育の天皇制イデオロギー』(新泉社、一九七六年)をあげたい。その後の研究には、今野敏彦『「昭和」の学校行事――その起源とあゆみ』(日本図書センター、一九八九年)、佐藤秀夫編『日本の教育課題』五巻(東京法令出版、二〇〇二年)等がある。
(8)「東京師範学校生徒長途遠足報告」水木家文書 20-2、国立歴史民俗博物館所蔵。
(9) 新谷恭明「日本最初の修学旅行の記録について」『九州大学大学院教育学研究紀要』四号、二〇〇二年、井上美香子・新谷恭明「師範学校における修学旅行の成立・普及過程について」『教育基礎学研究』五号、二〇〇七年。
(10) 白幡洋三郎『旅行ノススメ――昭和が生んだ庶民の「新文化」』中公新書、一九九六年、新谷恭明「遠足・修学旅行の歴史」『日本の教育課題』五巻、東京法令出版、二〇〇二年。
(11)「修学旅行一〇〇年史」日本修学旅行協会編『修学旅行のすべて』一九八七年。
(12) 鈴木良編『奈良県の百年』山川出版社、一九八五年。

(13) 注7佐藤編文献。
(14)『教育時論』八三八号、一九〇八年。
(15) 注11「修学旅行一〇〇年史」。
(16) 注7佐藤編文献。
(17)『読売新聞』一九一四年五月三〇日。
(18)『河内長野市史』第三巻本文編近現代、二〇〇四年(籠谷次郎執筆)。
(19) 宮地正人『天皇制の政治史的研究』(校倉書房、一九八一年)に示唆を受けた。
(20) 黒板勝美「史蹟遺物保存に関する研究の概説」『史蹟名勝天然紀念物』一巻三~六号、一九一五年。
(21) 高木博志『陵墓と文化財の近代』山川出版社、二〇一〇年。
(22)「第一期生修学旅行書類」10-4、「明治四十四年五月、修学旅行記、第一期生国語漢文部第二学年」10-113。
(23) 楠氏紀勝会は菊池侃二・西村捨三などが主催した。南朝史蹟については『河内長野市史』(二〇〇四年)籠谷次郎執筆部分、尾谷雅比古「昭和九年における建武中興関係史蹟の指定について」(『藤沢一夫先生卒寿記念論文集』同刊行会、二〇〇二年)を参照。
(24)「諸学校修学旅行人員控」『観心寺文書』12-23、河内長野市史編纂室写真版。
(25) 工藤泰子「御大典記念事業にみる観光振興主体の変遷」丸山宏・伊従勉・高木博志編『近代京都研究』思文閣出版、二〇〇八年。
(26) 高木博志「国際観光と札幌観光協会の成立」『札幌の歴史』二九号、一九九五年。
(27)『日本交通公社七十年史』日本交通公社、一九八二年。
(28)『奈良女子大学六十年史』奈良女子大学、一九七〇年、浜野兼一「奈良女子高等師範学校の修学旅行に関する史的考察」『アジア文化研究』一一号、二〇〇四年。
(29) 奥田環「東京女子高等師範学校の「修学旅行」」『お茶の水女子大学人文科学研究』七巻、二〇一一年。

(30)『奈良女子高等師範学校一覧』(従明治四十三年九月至明治四十四年八月)奈良女子高等師範学校、一九一一年。水木要太郎については、『収集家一〇〇年の軌跡——水木コレクションのすべて』(国立歴史民俗博物館、一九九八年)、久留島浩・高木博志・高橋一樹編『文人世界の光芒と古都奈良——大和の生き字引・水木要太郎』(思文閣出版、二〇〇九年)を参照。

(31)「第一期生修学旅行書類」10-4。

(32)「第四期生修学旅行書類」10-7。

(33)たとえば「大正二年学部報告(学校参観旅行)一期」10-135をみよ。

(34)長志珠絵「「満洲」ツーリズムと学校・帝国空間・戦場——女子高等師範学校の「大陸旅行」記録を中心に」(駒込武他『帝国と学校』昭和堂、二〇〇七年)参照。

(35)「第八期生修学旅行書類」「第九期生修学旅行書類」「第十期生修学旅行書類」10-10〜12。

(36)「第一期生修学旅行書類」10-4。

(37)「大正七年五月、畝傍地方修学旅行記録、第十期生」10-174。

(38)「大正六年十月、畝傍多武峰旅行記録、第九期生」10-164。

(39)今井町役場『町勢要覧』一九三二年。

(40)「第九期生修学旅行書類」10-11。

(41)(42)「明治四十四年、京都近江旅行録、第二期地理歴史部第二学年」10-115。

(43)「修学旅行京都見聞記録、第二期生国漢部二年」10-132。近世近代の嵯峨野の景観の変遷について、山口敬太・出村嘉史・川崎雅史・樋口忠彦「嵯峨野の名所再興にみる景観資産の創造と継承に関する研究——祇王寺、落柿舎、厭離庵の再興事例を通して」(『土木計画学研究・論文集』二四、二〇〇七年)、樋口忠彦・山口敬太「京都・嵯峨野における景色の持続と変容」(オギュスタン・ベルク編『日本の住まいと風土性』国際日本文化研究センター、二〇〇七年)、高木博志「古典文学と近代京都をめぐる素描——名所の女性化と源氏物語千年紀」(『歴史評論』七〇二号、二〇〇八年)を参照。

(44)「自明治四十四年四月至明治四十四年七月、学級日誌、国語漢文部第一学年」13-28。

(45)「自明治四十五年四月八日至同七月、学級日誌、国語漢文部第一学年」13-62。

(46)「自明治四十四年四月八日至同七月廿日、学級日誌、地理歴史部第一学年」13-30。

(47)「明治四十四年、京都近江旅行録、第二期地理歴史部第二学年」10-115。

(48)「明治四十四年六月、京都修学旅行記録、地理歴史部第一学年生徒(第二期生)」10-114。

(49)『養徳』第二号、一九一四年。

(50)「京津地方修学旅行記」『養徳』三号、一九一四年。

(51)「大正六年五月十五日、京都旅行記録、文科第三学年」10-158。

(52)「自明治四十四年九月十一日至同十二月日、学級日誌、地理歴史部第一学年」13-39。

(53)小倉一夫編集事務所編『錬技抄——川島織物一四五年史』川島織物、一九八九年。

(54)京都市工業試験場窯業技術研究室編『京都市陶磁器試験所創設一〇〇周年記念誌』京都市工業試験場、一九九七年。

今少しくわしく、生徒の感想を一九一三年(大正二)の事例でひろう(「大正弐年拾月、家事修学旅行日記(京都・大阪)、第三期博物家事部第三学年」10-133)。同年一〇月一六日に高等工芸学校では、講堂・図案科・染色科(仕上室・浸染室・捺染室)・機械科(下据室・機織室)を見学した。生徒は、「図案配色等ハ強チニ旧来ノ様式ニ捕ハル、コトナク時代精神ノ変遷推移ト国民ノ知的生活ノ向上トニ伴フテ自由ナル変化ト限リナキ向上トヲナスヲ要スベク、之ガ為メニハ写生ヨリ入リタル豊富ナル材料ト自在ナル考按力ト熟練ナル技能的手腕トヲ有セザルベカラズ、此意味ニ於テ衣服ノ図案配色ガ心的生活ノ一部ヲ表ハスモノナルニヨリ、之ヲ選材需要スル、吾人ハ慎重ナル考案ヲナスヲ要ス」と述べた。新しい時代のデザインが、「国民ノ知的生活」の向上に関わり、写生された豊富な材料、自由な構想力、熟練した技術力によって、優れた衣服などの製品に反映されるとの洞察をする。

また一〇月一七日には、三越呉服店京都支店染色所で、友禅染の由来、友禅染の手続、徒弟の養成、流行について学び、西村捺染工場では図案、型紙の紋掘、地貼、捺染法、蒸熱、水洗、仕上について見学するが、そうしてできあがった呉服の流行について三越呉服店で考察している。「世界ノ大都会ナルろんどん及ぱりニテハ春秋毎ニ流行ノ変遷ガ急激ナルモ、我国ニテハ経済上ノ関係ヨリ左程ハ急激ナラズ、大凡ソ三年位ヲ週期トシテ変遷ス、此間一部宛変化スルハ勿論ナリ、然シテ其変遷ノ原則トモイフベキハ(a)時代思潮ノ影響ト(b)前時代反動ト基因スルガ如ク、其源泉地ハ三越・白木屋・松屋ノ如キ大呉服店ノ売出シ、又ハ劇場等ニ於ケル着出シ等ニ発スル場合多シ、而カモ是等ハ世人ノ嗜好ニ適セシヲ要スルガ故ニ、時代思潮ト前時代ノ流行トヲ参照シテ或ハ有数ノ図案家ニ其意匠ヲ托シ、或ハ広ク国中ニ之ニ募集シテ精選作出スルヲ常トスルモノ、如シ」。ここでは西陣織など呉服の和装が、近代においていかに意匠の刷新を行っているかといった考察がなされている。春秋と洋服ファッションの大流行を来すヨーロッパと、三越などの呉服屋が三年ぐらいの周期で流行を仕掛ける日本との「流行」をめぐる生活文化の違いを論じる。大規模な複製文化が洋装として都市中間層まで含んで同時代的に進行する大衆社会が成立する前夜の、和装の流行を論じたすぐれた都市文明の観察である。そして彼女たちは、「機械的工業ノ発達ニヨリ吾人ハ幾多ノ幸福ニ浴スルモノナルコトハ言フマデモナシ」との、文科の生徒とは違った感想を述べた。

(55) 岡佳子『国宝 仁清の謎』角川書店、二〇〇一年。

(56) 注33に同じ。

(57) 「京都御所・二条離宮拝観記録、第七期生第四学年生」10-167。

(58) 「伊勢修学旅行指針」10-補40。

(59) 神宮徴古館他編集『神宮の博物館』一九九九年、前掲『神苑会史料』。

(60) 「伊勢参宮・二見遊覧御案内、海水浴旅館二見旅館(昭和戦前期)」著者所蔵、『二見町史(本編)』二見町、一九八八年。

(61) 「大正弐年拾月、家事修学旅行日記(京都・大阪)、第三期博物家事部第三学年」10-133。

（62）今野敏彦は注７文献で、伊勢参宮旅行は、昭和一〇年前後から国体観念の養成目的に盛んになるとする。

（63）「小学国語読本巻五・六、参考書一覧」『京都市教育』一四巻五号、一九三七年。

第４章

（1）国民道徳論については、磯前順一『近代日本の宗教言説とその系譜――宗教・国家・神道』（岩波書店、二〇〇三年）参照。

（2）小林丈広「大正大典期の地域社会と町村誌編纂事業」（『京都市歴史資料館紀要』一〇号、一九九二年）、古川武志「地域社会における郷土史の展開――泉州地域を中心として」（『ヒストリア』一七三号、二〇〇一年）、若井敏明「皇国史観と郷土史研究」（『ヒストリア』一七八号、二〇〇一年）、黒岩康博「「うまし国奈良」の形成と万葉地理研究」（『人文学報』八九号、二〇〇三年）、「「古都太宰府」の展開」（『太宰府市史　通史編別編』二〇〇四年）の成果に学んだ。

（3）大日方純夫は「「伝統と文化」論議の問題視角」（『歴史評論』六四七号、二〇〇四年）で明治初期のナショナリズムにとって地域（郷土）の「伝統は桎梏」になることを指摘する。

（4）遷都千百年祭が皇室を前面に出した京都の地域開発であった点については、高久嶺之介「「地方化」する京都――「建都千百年」のころ」（日本史研究会ほか『京都千二百年の素顔』校倉書房、一九九五年）。

（5）高木博志『近代天皇制の文化史的研究――天皇就任儀礼・年中行事・文化財』校倉書房、一九九七年、同「陵墓の近代」篠原徹編『近代日本の他者像と自画像』柏書房、二〇〇一年。

（6）成田龍一は一八八〇年代後半から郷友会が叢生し、「郷里が国家との相似」で描かれ、東京で「郷里」が発見される点を指摘し、東京開市三百年祭を通じて江戸を過去のものとし、帝都意識が形成されたとみる（「帝都東京」『岩波講座　日本通史　16』一九九四年）。

（7）羽賀祥二は、金沢の尾山神社の金沢開始三百年祭や藩祖三百年祭や、一八九五年一〇月の平安遷都千百年祭を、都市開発者を祖として祀る「市民祭典」として位置づけている。また一八九九年の教育勅語の「祖先ノ遺風」の道徳規範がこの時期の顕彰制度をささえることを指摘する(『明治維新と宗教』筑摩書房、一九九四年、「日本近代における「伝統」」『歴史評論』六四七号、二〇〇四年)。

(8) 平重道『仙台藩の歴史 第1 伊達政宗・戊辰戦争』宝文堂、一九六九年、安孫子麟『宮城県の百年』山川出版社、一九九九年。

(9) しかし「郷土愛」と「愛国心」に必ずしも社会のすべてが覆い尽くされるわけではない。かつて明治二年に会津藩の千二百八十数人の遺体を埋葬したのと同じように、一九二三年、旧会津藩士町野主水は、自らの遺体を荒筵に包んで引きずる葬儀を選び、記憶を蘇らせる(今井昭彦「戦争と追悼」国際宗教研究所『新しい追悼施設は必要か』ペリカン社、二〇〇四年)。賊軍であった会津のトラウマは、一九一七年の戊辰戦争五十年祭以降も残る。また中央や都会の芸術に縛られない青森の淡谷悠蔵による郷土への愛を貫く郷土芸術論や、大政翼賛会の地方支部にありながら自主的な地方文化運動を創造した事例などは、国家に回収されない地域のアイデンティティが存在した二〇世紀の社会のありようをしめす(河西英通「津軽の地方主義と国民国家日本」北原かな子他『津軽の歴史と文化を知る』岩田書院、二〇〇四年、北河賢三「戦時下の地方文化運動――北方文化連盟を中心に」赤澤史朗・北河賢三編『文化とファシズム――戦時期日本における文化の光芒』日本経済評論社、一九九三年、『資料集 総力戦と文化』第一巻、大月書店、二〇〇〇年など)。

第5章

(1) こうの史代『夕凪の街 桜の国』双葉社、二〇〇四年。

(2) 『聯合ニュース』二〇一〇年二月二三日、竹国友康『ある日韓歴史の旅――鎮海の桜』朝日新聞社、一九九九年。

(3) 西田正憲『瀬戸内海の発見――意味の風景から視覚の風景へ』中公新書、一九九九年。

(4) 弘前市史編纂委員会編『弘前市史 明治・大正・昭和編』弘前市、一九六四年。

(5)森山英一『古写真大図鑑 日本の名城』講談社、一九九八年。
(6)池辺義象『帝国軍人読本』(一九〇五年六月・七月、厚生堂)。
(7)Manabu Miyoshi, *Sakura: Japanese Cherry*, Board of Tourist Industry Japanese Government Railways, 1934.
(8)『京都日出新聞』一九二七年四月一〇日夕刊。
(9)『近畿京都』刀江書院、一九二八年。
(10)工藤泰子「御大典記念事業にみる観光振興主体の変遷」(丸山宏・高木博志・伊従勉編『近代京都研究』思文閣出版、二〇〇八年)。
(11)『京都日出新聞』一九二八年四月一三日。
(12)H. Conwentz, *Die Gefährdung der Naturdenkmäler und Vorschläge zu ihrer Erhaltung*, Berlin, 1904.
(13)篠田真理子「開発と保存——戦前期の史蹟名勝天然紀念物制度の場合」『環境と歴史』新世社、一九九九年。
(14)『史蹟名勝天然紀念物』一巻七号、一九一五年。
(15)三好学「日本紀念植物の保存」『史蹟名勝天然紀念物』二巻一一号、一九一八年。
(16)「神奈川県名木調」『史蹟名勝天然紀念物』三巻一号、一九一九年、三好学「巨樹の太さの測り方並に保存に就いて」『史蹟名勝天然紀念物』四巻九号、一九二〇年。
(17)三好学「指定せられた桜」『桜』一〇号、一九二八年。
(18)阿部無仏「牛耳洞の観花」『桜』五号、一九二二年。
(19)それぞれ『史蹟名勝天然紀念物』一巻一八号、一九一七年、同一巻一〇号、一九一六年。
(20)『史蹟名勝天然紀念物』三巻二号、一九一九年。
(21)『史蹟名勝天然紀念物』六巻四号、一九二三年。
(22)近代の風景観の展開については、勝原文夫『農の美学』(論創社、一九七九年)、黒田乃生・小野良平「明治末から昭和初期における史蹟名勝天然紀念物保存にみる「風景」の位置づけの変遷」(『ランドスケープ研究』六七巻五号、二〇〇四年)を参照。
(23)『朝鮮及満洲』一一九号、一九一七年。
(24)注2竹国文献。
(25)内田好昭「戦跡と風光明媚——日本統治下の朝鮮における文化財修理の一側面」『続文化財学論集』文化財学論集刊行会、二〇〇三年、高木博志「近代日本と豊臣秀吉」『壬辰戦争』明石書店、二〇〇八年。
(26)『朝鮮』一九二六年五月号。
(27)「朝鮮の桜」『朝鮮及満洲』三〇六号、一九三三年。
(28)『京城案内』朝鮮研究会、一九一三年。
(29)『朝鮮及満洲』一〇六号、一九一六年。
(30)『朝鮮』一九二三年一一月号。
(31)権純哲「松田甲の「日鮮」文化交流史研究」『埼玉大学紀要(教養学部)』四四巻一号、二〇〇八年。
(32)注27「朝鮮の桜」。
(33)「記念紀念字攷」『史蹟名勝天然紀念物』一巻一六号、一九一七年、猪瀬直樹『天皇の影法師』朝日新聞社、一九八三年。
(34)鏑木外岐雄「朝鮮の天然記念物」『史蹟名勝天然紀念物』一一巻一二号、一九三六年、森為三「朝鮮の天然記念物総括(植物篇)」『朝鮮学報』一〇輯、一九五六年。
(35)例外的に上田常一は、「朝鮮の桜の科学」(『朝鮮及満洲』三四一号、一九三六年)でソメイヨシノ済州島原産説とともに、智異山華厳寺の天然記念物彼岸桜を紹介している。
(36)金炫淑「「夜の花見」と「ヨザクラ(夜桜)」」日韓近代美術史シンポジウム報告書『都市と視覚空間』二〇〇九年。
(37)『史蹟名勝天然紀念物』七巻七号、一九三二年。

(38)『日本地理大系　朝鮮篇』改造社、一九三〇年。
(39)『日本風俗地理大系　朝鮮篇』新光社、一九三〇年。
(40)注36金文献。
(41)『大京城案内』朝鮮研究会、一九二五年。
(42)注36金文献。
(43)青井哲人『植民地神社と帝国日本』吉川弘文館、二〇〇五年。
(44)ジョージ・L・モッセ『英霊』宮武実知子訳、柏書房、二〇〇二年(George L. Mosse, *Fallen Soldiers: Reshaping the Memory of the World Wars*, Oxford University Press, 1990)、『京城日報』一九三〇年四月二八日。
(45)『京城情緒』京城観光協会、一九三七年。
(46)『朝鮮』一九三三年六月号。
(47)今尾恵介・原武史『日本鉄道旅行地図帳　歴史編成　朝鮮・台湾』新潮社、二〇〇九年。
(48)注36金文献。

第Ⅲ部

第6章

(1)以下、本文中の注では『史蹟名勝天然紀念物』の雑誌名は省略した。
(2)廣木尚「南北朝正閏問題と歴史学の展開」『歴史評論』七四〇号、二〇一一年。
(3)黒板勝美『国史の研究』文会堂書店、一九〇八年。
(4)黒板博士記念会編『古文化の保存と研究』一九五三年。
(5)黒板勝美『欧米文明記――西遊二年』文会堂書店、一九一一年。小山哲「「世界史」の日本的専有――ランケを中心に」도면회・윤해동엮음、『역사학의 세기: 20세기 한국과 일본의 역사학』휴머니스트、都冕會・尹海東編

『歴史学の世紀――二〇世紀韓国と日本の歴史学』ソウル、ヒューマニスト出版社、二〇〇九年。
（6）李成市「コロニアリズムと近代歴史学」寺内威太郎ほか著『植民地主義と歴史学――そのまなざしが残したもの』刀水書房、二〇〇四年、黒板勝美『欧米文明記』。
（7）本書第7章、黒板勝美『欧米文明記』。
（8）黒板勝美「史蹟遺物保存に関する意見書」『史学雑誌』二三編五号、一九一二年。
（9）黒板勝美「郷土保存について」『歴史地理』二一巻一号、一九一三年。
（10）赤坂信「ドイツ郷土保護連盟の設立から一九二〇年代の郷土保護運動の変遷」『造園雑誌』五五巻三号、一九九一年。
（11）『大阪毎日新聞』一九一七年二月二一―六日。
（12）藤田亮策「朝鮮古蹟調査」前掲『古文化の保存と研究』所収。
（13）黒板勝美「宮崎県古墳発掘の経過」『考古学雑誌』三巻九号、一九一三年。
（14）黒板勝美「古墳発見に就て考古学会々員諸君の教を乞ふ」『考古学雑誌』三巻一号、一九一二年。
（15）高木博志『陵墓と文化財の近代』山川出版社、二〇一〇年。
（16）『大阪朝日新聞』一八九九年七月八日。
（17）『宮内省報』一九三〇年三月四日。
（18）島薗進『国家神道と日本人』（岩波新書、二〇一〇年）を歴史的段階をふまえ、鍛え直す立場に立つ。
（19）青井哲人『植民地神社と帝国日本』吉川弘文館、二〇〇五年。
（20）上原敬二『神社境内の設計』崇山房、一九一九年。
（21）畔上直樹「戦前日本の神社風致論と明治天皇の「由緒」」歴史学研究会編『由緒の比較史』青木書店、二〇一〇年、今泉宜子『明治神宮――「伝統」を創った大プロジェクト』新潮社、二〇一三年。
（22）『大阪毎日新聞』一九一六年一月二三―二七日。

(23) 山口鋭之助「古墳調査」『大阪毎日新聞』一九一六年一一月二八日。
(24) 井上哲次郎『国民道徳概論』三省堂、一九一二年。
(25) 磯前順一『近代日本の宗教言説とその系譜――宗教・国家・神道』岩波書店、二〇〇三年。
(26) 北原糸子「東京府における明治天皇聖蹟指定と解除の歴史」『国立歴史民俗博物館研究報告』第一二一集、二〇〇五年。
(27) 朴晋雨「明治天皇「聖蹟」保存について」『歴史評論』四七八号、一九九〇年。
(28) 文化財保護委員会編『文化財保護の歩み』文化財保護委員会、一九六〇年。
(29)「神武天皇聖蹟調査委員会官制ヲ定ム」『公文類聚』第六二編・昭和一三年(一九三八)・巻一二、国立公文書館所蔵。
(30) 尾谷雅比古「昭和九年における建武中興関係史蹟の指定について」『藤澤一夫先生卒寿記念論文集』二〇〇二年。
(31) 高木博志「陵墓の近代と「国史」像――文化財と伝説を通じて」、「陵墓限定公開」三〇周年記念シンポジウム実行委員会編『「陵墓」を考える』新泉社、二〇一二年。
(32) 東京府編『史蹟名勝天然紀念物保存法 附・古社寺保存法、東京府史的紀念物天然紀念物勝地保存心得』東京府、一九二四年。
(33) 篠田真理子「開発と保存――戦前期の史蹟名勝天然紀念物制度の場合」『環境と歴史』新世社、一九九九年。
(34)『五十年史――一九一二～一九六二』日本交通公社、一九六二年。小野芳朗『「清潔」の近代――「衛生唱歌」から「抗菌グッズ」へ』講談社選書メチエ、一九九七年、関戸明子『近代ツーリズムと温泉』ナカニシヤ出版、二〇〇七年。
(35) 丸山宏『近代日本公園史の研究』思文閣出版、一九九四年。
(36) ジョージ・L・モッセ『英霊』宮武実知子訳、柏書房、二〇〇二年。
(37) 今野圓助『柳田国男随行記』秋山書店、一九八三年、菊地暁「今和次郎の歩き方――『日本の民家』再訪の旅

から」『今和次郎と考現学』河出書房新社、二〇一三年。
(38) 東京日日新聞社会部編『風景お国自慢』四海書房、一九二九年。
(39) 小野芳朗「帝国の風景序説――城下町岡山における田村剛の風景利用」高木博志編『近代日本の歴史都市――古都と城下町』(思文閣出版、二〇一三年)所収。
(40) 村串仁三郎『国立公園成立史の研究――開発と自然保護の確執を中心に』法政大学出版局、二〇〇五年。

第7章

(1)『毎日新聞』二〇一〇年四月一九日。NHKプレミアム「朝鮮遺産 百年の流転」二〇一一年八月一九日放送。
(2) 河野靖『文化遺産の保存と国際協力』風響社、一九九五年。
(3) 本稿では、とりわけ明治期以来、内務省や宮内省などの官省が置かれ東京帝国大学や東京帝室博物館などを擁する首都・東京とともに、学術研究の拠点となり京都帝国大学や京都帝室博物館が設置された歴史都市・京都も地方に対して文化財を集積した「中央」の例としてとりあげたい。中央の博物館という点では、奈良(奈良国立博物館)や千葉(国立歴史民俗博物館)なども同様の集積の機能を有する。
(4) 東京国立博物館ホームページ、二〇一二年一月確認。
(5) 二〇一三年八月段階の京都大学総合博物館ホームページの考古資料の説明(http://www.museum.kyoto-u.ac.jp/collection/materials/arch.html)。
(6) 大阪歴史学会委員会「大阪府の博物館の存続をめざして」『ヒストリア』二一〇号、二〇〇八年、高木叙子「博物館はどこへ行くのか――滋賀県の博物館が抱える諸問題」『新しい歴史学のために』二七四号、二〇〇九年、市川秀之「滋賀県下の博物館問題」『新しい歴史学のために』二七六号、二〇一〇年など。
(7) 林容子「在日朝鮮文化財問題のアートマネージメントの観点よりの考察」『尚美学園大学芸術情報学部紀要』五号、二〇〇四年、『朝日新聞グローブ』二〇一一年六月五日、荒井信一『コロニアリズムと文化財――近代日本と朝鮮から考える』岩波新書、二〇一二年。
(8) 注2河野文献。
(9) 愛川・フォール紀子『文化遺産の「拡大解釈」から「統合的アプローチ」へ』成城大学民俗学研究所・グローカル研究センター、二〇一〇年。
(10) 注2河野文献。
(11) Internet Archive で閲覧。
(12) 小山哲「「世界史」の日本的専有――ランケを中心に」(ハングル表記は第6章注5参照)都冕會・尹海東編『歴史学の世紀――二〇世紀韓国と日本の歴史学』ソウル、ヒューマニスト出版社、二〇〇九年、和田軍一「日本古文化研究所」黒板博士記念会編修『古文化の保存と研究』吉川弘文館、一九五三年、田中茂「有吉忠一知事と西都原古墳発掘調査」『宮崎県地方史研究紀要』九輯、一九八三年、本書第3章。
(13) 朽木ゆり子『パルテノン・スキャンダル』新潮選書、二〇〇四年、注2河野文献。
(14) 「諸外国の国立文化施設の概要」(文化庁、二〇一〇年、https://www.bunka.go.jp/seisaku/bunkashingikai/kondankaito/kokuritsu/01/pdf/kijyo_shiryo_18_ver02.pdf)。
(15) 注2河野文献。エルギン・マーブルをめぐる返還運動についてはelginismというサイトがあり、問題の所在や現状が更新されている(http://www.elginism.com/)。
(16) http://www.bunka.go.jp/bsys/
(17) 吉澤忠「明治・大正時代と現代との古美術品評価の変化」『国華』九四六号、一九七二年。
(18) 田中琢「遺跡遺物に関する保護原則の確立過程」小林行雄博士古希記念論文集刊行委員会編『考古学論考』平凡社、一九八二年。そのほか尾谷雅比古「制度としての近代古墳保存行政の成立」(『桃山学院大学総合研究所紀要』三三―二号、二〇〇八年)が保存行政の制度的展開を跡づける。
(19) 高木博志「東京国立博物館での史料整理」『人文』四八号、二〇〇一年、時枝努「近代国家と考古学――「埋蔵物録」の考古学史的研究」『東京国立博物館紀要』三六号、二〇〇一年。

(20) 田中日佐夫『美術品移動史 近代日本のコレクターたち――美術品が語る名家の明治・大正・昭和』日本経済新聞社、一九八一年、『鈍翁の眼――益田鈍翁の美の世界』五島美術館、一九九八年、小田部雄次『家宝の行方』小学館、二〇〇四年。

(21)『東京国立博物館百年史 資料編』東京国立博物館、一九七三年。

(22)『京都国立博物館百年史』京都国立博物館、一九九七年。

(23) 嶺南地方の考古学を学ぶ会編『福井県嶺南地方の考古学』嶺南地方の考古学を学ぶ会、二〇〇二年。

(24) 上田三平『史跡を訪ねて三十余年―上田三平自叙伝』上田三平、一九五〇年、上田三平『越前及若狭地方の史蹟』三秀舎、一九三三年。

(25)『三方町史』一九九〇年。

(26)『京都帝国大学文学部三十周年史』京都帝国大学文学部、一九三五年。

(27)『高島町史』一九八三年、白井忠雄『町内遺跡Ⅰ――稲荷山古墳・永田城址(高島町文化財資料集八)』高島町教育委員会、一九八七年、平成六年度科学研究費補助金一般研究B調査研究成果報告書、研究代表者・小野山節『琵琶湖周辺の六世紀をさぐる』京都大学文学部考古学研究室、一九九五年。

(28) 京丹後市丹後古代の里資料館『函石浜とその発見者たち――平成十八年度丹後古代の里資料館春季企画展示』二〇〇六年、三浦到「丹後地域における考古学研究のあゆみ」『地域史のなかの中世城郭』京都府埋蔵文化財研究会、二〇一一年。

(29) 滋賀県立安土城考古博物館『平成二三年度春季特別展 大岩山銅鐸から見えてくるもの』二〇一一年、図版典拠。この一九六二年の発掘時に、初代の滋賀県教育委員会の技師に就任したばかりの水野正好は、明治期に銅鐸が流出した反省から滋賀県における「現地保存」にこだわった。また発掘時に京都大学の梅原末治が銅鐸を洗って拓本をとろうとしたことに水野は抵抗し、埋納状態を復元するために泥のついたままで銅鐸を保存しようとした。この逸話には、遺物中心主義から「現地」を重んじる学知への転換がうかがえる(銅鐸博物館編『徹底討論　銅鐸と邪馬台国』サンライズ出版、一九九九年)。
(30) 森本和男『遺跡と発掘の社会史』彩流社、二〇〇一年、注28三浦文献。
(31) 『京都新聞』滋賀版二〇一一年一二月二四日、野洲市歴史民俗博物館編『銅鐸　日本最大銅鐸の里帰り――開館二五周年記念展』(二〇一三年一〇月)。
(32) 高木博志『近代天皇制の文化史的研究――天皇就任儀礼・年中行事・文化財』校倉書房、一九九七年、森本和男『文化財の社会史――近現代史と伝統文化の変遷』彩流社、二〇一〇年。なお世紀転換期に「古蹟」から「史蹟」へと用語が変化するが、一九一〇年韓国併合後も植民地では「古蹟」を使い続けることになった。
(33) 黒板勝美先生生誕百年記念会編『黒板勝美先生遺文』吉川弘文館、一九七四年、李成市「コロニアリズムと近代歴史学」寺内威太郎ほか著『植民地主義と歴史学』刀水書房、二〇〇四年。
(34) 『大阪毎日新聞』一九一七年二月二日〜二月五日。
(35) 藤田亮策「朝鮮古蹟調査」(注12『古文化の保存と研究』)。
(36) 高木博志「茨木キリシタン遺物の発見」『新修茨木市史年報』四号、二〇〇五年。
(37) 『大阪朝日新聞』一九二一年八月二三日。
(38) 大石一久編『日本キリシタン墓碑総覧　南島原市世界遺産地域調査報告書』南島原市教育委員会、二〇一二年。
(39) (財)大阪府文化財調査研究センター調査報告書第四〇集『彩都(国際文化公園都市)周辺地域の歴史・文化総合調査報告書』一九九九年、注36高木文献。
　なお明治期以来の東京帝国大学における内外の調査研究活動と文化財や研究資料集積の一端は、東京大学『東京大学コレクションⅤ　学問の過去・現在・未来[第一部]学問のアルケオロジー』(東京大学出版会、一九九七年)、東京大学『東京大学コレクションⅥ　学問の過去・現在・未来[第二部]精神のエクスペディシオン』(東京大学出版会、一九九七年)、藤井恵介他編『東京大学コレクションXX　関野貞アジア踏査』(東京大学総合研究博物館、二〇〇五年)などからうかがえる。

(40) 岡島永昌「保井芳太郎のコレクション形成とその背景」久留島浩・高木博志・高橋一樹編『文人世界の光芒と古都奈良——大和の生き字引・水木要太郎』思文閣出版、二〇〇九年。

(41) 古美術市場などから文化財を取得した私立や国公立の博物館・美術館において、所有の変更がむずかしい場合、文化財が本来あった場所への貸し出しを、今より容易にしたり、本来文化財のあった地域と共同研究をすることによって、「現地」の文化に考慮する方向性もあるだろう(桑原康郎氏のご教示による)。

また荒井信一は、国民国家の「文化財ナショナリズム」にたいして、「人類の文化的遺産」としての「文化財国際主義」を対比させ紹介するが、本稿でも見てきたように「文化財国際主義」は先進国が略奪文化財を返還しない論理ともなっている(前掲注7荒井『コロニアリズムと文化財』)。そして荒井は、今日、「被害国(原産国)」の経済的文化的環境が改善され、原産国に文化財をおきながらも、「人類の文化的遺産」として、共同利用・共同管理をふくめ国際的に自由にアクセスし利用できるような、文化財返還とポストコロニアルな和解の可能性があるとの展望を示す。

(42) 雪舟筆・国宝「天橋立図」は一九八〇年一〇月八日～一六日(丹後郷土資料館開館十周年記念特別展「丹後の仏教文化」)と二〇〇三年四月二六日～五月一一日(宮津市歴史資料館開館一周年記念特別展「雪舟天橋立図の世界」)の二度、丹後地方で展観された。また「天橋立図」の伝来については不明なことも多いが、寛政一二年(一八〇〇)には土佐山内家の品川屋敷にあったという。高見沢明雄「雪舟筆天橋立図について」(『美術史』一〇七号、一九七九年)、「日本の国宝」週刊百科編集部編『国宝と歴史の旅11 天橋立図を旅する』(朝日新聞社、二〇〇一年)、島尾新・長谷川成一編『日本三景への誘い——松島・天橋立・厳島』(清文堂、二〇〇七年)などを参照。

あとがき

本書『近代天皇制と伝統文化――その再構築と創造』は、私にとって一八年ぶりの単著である。主題となる「天皇制」に対する、日本の政治、社会や学会のスタンスも、「序論」で述べたように、この間に大きく変わってきた。今日では、象徴天皇制を「民主主義」に即してよりよく運用する政治やそれに寄与する学問(歴史学においても)が、大きな潮流となっている。その背景には、七割を超える象徴天皇制への国内の支持があるだろう。しかし私は学問とは、いくら現代の「象徴天皇制」や個人の天皇がリベラルであろうとも、「天皇制」がもつ、「世襲」の「身分制」としての本質と、それを荘厳化する、近代に再構築され創造された「万世一系」の「伝統文化」やイデオロギーを問い続けることが、その役割であると考えている。そのことは市民が、将来に天皇制の「存廃」を考える歴史意識形成の力になると思う。

もう一つは、二一世紀の人文学の危機についてである。二〇〇四年の国立大学独立法人化以降、文部科学省のトップダウンの政策のなかで、研究者の自律性や学問の自由、学部自治が、失われてきているいることを肌身で感じる。文科省や大学本部の上からの政策に疑問なく従う習いが大学を覆っている。新自由主義のなかで、経済効率、業績主義がのしかかる。安易な博士論文の学術書や、初版終わりの軽い新書が消費される。同僚の石川禎浩さんがいうように、人文学はその学術資源の蓄積も含めて一

○○年かけて成立し、次の一〇〇年をかけて世代をこえて育むものである。またインターネットの普及により、情報のグローバル化とともに大きく学問がかわりつつあるが、PDFですぐに発信される推敲不充分な業績主義の論文が溢れ、ネット上の情報のみにもとづいて書かれた内外の研究成果もある。

これからも私は、人文学の時間をかけた出版文化の力を信じたいし、それに寄与できればうれしい。

本書の初出は以下であり、基本的に初出通りの論考である。一部、補注を加え、若干の修正を行った。

序　論　書き下ろし

第Ⅰ部　天皇制

第1章　「伝統文化の創造と近代天皇制」（『岩波講座　日本歴史　16』二〇一四年）

第2章　「皇室の神仏分離・再考」（明治維新史学会編『明治維新史研究の今を問う――新たな歴史像を求めて』有志舎、二〇一一年）、および「近代皇室における仏教信仰――神仏分離後の泉涌寺を通して」（祭祀史料研究会編『祭祀研究と日本文化』塙書房、二〇一六年）を再構成

第Ⅱ部　歴史意識

第3章　「水木要太郎時代の奈良女子高等師範学校の修学旅行と学知」（久留島浩ほか編『文人世界の光芒と古都奈良――大和の生き字引・水木要太郎』思文閣出版、二〇〇九年）、および「修学旅行と奈良・

京都・伊勢――一九一〇年代の奈良女子高等師範学校を中心に」(高木博志編『近代日本の歴史都市――古都と城下町』思文閣出版、二〇一三年)を再構成

第4章　「「郷土愛」と「愛国心」をつなぐもの――近代における「旧藩」の顕彰」(『歴史評論』六五九号、二〇〇五年)

第5章　「桜」(板垣竜太ほか編『東アジアの記憶の場』河出書房新社、二〇一一年)

第Ⅲ部　文化財

第6章　「第一次世界大戦前後の日本の文化財保護と伝統文化」(藤原辰史ほか編『現代の起点 第一次世界大戦3 精神の変容』岩波書店、二〇一四年)

第7章　「現地保存の歴史と課題――地域の文化財は地域のもの」(『日本史研究』六〇二号、二〇一二年)を修正

補　論　「近代天皇制と「史実と神話」――代替わりに考える」(『世界』九二九号、二〇二〇年)

私は京都大学人文科学研究所に赴任して四半世紀になる。共同研究と個人研究の二本立ての本務においては、現代社会と向き合った問題意識と、史料に即して創り出す世界のおもしろさが、人文研「日本部」のよき伝統であった。共同研究の特色もそのことにつきると思う。私は、「日本部」諸先達に受け継がれてきた「天皇制研究」に取り組むことを意識してきた。

この間、本務である人文科学研究所で、共同研究「近代京都研究」(二〇〇三〜〇五年、共同運営)、

「近代古都研究」(二〇〇六～一〇年)、「近代天皇制と社会」(二〇一一～一六年)、「近代京都と文化」(二〇一七～二一年)、「近代日本の宗教と文化」(二〇二二～二四年)の五つの共同研究班を主宰してきた。「職業としての共同研究」に悩み模索しながらも、研究班における議論から多くを学び、充実した時間をすごすことができた。共同研究班に参加していただいた班員の皆さんに感謝したい。神武陵・洞村跡、南朝の吉野・河内長野、仙台、金沢、伊勢、呉、宇治、泉涌寺、広沢池畔(沢乃家)の花見と、忘れられない。

私が京都や奈良を中心とする伝統文化に関心をもったことの根源は、近世からの高木家の本籍が大阪市旧大淀区豊崎という大阪市域の周縁にあり、都市の歴史性を大阪大空襲で喪失したことにあるだろう。敗戦後、一家は大阪市外に四散し、非戦災都市である「学都京都」や「古都奈良」に亡父は戦後、思い入れがあった。同じく空襲で、大阪・南《みなみ》を焼け出された入江泰吉が奈良のノスタルジーにみちた写真に取り組むきっかけが、東大寺法華堂(三月堂)の仏像群がGHQに窃取されることへの危機感にあったことも思い起こす。本書は、私なりの戦争体験の継承である。

最後に内容を生かす編集をしていただいた岩波書店の吉田浩一さん、校正で協力いただいた安国陽子さんに感謝したい。

二〇二三年八月一三日

洛西にて　高木博志

京都の歴史を歩く　小林丈広・高木博志・三枝暁子　岩波新書　定価一一二二円

平成の天皇制とは何か　―制度と個人のはざまで―　吉田裕・瀬畑源・河西秀哉 編　四六判二一八頁　定価二二〇〇円

戦後日本と国家神道　―天皇崇敬をめぐる宗教と政治―　島薗進　四六判四三八頁　定価三八五〇円

昭和天皇拝謁記 全七巻　―初代宮内庁長官田島道治の記録―　田島道治　古川隆久・茶谷誠一・冨永望・瀬畑源・河西秀哉・舟橋正真 編　A5判二六〇〜四八〇頁　定価三三〇〇〜三五二〇円

―――岩波書店刊―――

定価は消費税 10% 込です

2024 年 3 月現在

高木博志

1959年，大阪府吹田市生まれ．立命館大学大学院日本史学専修修了．北海道大学文学部助教授を経て，現在京都大学人文科学研究教授．日本近現代史．

著書に『近代京都と文化――「伝統」の再構築』(編著，思文閣出版，2023年)，『近代天皇制と社会』(編著，思文閣出版，2018年)，『京都の歴史を歩く』(共著，岩波新書，2016年)，『近代天皇制と古都』(岩波書店，2006年)，『近代天皇制の文化史的研究――天皇就任儀礼・年中行事・文化財』(校倉書房，1997年，KURENAI オープンアクセス)など．

近代天皇制と伝統文化―その再構築と創造

2024年3月22日　第1刷発行

著　者　高木博志《たかぎひろし》

発行者　坂本政謙

発行所　株式会社 岩波書店
〒101-8002 東京都千代田区一ツ橋 2-5-5
電話案内 03-5210-4000
https://www.iwanami.co.jp/

印刷・三陽社　カバー・半七印刷　製本・牧製本

ISBN 978-4-00-061635-5　　Printed in Japan

索引

＊朝鮮の地名や人名は朝鮮語の読みで排列した

事項索引

【た　行】

人名索引